商务旅行管理

出差管理规范与自律

梁金澄　著

BUSINESS TRAVEL MANAGEMENT

暨南大學出版社
JINAN UNIVERSITY PRESS

中国·广州

图书在版编目（CIP）数据

商务旅行管理：出差管理规范与自律／梁金澄著. —广州：暨南大学出版社，2014. 5
ISBN 978－7－5668－0948－3

Ⅰ. ①商…　Ⅱ. ①梁…　Ⅲ. ①商务—旅游—管理　Ⅳ. ①F590. 7

中国版本图书馆 CIP 数据核字（2014）第 046747 号

出版发行：暨南大学出版社

地　址： 中国广州暨南大学
电　话： 总编室（8620）85221601
营销部（8620）85225284　85228291　85228292（邮购）
传　真：（8620）85221583（办公室）　85223774（营销部）
邮　编： 510630
网　址： http：//www. jnupress. com　http：//press. jnu. edu. cn

排　版： 广州良弓广告有限公司
印　刷： 佛山市浩文彩色印刷有限公司

开　本： 787mm×960mm　1/16
印　张： 15. 75
字　数： 234 千
版　次： 2014 年 5 月第 1 版
印　次： 2014 年 5 月第 1 次

定　价： 35. 00 元

序

在过去的20年里，笔者见证了商务旅行的蓬勃发展。从国内改革开放初期人们还需要单位开证明信才可以坐飞机，到现在人人皆可自由在网上订机票和接受送票上门服务。中国经济正高速发展，全球经济一体化进程也在不断加快。为此，很多从前无须为工作离乡别井的人，忽然发现自己要到陌生的城市与素未谋面的人开会。这样的经历不限于做买卖的商人和营业代表，还有工程人员、项目经理、技术工人、政府官员、教授、非营利团体职员，甚至实习学生等。他们对于出差可能感到兴奋、紧张、忧虑、困惑、疲乏或不适。单位主管有没有关心过他们并为他们排忧解难？而出差者们又该如何以最佳状态面对出差？

无论是外出考察学习或商务旅行，性质大致一样，即到居住地以外的地方参加主要属于公务而非以娱乐、度假为目的的活动，而所有相关费用由所属单位或第三方单位承担。旅程当中产生的问题，很多时候还是由员工所属单位来处理。然而，单位是否知道，那些出现了的问题，其实是可以通过预防手段避免的。

随着商务旅行的增加，企业、团体、政府乃至教育机构的相关费用，诸如机票、住宿、会议费、补贴、应酬、保险等也不断上升。然而，拥有全面、完善管理手段的单位不多，没有深究出差意义、目标完成情况、关系强度、知识吸收与分享。其实，只要稍为用心地发掘和量化，把出差当作投资来进行回报分析，就能让出差成为一项对公司更加有利的工作。优良的出差管理可以提高员工忠诚度，降低人才流失率，提高客户满意度和与合作单位关系的紧密度，并有效控制成本。单位内部对出差安排做到公平透明，做好出差过程中的危机预防和知识交流，企业形象自然也会提高。

综上所述，出差管理牵涉多方面，有形的如预算、花费、报销等，无形的如关系、品牌、人员培训等。要把出差当作投资，而投资需要审慎，需要看回报。投资以金钱为主，但得到的是非金钱为主的回报，如沟通、品牌、信任、忠诚等。而这些无形的资本，对于企业是非常重要的。

近年来，有许多关于出差的新闻报道，但似乎负面的较多。比如有在非洲出差被绑架的中国技术人员，有到外地参加研讨会时打麻将的校长，有因买了贵价酒宴客而被质疑的政府人员等。无论如何，这些例子都显示出企业和机关对商务旅行的关注力度不够，对员工这方面的培训也有所欠缺。本书有专门篇幅向出差者介绍自我管理，使员工对出差有正确认识，配合完善管理，相得益彰。

本书汇集作者曾经作为管理出差者和个人商务旅行者时的双重经历，专门为帮助企业建立和执行出差管理制度而编写。本书资料翔实，内容丰富，企业可用作参考，也适合政府部门、教育界、非营利团体乃至所有出差人士参考。

本书第一章是“出差为何需要管理”。主要介绍出差和出差管理的定义，出差的过往与现在，阐释为何今后出差是大势所趋，出差受关注的问题和管理的意义。

第二章是“建立行之有效的出差管理制度”。主要介绍出差管理者的基本责任，任务外包；出差需要的考虑、监控及政策规定；出差员工的选择、培训；出差的预算管理、任务管理、危机管理、知识管理和社会责任，还有公司在出差全过程所担任的角色，即负责从申请、采购、协助、报销到审核的全过程。

第三章是“出差者应该知道的自我管理”。主要包括出差者的心理素质、价值观，出差前的准备功夫，携带适当的物件，时间管理，警觉性及个人危机意识，认识和接受文化差异，参加会议、考察、展览会等活动锦囊。本章适合给管理者做培训材料，也适合出差者自学。

第四章是“出差管理部门如何做得更好”。本章给接待单位、航空公司、铁路部门、酒店、政府其他有关部门等提出意见，帮助它们做好自身角色定位，为商务旅客提供妥善服务和照顾。

最后的“对未来出差的憧憬”是结语。附录有出差表格样本等供读者参考、使用。

据统计，中国的商务旅行支出在2013年有15%的增长，达2 450亿美元之多，到2015年或可超越美国，跃升全球之首。在此刻到来之际，我们更应看重管理，令我们的商务旅行开支获得相应的回报。

在此感谢提供撰写本书资料的朋友们。写作本书主要基于本人亲身经历，也有收集回来的中外资料，引用内容已在书末的参考文献中标明出处。如发现疏漏和不足之处，诚请大家予以指正。

梁金澄

2013年11月于香港

vincentleung@ sohu. com

目 录

第一章　出差为何需要管理

旅游归来，不要把所游历过的国家全部都抛在脑后，而是应当用信件与那些最有价值的朋友，保持通信联系……还有就是，应该表现出没有用外国的习惯来替代本国的习惯，而仅仅是把从外国学到的东西，选择好的部分融入到自己本国的习惯中。

——弗兰西斯·培根

第一节　何谓出差

在过去一段日子里，旅游业成为一项持续发展的经济活动。今天，旅游业的商业额比石油、食品和汽车行业更胜一筹。1950—2005 年间，旅游人士从 2 500 万人涨至 8.02 亿人，平均每年增长 6.5%。2001 年，进出中国的国际航班座位额有 3 250 万个，2011 年已猛增至 9 240 万个。世界出差与旅游议会（World Travel and Tourism Council）的统计数字显示，中国 2012 年商业旅行增长 7.6%，比世界平均数 2.5% 高出两倍多；从 2012—2020 年的估计增长数字来看，中国将以平均每年 7.7% 的增速位居世界榜首。到 2020 年，全球入境人数估计高达 15 亿人次。商务旅客是指那些到一个他们自己常住地方以外的地方居住一段时间，以完成他们的商业目的的人，俗称“出差者”。

出门的英文单词 travel 源于法国拉丁语 travaille，即艰难困苦，这个解释倒很贴切。台湾智扬出版社的《辞海》解释“出差”为“奉命出外去办理公务”。商务旅行可以定义为到目前常住地以外的地方执行一项具有商业性质的、上级指派的、与本单位利益相关的任务的活动。公务的内容可以是考察、访问、交流、洽谈、产品推介、路演、签约、会议、市场调研、展览会、研讨会、演说、礼貌拜访等。“旅行”一词意味着出差人士需要到常住地以外的地方，可以是国内其他省份、城市和行政特区，也可以是境外任何国家。单位不限于企业，也包括政府单位、团体单位、非营利单位、教育单位等。公务旅行与私人旅行的最大区别在于，公务旅行的费用全部由所属单位负责，而私人旅行的费用则全部由个人负责。公务旅行一般为 3 ~ 5 天，但也可能短至当天往返、长达 10 天或更长的时间。

旅游杂志编辑戴安娜说：“工作与玩乐始终有分别，假若我自己去玩，我觉得疲累时可以在酒店睡一个早上，但工作就不能这样，多累都要上路，而且要在最短的时间内去最多的地方，差不多每天都要转换地点，体力劳动相当多。”有人认为，出差与私人旅行相比，出差的花费较多，原因是出差者住价格较高的酒店，进出较高档次的餐馆，甚至乘坐商务机位。事实是否如此呢？随着经济条件的改善，不少私人旅行者侧重于购物和享受，所花的钱比出差者更多。如果有出差兼办私事的，或旅游度假中顺便找客户谈些事情的，在账目上应做到公私分明，在制度上有清晰指引和有效的配套监管执行措施，避免公款私用，造成单位的经济损失和内部不公，引起员工负面情绪。如果含糊不清的情况发生在政府公职部门或受资助的非营利性团体，更会招致社会舆论的批评。

美国是目前商业旅行花费最多的国家，但这个纪录预期将于 2015 年被中国超越。由于强大的国内需求，根据过往的数字推算，中国很可能在 2015 年成为全球最大的商业旅行市场。无论是国内还是国际旅行都是我们开阔眼界的绝佳机会，可以让我们接触世界各地的生活方式，而且在出差中，我们不仅有机会表达我们对世界的看法，也能了解世界各地人民对中国的看法。

第二节　差旅简史

中国出差历史源远流长。夏朝是中国开始制作许多交通工具的时代，奚仲作车，巧倕作舟。其后商业活动逐渐增多，出现了私人经营的旅馆。春秋战国是思想文化百花齐放的时期，诸子百家穿梭各国推销其学说。秦始皇统一天下，所谓“车同轨”，整合交通；隋炀帝修南北大运河；唐朝时西域再度兴起，丝绸之路日盛；南方的广州番禺地区开始与外国如南洋、锡兰、波斯湾等交往。明中期后，实行锁国政策，加上“父母在，不远游，游必有方”的“教诲”，国人普遍不愿探索神秘的新世界，像张骞、郑和等人的事迹，仅属凤毛麟角。

航海探险家的事业并不是从哥伦布（1451—1506）才开始的。明朝有位郑和，年轻时被明成祖朱棣重用，奉皇命率领庞大的航海舰队，浩浩荡荡，先后七次远航，到过东南亚、印度、中东和非洲东岸等地区，从 1405 年至 1433 年，历时 28 年，历史上称做“七下西洋”。郑和是打开从中国到红海及东非洲一带的航道的第一人。他开阔了中国人的眼界，促进了中外政治、经济、文化的交流和发展。郑和第一次下西洋的船队中船只数量达208艘，其中62艘称“宝船”，每艘船长400尺（122米），宽170尺（52米），甲板上有8根桅杆，12张船帆，甲板面积达五万平方尺，重约三千吨，比葡萄牙的达伽马从欧洲航海到印度所乘坐的主船大十倍之多。船队有两万七千名船员和海军，包括官员、医生、天文学家、制帆工、草药医生、铁匠、占卜师、木匠、裁缝师、厨师、会计师、商人和传译员等。

改革开放以来，从农民工到大学毕业生，大量人口迁移到深圳、海南等地。改革开放刚开始之际，在香港各酒店见到的外国出差者，个个豪爽，手中拿着一叠一美元的钱币当小费用。然而当时国内出差的国民大都住招待所，省吃俭用。今天，我国出差者的待遇有了很大的改善。

旅行交通工具的进化缩短了出差者在路上的时间，例如从前坐慢班火车从深圳到广州要7个小时，现在坐高铁只需30分钟；从前坐远洋轮船从上海去旧金山需要一个月，现在飞机直航只需12个小时。从时间上来讲，世界各地的距离越缩越短；另外出国审批手续的放宽，使更多人得到出国的机会。中国虽然是发展中国家，但生活水平不断快速提高，旅行费用已不难负担。促成商务旅行繁盛的主要原因，托马斯·弗里德曼所写的畅销书已经清楚地告诉我们，是因为“世界是平的”。为了将业务做大做强做稳，“走出去”势在必行。

联合航空公司发表的《2011商务旅行调查报告》指出，在金融危机的年头，商务旅行仍在增长。调查发现，很多企业旅行管理公司在调查中报告，2010年年度交易额有明显增长。同时，酒店行业也见到入住率和平均房价的上升。汽车租用需求强劲并呈现供应紧张的态势。嘉信旅游公司2010年陆、空、酒店业务营业额达243亿美元，上升13.5%。其中亚洲太平洋地区上升27.7%，拉丁美洲上升18.4%，北美上升12.7%，其他地区合共上升6.6%。此外，参考世贸组织（WTO）的数据，2010年中国游客在海外消费了540亿美元，2011年720亿美元，已经接近德国人的840亿美元和美国人的790亿美元（2011）。世贸组织官员指出中国人出国数字在2012年前五个月已经增加了20%。

现在，从跨国公司到本土公司，出差已属于总裁乃至基层人员工作的一部分。跨国公司需要经常将本地员工派到外国分公司或合资公司工作一两年甚至更长时间，在当地被称为海外雇员（Expatriates）。虽然有个别人员特别喜欢甚至主动要求到外国工作，但背井离乡到陌生地方闯荡并非大多数员工的志愿，所以有时候员工甚至会拒绝被派去外地工作。从前为了吸引员工到外地工作，企业会给予很多本地受雇者享受不到的福利，如公司提供生活补贴、舒适住房、汽车和司机、回原居地探亲的假期和机票、税务补偿等。可现在由于经济不甚景气，以及一些地区从先前的落后和难以适应到现在变得与国际都市相差不远，因此企业倾向于削减那些福利；另一趋势是把外派任期缩短，或干脆以经常出差的方式代替派驻。

根据2011年法国雅高集团（ACCOR）开展的亚太商务旅客调查显示：印度旅客最喜欢使用酒店各种设施，包括健身室和水疗设备，并且会尽量在酒店内用餐。商务旅客绝大部分为大专以上学历的经理级人员，75%是男性。香港是女性商务旅客比例最高的地方，达36%；其次是泰国，达33%；印度商务旅客中只有7%是女性。根据统计的数据，尽管女性占出差比例较小，但愿意多付10%的费用入住较环保旅馆的旅客中，女性却比男性多。更多类似的调查，对某些行业像酒店业很有作用，因为他们可以根据调查所得，去改良服务硬件和软件，满足不同地方旅客的需要。

出差的理由是各种各样的。鲁迅认为，政客在下野或失意的时候，常以“出洋考察”作为暂时隐退、伺机再起的借口，而非真正出洋，只为保存面子。马英九在接受访问时说：“免签证会减少民众出国的时间及经费，对于商业经贸当然是一大利多……以英国给予我免签证待遇为例说明，去年我赴英旅游人次较前年成长了150%，贸易量增加25%，可见其对双边交流的实质助益。”诺贝尔和平奖得主穆罕默德·尤努斯（Muhammad Yunus）是一位经济学家，曾帮助数以百万计贫民脱离困境，虽然他年过70岁，但仍愿意接受邀请，到世界各地授课，介绍他的宝贵经验；也有一些经理借出差暂缓审批增加工资的申请或发工资的单子。总而言之，出差的理由林林总总，有些合情合理，有些未免流于粗疏。

第三节　影响出差的宏观因素

经济低迷或金融危机使商务旅行的需求有所降低，但并不如想象的那样影响严重。事实上，在2008年金融危机发生后，出差率还在提高。根据一份2011年的商务旅游调查报告显示，美国运通公司、BCD旅游、嘉信瓦格利旅游及霍格鲁宾逊集团这四家美国旅游巨头在2010年的交易额比2009年增长了12.5%。商业旅行在外国继续升温，在中国更是快速增长。促成中国旅行增长的因素有：①未来10年中国拟建100个新机场和投资基础建设，生产总值、贸易增长，商业单位、工作岗位增加等；②以中国公民为主的商业旅行将有明显的增长，未来两年有60%~70%的增长来自真正的旅程和开支的增加而非通胀；③在很大程度上受活跃的MICE影响，每段旅程的消费有真正的上升。

促成商务旅行持续增长的原因可以从以下几个方面来分析：

第一，全球化发展和企业的确实需要。

高露洁棕榄公司全球人力资源策划总监凯瑟琳·韦达说过："我们的大多数高级管理人员都曾经在国外工作、生活过。国外工作经验被看作晋升渠道。没有国际工作经验的人是很难成为高层管理人员的。"在一个想"走出去"的企业中，如果员工长期在本土工作，将不易培养员工们全球化的眼界。加速"走出去"的办法，就是让高层管理人员去不同地方出差或在不同地方的子公司工作。不过要注意的是，尽管企业有它的如意算盘，但并非每个员工都喜欢去外国出差。开始的时候贪图新鲜，视之为短期的任务，对家庭和私人生活影响不大，员工好像没有意见。但日子久了，出差多了，甚至要长期派驻外地时，员工也许会说"不"，因为他们要考虑很多问题：首先，是否需要与家人分开，或是让配偶辞掉工作陪同去外国居住一段时间；其次是当地的风俗、语言、健康、安全、宗教信仰等问题。企业方面，派员工驻外地，一般停留两三年，花费也很高昂，包括本地员工所没有的住宅或住宅补贴、搬家费、税收补贴、探亲假、海外津贴、生活补贴和子女上学费用等，因此决策时必须谨慎。有时候，公司在落实常驻前，会提供公费出差的机会给员工及其家属，让他们到当地考察三五天，看能否适应；员工则有责任利用这个机会，认真观察自己及家人能否在那块地方生活一至数年。无论如何，在决定派驻前多派员工出差是常见做法。

美商宏道资讯公司的执行副总裁兼首席运营官安德鲁·纳什某月11日晚飞抵北京，12日上午，他对中国代理商进行了半天培训，利用午餐与晚餐时间，又拜会了3位客户。13日，纳什一早便离开了中国，飞往下一个目的地，继续着他一年30万英里的飞行生活。纳什在新上任后即拜访许多客户，在不断的沟通与反馈中，他发现，公司的创新源泉其实就在客户端。“每个客户的状况都不一样：潜在客户需要我们介绍产品与解决方案；新客户正处于开发阶段，希望了解我们的经验；而老客户则想知道我们在做什么新东西。”纳什经常在世界各地飞来飞去，拜访了很多客户。在与客户的交流中，纳什常常有意外发现。“很多时候，客户的应用超过我的想象。他们比我们更有创新力，往往能以创新的方式应用我们的软件。”业务、客户的全球化使面对面了解成为最好的方式，出差的方便大大促进了沟通和知识的互动。

中兴通讯股份有限公司质量部认证检测中心的王志辉接受访问说：“我有一个老同事，在赞比亚待了一个月，回来说了一句令我很感动的话：‘只有从那里回来，你才知道什么叫爱国。’”① 尽管欧美债务危机持续，但非洲经济发展势头没有显著受阻，国民生产总值（GDP）平均每年维持较高的增长率。企业响应国家“走出去”的号召，中非贸易也以每年30%的幅度增长。即便非洲很多国家政局动荡，战乱频仍，前往出差的中国公民安全风险上升，但中国在非洲从事商务、劳务活动的人数估计仍超过百万。可见全球化的发展对出差有着重大的影响。

就算科技发达，手机流行，能通过3G/4G视像通话解决一些工作问题，但人们仍需要出差。出差是一种社会化行为，就像销售人员需要

---

① 《检测风》2012年第1期，第51页。

见到顾客，握手寒暄，谈判交易，而外包人员要走访和了解对方厂房一样，中小企业也因为全球发展的需要，要往国内、国外寻找新市场，这就必然会有出差的需要。企业跨境扩展，相同及不同类型的企业之间的合作、并购等都是出差流动日益增多的一些原因。服务行业日益发达，需要对客户进行交易或服务，哪怕客户远在天边。

环球员工派遣议会将“旅行派遣”定义为员工在一个地方居住而同时在另一个地方工作，并维持一段时间。以上情况在欧洲来说并非罕见。在2011年的一次调查访问中，74%的受访者感觉这种旅行派遣方式会有“一些”或“显著”的增长。按照传统将一家人派到外地工作两三年的，现在改为短期派驻，甚至以经常出差的方式代替；而且到外地出差的人员有年轻化的趋势。这种旅行派遣方式，在我国南方的香港、澳门特别行政区和深圳、珠海是见怪不怪了。

华彬集团行政总裁刘少华认为：“99%意欲投资海外的中国公司并未做好准备……我是指对世界文化和认识方面。”“我们早期试图收购外国公司大多以失败告终。”中国公司有大量现金可作投资，文化差异的鸿沟却很难跨越。当我们走出国门，便发觉对其他国家的法律所知甚少。在国内被收购也好，到国外收购人家也好，双方对合同、合作、关系的理解也有差异，这是打从中国改革开放开始就出现的情况。西方国家视合同为关系的全部，不是一纸空文，谁吃亏是谁的责任，不能出尔反尔。中国则觉得合同并非全部，关系好的万事可以友好解决，然后发觉对手没有“人情味”。出差很多回，结果还是一样。这等于功课未做好，书未温习好，却不停地考试，结果可想而知。这位总裁的肺腑之言，不知对听者是否有所启发。然而，中国与外国机构在外国的土地上交手仍将频繁，到国外出差的中国人只会越来越多，只希望“学费”越交越少。

美国一项调查结果发现：①51%的员工有出差机会；②每名员工每年出差费用预算投入按年递增；③企业没有为商业旅行管理制定规范；④企业不能得知商业旅行的回报（ROI）。第①、②点表明出差员工和出差预算比率将来还会上升，第③、④点说明出差制度和战略是企业做好管理的方向。

第二，组织内部因素。

国际著名公司惠普于 2008 年启动中国体验项目，安排其主要行政人员及其家属到中国居留三个星期，亲身体验中国文化，与中国同僚及重要客户有更多接触，使人际关系更加密切。美国硅谷企业也有类似做法，派遣要员到印度和中国内地等地区进行较长时间的出差。我国政府部门有严格的出差要求，比如北京某政府单位，一般职位的员工，每年只可海外出差一次，5 天以下；国内出差则次数不限，但需要在单位规定范围内选择酒店。公司出于业务地区化、全国化、全球化的考虑，将人才往外输送的意欲不断增强，频率不断增高，出差已经变得普及化、规律化。以频繁出差取代常驻海外的方法，可以降低成本，减少对员工正常生活的干扰。于是，让出差者以长期或短期出差的形式到某个地方工作，成为一个趋势，那些出差者被称为隐性外派雇员。

不出差的时间可以用来处理很多日常事务，出差必然花掉一些多余的时间，如长途交通、过境手续、拥堵和等候等。管理者审批某人的出差申请时，应考虑出差者离开期间是否对公司内部运作有影响，签名、审批等是否可以拖延，有没有临时代行签名审批者或其他方式代替。电话口头审批、事后补签或网络实时电子签名等是解决这些问题的好办法。

网络服务商 Automatic Inc. 于 2012 年底在全球 26 个国家的 94 座城市拥有 123 名雇员，但只有一个在三藩市的办公室，几乎全部员工都在家工作，团队合作、会议、沟通、闲聊都通过网络完成，遇到敏感问题可以通过打电话解决，有确实需要才出差碰头。这样，该公司可以网罗全球人才，省却大笔办公室开支，当然商务旅行的预算会非常庞大。这样的机构今天依然是少数，但有增长的趋势。这一办公模式，虽然不是任何行业都适合，但确实为商业旅行的持续增长加了一把力。

传统上，大多是西方国家和日本企业将人员调派到中国和亚洲的其他国家，现在由中国、韩国派遣到海外的人员数量也明显增长。以往，很多机构将人员派遣海外却没有清晰的目的，现在则重视策略和明显的效益。出差也应该厘定策略和计算经济效益的方式。出差员工以 CQ 高者为佳。CQ（cultural intelligence）即文化智商，与 EQ 或 IQ 等不同。

企业管理人员需要认清员工的CQ，CQ低者适宜与同声同气的人合作，而一些具有跨文化、泛国界的技巧，弹性和适应能力较高的员工，即CQ较高者，可优先派送到国外处理跨区、跨境业务。

出差究竟归哪个部门管辖，目前还没有定论。有些公司纳入财务部管理，也有纳入采购部和行政部管理的，只有大型公司才专设旅行部门或旅行管理岗位。如海尔公司设有高级旅行经理，Honeywell公司有亚太区旅行总裁，上海通用汽车公司有区域旅行经理，宜家公司有区域旅行及会议经理，爱普生公司日本总部还设有自己的旅行社，出差行程一步到位。大部分亚洲地区的本土公司，它们的出差政策规范仍然比较落后，很多依然没有可管理的出差政策。2000年人们还谈论异地工作的可行性，现在异地工作则已经包含一切短期派驻、隐性外籍雇员、不停出差、延长出差等。

第三，交通的改善。

20世纪60年代，从香港到中山、顺德探亲的人们，需要晚上坐轮船先到澳门，凌晨再在澳门购买长途客车车票。在拥挤的车厢内，很多时候是没有座位的；经过河边时，因没有路桥，全体人员必须下车，等候轮渡将人、车送过对岸，反复数次，下雨天满路泥泞车更不好走，到家乡时已近黄昏。时至今日，我们买一张船票，花两个半小时便可从香港抵达广东顺德。高铁开通后，从香港去广州则不到一小时。乘坐时速达350公里的高速和谐号列车，从广州往武汉跑一趟只需3个小时。而广州新白云机场的国际航班数量也将超越香港。这些交通事业将伴着各路旅行者的需要而向前发展，为出差者提供更多的便利。

约50年前，日本新干线子弹头列车已经投入服务，为来往东京与大阪两大经济圈之间的旅客提供了方便，现在每年运送乘客达1.5亿人次。欧洲的法国、西班牙等国家也发展了高速列车。美国方面情况有所不同，由于多年来侧重打造内陆航空网和州际公路网，对高速列车轨道的建设投入甚少。据笔者坐火车的经验，包括从北京到天津、台中到台北、日本诹访到名古屋、吉隆坡到新加坡、美国洛杉矶到圣迭戈、比利时布鲁塞尔到英国伦敦等，无论是否高速列车，感觉都较为舒适。事实上，“欧洲之星”火车开通后，布鲁塞尔到巴黎的飞机航线几乎没有了；客流量没有减少，而是转移了交通工具，高铁确实抢走了一些民航乘客，特别在较短途出行方面。难怪有人预测高铁一旦完成，800 公里内的旅程是航机难以匹敌的。据统计，由于在车轮上涂上降噪涂料及其他技术改造，我国高铁车厢内噪音控制在68 分贝以内，与一般波音737客机平飞时噪音达 80 分贝相比，无疑是高铁占优。机票票价取决于需求、载客量，而油价更是相当关键。尽管飞机速度更快，但航班延误是家常便饭，高铁正点率高。再者，飞机上不能使用手机和上网，高铁则无此限制。2012 年 10 月，广州至西安的高铁开通，所需时间为 8 小时35 分，较一般长途列车用时缩短了 19 小时。费用方面，广州南至西安北二等座票价 818 元，而广州前往西安的机票最低约为 1 350 元，大巴车约为 400 元。不过如非节假日，机票一般可以打折，折后机票价格比高铁还要低的情况是肯定有的。无论如何，部分原本属于航机和长途巴士的乘客会转到高铁，高铁也吸收一些新的客源，比如不能坐飞机的和害怕坐长途巴士的人。

2010 年初，美国交通部公布有关高速铁路建设的 80 亿美元经济刺激基金，对现状有显著改进，但相比中国的四纵四横全国高铁网工程则还是略嫌保守。日本计划兴建高速磁悬浮线，全长 320 公里，比上海浦东的 30 公里差不多长十倍，预计 2025 年完工，建成后将大大缩短旅途时间。而在中国，2012 年底，中国已投入运营的高速铁路接近一万公里，有高铁站的城市 27 个，已占我国《中长期铁路网规划》中高铁路网的一半以上。自 2008 年京津城际高铁开通起计，至今短短五年多，从无到有，可谓发展飞快，难怪国家将高铁项目与载人航天、探月工程等项目并列为创新型国家建设的重大突破。高铁最高时速达 380 公里，这样就可以早上从北京出发，下午在上海开会，晚上回北京。目前坐飞机也可实现京沪当天往返，但铁路受误点、气流等影响较小，行程有保证。以后，从国内任何一个主要城市出发，七小时之内可到任何一个国内主要城市。如果能晚上坐车的话，睡一觉，第二天早上就到了。中山大学郑天翔教授认为，2020 年高铁建设完成后，800 公里以内的旅程，60% 可以通过高铁到达目的地；换句话说，高铁项目对于 800 公里以下的航班影响最大，对于 800 公里以上的航班影响则较小。现今每天有

1 500多列高铁穿行神州，缩减一半以上的交通时间，实为出差者之福。

铁路的优势

日本东京与大阪间铁路长510公里，下面列举的数字为两座城市中央商务区之间一次单程旅行的相关数据，凸显出高速铁路的优势。

出行费用（美元）
汽车：200
飞机：225
火车：130

总时间（小时）
汽车：6 小时 45 分
飞机：4 小时 15 分
火车：2 小时 25 分

二氧化碳排量（千克）
汽车：95
飞机：81
火车：23
（资料来源：《环球科学》）

除了高铁的飞速发展，中国航空事业的发展也是一日千里。从 30 多年前只有一家航空公司，演变到现在的国航、南航、东航、深航等 10 多家航空公司，每年增购飞机数量为全世界之冠。各地增建、扩建机场，新的国内外航线不断发展，配合我国经济发展的需要，出差者更感方便。

特别值得一提的是私人飞机。私人飞机不再只是西方富翁和摇滚歌星的身份象征，中国已逐渐成为世界航空中心，而国内的企业家也逐渐爱上了私人飞机。2011 年 3 月，中国民航总局（CAAC）宣布试行开放部分地区较接近地面的航道，让私人飞机可以通行而不用提交正式申请，更计划在 2015 年将试行办法开放至全国。有些跨国行业，比如矿产、石油、地产等行业，老总们需要在临时通知的情况下出门，行程可能涉及数个城市。国内一些偏远地区也开始筹建机场，以配合蓬勃发展的经济。可是，中国到 2011 年初还只有 200 架注册私人飞机，与美国的 11 000 架相距甚远。私人飞机行业的兴起，除了有法律法规的支持、航道的开放、登记条件的放宽之外，还需要机场设施的配合。根据行内预测，未来 20 年，中国将购入 2 420 架私人飞机，成为世界第三大买家，与美国同期需求的 9 500 架和欧洲的 3 920 架相比，数量仍有距离。针对中国的预测可能过于保守，但私人飞机、私人包机业务正蓄势待发。

第四，MICE 的发展。

MICE 是会议、奖励旅游、研讨会、展览的统称（Meeting，Incentive Tourism，Conference，Exhibition）。举办 MICE 活动的，很多都是地区性、全国性甚至牵涉全球的单位和个人，即参加者都需要出差。随着交通日益发达、社会需求的增加，MICE 业务正逐年增长。

近年兴起的 MICE，主要针对企业和商务旅客，他们消费能力强，为一些热点城市创造数以亿计的经济收益，提供更多更新的就业机会。因此各大城市之间互相竞争，期盼能在这块肥肉上分得更大的份额。在香港，2011 年访港旅客创下 4 200 万人次的记录，商务旅客占旅客整体人数的比例相当高，全年被界定为 MICE 类别的旅客大约有 160 万人，其中约 43% 来自中国内地。新加坡旅游局公布，2007 年到访当地的旅客中，逾 300 万人属于 MICE 旅客，占该国旅游收入约 38%。亚洲国家中到泰国参加 MICE 活动的人数，中国排名第二。事实上，在全世界的 MICE 排名中，相信中国排名也会不断上升。泰国有非常激进的战略，计划五年内（2012—2016）把泰国打造成为 15% 的观光旅客优先考虑的 MICE 目的地，而之前只有 5%。在美国，出口支援中心主管佐治·塔斯达这样说：“我们见到参加出口服务研讨会和展会的人数显著上升。单 2009 年，即金融风暴次年，我们收到要求协助的个案比过去五年任何时候都要多。”

公司业务发展，逐渐在全国、全球建立生产、服务基地。公司做大了，自然需要良好的沟通和管理。日式管理就是每一个事业关键点都需要召开一年一度总动员会议；会议地点一般在集团公司的总部，偶尔会转移到其他一些关键地区进行；如果上一年度销售额、利润额完成达标，可能会安排一次员工集体旅行。无论是日式还是非日式管理，这类活动都已开始普及。也有一些机构将奖励旅游变成员工福利，每年必办。为了员工发展，机构也会安排一些员工参加地区性、国际性的专业研讨会议。而为了宣传公司产品、服务，参加展览会是较好的方法。当然并非所有公司都实行了 MICE，这要看企业的财力和企划。出于业务原因或公关任务，不少公司会每年安排各地代理人、分销商、优秀零售商等以开会等名义聚集到同一个地方去，也会安排政府部门一些官员、媒体记者以考察的名义去他们总部参观。这类活动只要目的正确，活动内容及开支透明公道，有其价值，都值得鼓励。目前这些安排大部分都有企业的赞助，要注意其原因是否充分，尤其是牵涉政府官员的开支，要从组织 MICE 的企业单位和政府机关双重角度去考虑。

第五，社区经济的影响和政府的态度。

MICE 牵涉跨行业，甚至跨政府部门的配合，要搞好 MICE，很多时候政府的态度和主动出击很重要。澳门政府为了刺激商务旅游发展，成为亚洲区内 MICE 首选目的地之一，曾于 2009 年推出资助方案。例如研讨会，最少 100 名来自澳门以外的参加者，逗留澳门最少两个晚上，政府资助住宿费用 10%，每晚房价以澳门币 1 091 元（含服务费及税）为限。政府还为来参加议程达两天的会议的 100 名外地人资助餐饮费，每人澳门币 400 元。展览会组织者除了享有以上住宿资助外，假如展览会付费租用场地达一千平方米，展期最少两天的，还可获政府资助展览场地租金的 25%。此外，政府还可资助 10 万元到 30 万元澳门币作为硬件支援，硬件指相关视听设备、基本摊位设置、街道横条等。其他支援还有开幕式支持、投标支持、场地视察支持等。对于商界奖励旅游的，入境人数不低于 50 人，至少连续两晚入住澳门酒店，每名海外参加者可得补贴澳门币 300 元。以上任何商务旅游的组织者都可免费获得澳门详尽的旅游宣传资料、欢迎纪念品、部分博物馆免费入场券等，也可获得联系任何澳门特区政府相关部门的协助。（澳门特别行政区政府旅游局香港代表处编印“Strategic MICE Market Stimulation Program”简章）澳门政府这一系列措施的确无微不至，而且我们要注意的是所有补贴、优惠均与当地最大的博彩业无关。换句话说，在澳门搞 MICE，不必进赌场也可完成任务，何乐而不为？

在欧洲，卢森堡人口只有 40 万，这个国家的人力资源特征是，每天有超过 11 万的外国人跨境到卢森堡工作。其中有来自比利时的 3 万人，法国的 6 万人，德国的 2.5 万人。他们大都不算出差。类似情况也许在世界上很多地方发生着，发生的原因也多种多样。笔者就有友人、同事天天从珠海到澳门、从深圳到香港、从香港到深圳去上班，也曾目睹众多大巴送工人从大马边境到新加坡上班的阵容。回想 30 年前，住在香港的居民大多很不愿意到维多利亚港对面的九龙工作，更不用说要每天跨城市、跨国工作了。无论如何，交通的方便、手机通讯的发达、社交网络的威力，使人们已普遍不再抗拒这种移动方式。人才视机会而流动起来，政府也尽量给予出差人员往来通关的便利。

“有时候经济在某一地区发展起来，然后航空公司相继进入，有时候会反过来。”环球商务旅客协会亚洲区域总监韦夫·依贝翎（Welf Ebeling）如是说。事实上，国际航空公司大都已经在中国一线城市落户，租金和工资的攀升与市场的饱和，使得真正发展的机会落在二三线城市。西从乌鲁木齐东到厦门，南由昆明北至大连，当中不少城市的人口就超过五百万。德国汉莎航空就已开通法兰克福直达沈阳和青岛的航班，芬兰航空也开通了赫尔辛基至重庆的直达航班。中国西部大开发的口号喊了超过十年，开发需要人才和资金，这两方面都要从外引进，引进时就要牵涉出差和接待，航空、高铁只起了搭桥作用，重要的是二三线城市的实际发展和 GDP 的增长，这将吸引更多的访客。

香港某大集团公司财务老总偶然出差到东北一个不出名的城镇，得到当地政府领导的热情接待，他们还邀请该公司日后再来。结果，当年这个集团的年度财务会议就定在那个地方举行；政府的努力，得到了回报。事实上，各大商业城市都应设立专门部门，开发和支援成为热门商务旅行目的地的地区。北京的鲁迅故居、徐悲鸿博物馆等都不是热闹的去处，巴黎却不同，曾经在巴黎居留过的历代贤人都有祠堂、故居博物馆、纪念馆、纪念碑、墓地等，如伏尔泰、卢梭、毕加索、罗丹、居里夫人、雨果、莫里哀、彼得大帝、托尔斯泰等名重一时的人物。就连周恩来当年留学法国时住过的一座三层矮楼戈得弗鲁瓦小旅馆，即使旧建筑被拆掉了，但仍专门设立一垛墙，挂一块铜牌，标明这里曾是周总理故居地，据说那里是中国旅游团到巴黎的必游之地。事实上，出差的人，如果恰好有一两个小时的空闲时间，参观当地的名人纪念堂、故居之类的地方，将是一件尊重历史文化的好事。15 年前笔者被派到深圳蛇口工作的时候，知道附近保存了宋帝昺墓和建于清代的左炮台，但都是要自己开车过去，交通甚为不便。现今社会里，好像看不到眼前经济价值的，就没有人去投资；政府的功能正好能弥补这方面的不足。越来越多的政府部门已明白，投资文化、风俗、遗迹等无形资产，会直接或间接地带来旅游、展览、会议的经济收益。

第四节　不出差的选择

视像会议系统和视像电话为企业办公带来了方便，但目前还未普及。当跨地域视像会议变得普遍，我们是否就不用出差了呢？

读过《地球是平的》这本书的朋友觉得，海底的光纤电缆和太空的卫星使人们的距离缩短了。透过移动电话和互联网络，人们可以随时收发电子邮件、通话甚至透过 LCD 屏幕“见面”，哪怕彼此相隔十万八千里。孙悟空活在今天的话也可能懒得使用筋斗云，拨通太上老君的手机就可请到救兵。崭新的科技甚至可以使身处世界不同角落的人进行 3D 虚拟会议：你舒服地坐在你惯用的办公椅上，大量参考文件和电脑资料唾手可得，而参加会议的人（准确说是他们的三维影像）就像坐在你的面前，你能看到他们的表情，听到他们的呼吸声，甚至可与他们“握手”。

“9 · 11 事件”以及全球经济萧条，刺激了用户对视频通讯的需求。中共中央国务院办公厅曾数次强调尽可能利用现代通信和技术手段召开电视、电话会议。影响用户购买视像会议产品的因素很多，包括视音频的稳定性、可靠性、安全性，用户界面友好易用、技术支持、售后服务、价格，供应商的口碑、品牌，产品外观，以及可拓展升级等。有人做过一个试算表，比较出差海外（一年 12 次）和转用无国界视像会议系统（两端投资），发现后者的投资不用一年即可回本；不过，也要考虑无形因素，即通过真实会面所取得的信任、建立的友谊等效果是视像会议所不能取代的。其实，在检讨公司每年的出差项目，制定出差预算的同时，应认真考虑哪些会议可以取消，哪些费用可以缩减，哪些可以邀请来访，哪些可以采用网络代替。早期网络会议费用昂贵，除添置器材需要投资外，每次通话动辄花费过万元。现在则有更多的选择，中小企也可承受得了这些花费；不要求确保传送质量和没有保密问题的，还可选择免费软件提供的方式。

网络会议牵涉跨时区，如何安排会谈时间令人头疼。例如会议在纽约时间星期五上午 10 时举行，但另一方在上海则是星期五晚上 10 时还要工作。当然，我国中央与地方的政府部门之间的会议通过电话会议方式进行并无时差问题。不考虑时差问题，跨国企业内部会议通过视像会议系统足不出户便可完成。产品交易也可通过阿里巴巴之类的网站，买家和卖家双方不用真正碰过头就轻松完成。意大利的 Pitti Immagine 公司就投资过千万人民币，建立了全球首个专为时装及时尚生活产业服务的虚拟展览平台。通过互联网浏览他们的网站，可找到超过 1 600 个男装、女装、童装品牌，10 000 件产品目录，75 000 张照片，2 000 套录像。平台一部分只开放给已登记的买家，特别是针对新发布产品，新产品通过“B2B 展览室”进行网上查询、议价和完成交易。此外，虚拟展会还提供让买家和卖家互动的网上空间，不受时差和地域的限制①。

乘搭喷射客机是温室气体排放的最大源头，而全球化发展，人们于城市、区域、国际穿梭往来不可避免。现如今科技越来越进步，视像会议使用方便，通话清晰度、画面的解像度等都达到了比较理想的程度。无论是为了保护环境，还是为了节约成本，公司利用视像会议代替出差

---

① Following the Footsteps of Marco Polo, *Textile Asia*, June 2011, pp. 37 – 38.

进行工作交流的现象正渐渐增加。当然，部分员工认为减少旅途损失的时间和多点留在家里的时间也是原因之一。Gartner 公司分析预言视像会议每年可取代一两百万个航空座位，从而节省旅费和住宿费三十五亿美元。① 最新的电信沟通科技，已经可以融合模拟真实（VR）与视像会议，使参与者得到所有人都在同一室内开会的现场感觉。虽然 Tele - immersion 在电脑、网络联系、3D 显示装置和互动感应配件等技术方面还需提高，但专家预言，不久的将来这种新技术能在很多方面取代商务旅行。

跨国企业很多采用矩阵式管理（Matrix Management），即一个人员同时向多名主管汇报，这在权力距离（Power Distance）较远的西方社会比计较权力地位的东方社会运行得好。主管与下属可能属于多个不同的“虚拟”团队，任务监督并不严格，自主能力要求较高。如何管理“虚拟”团队对大部分东方管理者来说可能是个难题。对于东方管理者来说，要面对面沟通及“细心观察”才放心，因此出差频率相对较高。根据美国运通商业旅游和旅行与会议研究院合办的访问，90% 的受访者认为美国和欧洲会率先采用网络研讨会、电视会议、网络电话等设备。但部分受访者则对它们的效率仍信心不足②：

——48% 的旅行者说比较其他方式，面对面交流有更高的回报率。

——63% 的使用其他方式者认为，过去 3 年使用这些设备主要是为降低成本。

——59% 的旅行者转用其他方式用于内部会议。

——34% 的旅行者相信生产力是决定使用其他方式的主因。

一般中小企业都能负担租用或购买设备的费用。采用视像会议的确能节省成本，包括许多为安排出差付出的隐形成本，如预订航班和酒店的时间与人手，更改行程的精力，外包服务的联络等。不过，出差还是不能完全没有的，因为面对面的交流能够促进双方的了解和信任，这不是电邮、电话或视像会议可以代替的。对于重视人际沟通关系的中国更是如此。值得注意的是，知识管理学所指的隐性知识，只存于人的大脑内，不容易乃至不能用文字表达出来；隐性知识只有通过面对面交谈才

① Computerworld Hong Kong, March 2010, p. 18.

② Travel Industry Wire, September 2010.

得以传播，通过电话或电邮都不能达到同样的效果。2010 年的一项研究发现，能够面对面谈话的队伍，其能力较只靠电子邮件和视像会议通讯的团队更佳，有更好的成绩。

成功的企业一般都会做到合理地运用最新的视像会议技术并结合适当的出差，两者兼顾不偏颇。有些时候为了获得最大的回报，甚至将视像会议与出差会议异地同时进行。

第五节　受关注的问题

从美国纽约华尔街金融机构到中国东莞的制造工厂都有人员经常出差。但不难发现，要么只有松散的出差管理制度，财务部、人事部、总务部、秘书处、业务部门都可能是负责管理出差的部门；要么管理只针对预订机票、酒店和报销等可见的操作部分，而忽略情绪管理、知识管理和危机应变管理等不可见但十分重要的部分。大部分亚太区公司的旅行政策规范仍然比较落后，大多没有可用于管理的旅行政策。

从前出差，路途遥远，音讯隔绝，最担心的还是出差者的安全问题，客死他乡的案例并不鲜见。随着社会的进步，连坐飞机也比 20 世纪放心了，同时却也衍生出其他问题，有些甚至超越机构内部问题而变成社会话题，比如在旅途中挥霍和滥用公款的问题。香港廉政公署就曾因接待费用超标和出差涉嫌旅游等遭到质疑；美国某医药公司被揭发利用旅行社在中国内地发放贿款等。因此，出差是需要严格的内部管理的。

2009 年 2 月，13 名肇庆市政府人员参加 14 日非洲中东游，名为“学习游”。事后一名端州区主任被革职，其他各人要赔偿旅游费；美国一位知名教授看到非营利团体高层出差时坐头等舱而感到心理不平衡。那么，谁去监督那些政府官员和非营利企业雇员的出差行为呢？有政协委员在会议上指出，农历新年内地游客在境外购买奢侈品的金额已高达 72 亿美元（440 亿元人民币），认为社会奢靡成风，必须根治。更令人担忧的是，那 440 亿元的奢侈品中，有多少是自费，多少是计入公费可以报销的呢？

重要人物出差、主办重要的境外会议需要提前到场视察并无不可，但要适度；比如派遣十个八个人到国外，只为视察酒店的设备、交通、客房，是否恰当？2012 年美国内部调查发现，美军非洲司令部司令威廉·沃德在官方旅行中存在多种不当行为，包括费用过度超支，军车接送妻子购物，接受国防部承包商送的百老汇戏票等①。而国内的热门话题则是不需要出差的出差，奢华浪费的出差，不道德的出差。国内某些单位对于公共财物失控，有不拿白不拿的邪念。政府部门与企业每年数以千亿计的公款吃喝费、招待费，当中包含着多少奢华（如住豪华套房）、浪费（如借出差为名实际观光游玩）、滥用（如有人玩乐全报销）、诈骗（如使用虚假发票报销），甚至借此受贿、行贿（如出差中接受或赠送厚礼）。“嘴上腐败”加上“脚上腐败”，说到底是“从心里腐败”。

据中新网报道：中国共产党第十七届中央纪律检查委员会第三次全体会议于 2009 年 1 月 12 日至 14 日在北京举行。全会于 14 日通过了会议公报，公报指出，将会同有关部门继续开展治理公款出国（境）旅游的工作，压缩出国（境）经费、组团数量和规模，从严控制在国（境）外停留的时间。2013 年的几个政治会议上，如何规管好三公费用（包括接待、差旅费用）依然是重要议题，这证明问题依然严峻。

一位曾任香港某大学教职的林教授，用文章《大学变私人俱乐部》揭露类似大学一类的公共机构，既不受审计署监察，又没有股东压力，只凭校董会或董事会定期开会审阅或审批高层早已预备好的文件。“一些（大学）高层搞脑震荡会议，特意选在内地临近高尔夫球场的酒店，开会前后找下属陪同打高尔夫球和饮酒吃喝。”② 看来，出差管理的问题，教育机构也不例外。

除了有关出差的内部管理问题，出差者的安全问题也十分重要，根据联合国世界旅游组织（UNWTO）亚洲太平洋项目的统计，2011 年在瑞士售出的瑞士手表中，有一半去了中国市场。澳大利亚政府声称，中

① 《730Am》，2011 年 10 月 14 日。
② 《广州日报》，2012 年 8 月 21 日。

国人是他们的最高消费群体，平均每名中国消费者消费达七千澳元（约为人民币五万六千元）。中国人给大家留下了“有钱人”的印象。这给普通公民和出差者都带来了一定的危险。例如 2008 年 10 月，9 名中国石油工人在苏丹油田被绑架，最后 4 死 4 获救 1 失踪。根据以上资料分析，原因之一是我国出国人数近年来显著增加，伴随而来的就是风险的增加。国际 SOS 机构一项针对亚洲太平洋地区企业的调查发现，82.7% 的企业只为员工购买旅游保险，而还安排旅行安全培训的只有 9%，这能看出亚太区公司对员工出差的安全重视不够。

有关新闻两则①：

有一宗有关法国一家海军造船公司的案件，欧洲公司应当对他们的责任更为了解。该公司 9 名员工，全部为法籍，在动身前往卡拉奇准备工作时，在巴士内被一枚汽车炸弹炸死。在法庭上，该公司被发现没有认真做好危机分析及做好危机预防。这样的意外发生，法庭认为是“可以预知的”。

另外一宗类似事件，4 名跨国石油公司的美籍雇员在巴基斯坦被谋杀，悲痛的家属控告该公司，不应在反美情绪高涨的时期派送员工到当地。不过，陪审团发现，该公司已委任一家危机管理顾问公司对巴基斯坦的安全问题给予意见。他们认为谋杀是不可预见的，而公司也已给予足够的保安措施。

出差者的安全问题中，女性出差者应受到更多的关注。一项由国际医疗安全服务机构于 2012 年所做的调查揭露，75% 受访者认为他们的单位应该更多地关注女性员工在商务旅行中的特别需要。调查又显示商务旅客中 45% 属女性，而女性求助个案与 2011 年同时期相比上升了 20%。

还有一些问题需要注意。没有获得工作证的外籍人士，其福利和权益得不到当地法庭的保护。原因是部分主管为了省却申请的麻烦或蓄意

① Human Resources, November 2009, pp. 14 – 15.

避开税务，没有为派往海外工作的员工办妥工作证及临时暂住证等手续。在我国这种情况也不少，公安局表示很难确定到底有多少外国人在中国工作而没有工作证。员工以出差的表面形式，实质处理外国事务，他们可能触犯了入境法例（无签证不能工作）和税例，主管应当负责任。

出差带来不少问题，不断改善管理方为上策。

第六节　严谨而灵活的管理

出差对经济、社会、企业及个人均会产生重要影响，其中对经济的影响最为明显。在全球化及互联网时代下，中小企业甚至个人也可将业务扩展到世界任何一个角落。出差与业务伙伴见面将更有利于增进信任和维持长期合作关系。商务出差与观光旅游一样，对很多地方的经济贡献颇多，新加坡、拉斯维加斯、上海、香港每年接待大量前来参加会议和展览会的客人，带动了当地餐饮业和旅馆业的发展，并增加了许多就业的机会。出差对社会的影响，包含促进文化交流和外语的普及。两国相交和睦，商业活动自然顺畅。出差间接促进了不同民族的相互了解和不同文化的交流，如横滨，因西方国家人士多去，英文的路标也多些。近年大量中国人去东京，当地出租车司机也懂得说一句“您好”。出差对企业的影响，最主要表现为本企业的业务往外扩张，从事某些行业或职业的员工有特别多的出差机会，例如公司的全球总部及地区总部，全国性的及地区性的贸易及市场推广部门，跨国顾问公司、会计师事务所、采购社等的员工。由于这类企业的出差经费支出数额巨大，通常都有较为完善的管理系统及设置专责部门；有些大型集团公司更干脆收购或在公司内附设旅行社，负责集团内预订机票和酒店的工作，减低给予中间人的佣金开支。出差对个人的影响，有不想出差的被迫要出差最后导致离职的案例，有经常出差影响健康或家庭关系的案例，那是从负面去看。从正面去看，出差无论到国内还是国外，都能充实业务关系、增广见闻，对事业与个人发展都有帮助。

出差对个人来说有三难。离开定居的城市，哪怕到邻近的城市，也会遭遇陌生的环境、不熟悉的方言、不同的饮食生活习惯等。如果要去外国，更是人生地不熟，每个人对陌生环境的驾驭能力有明显差别，此其一难。出差可以是徒步过境，当天往返花费只需百来元；也可以是一次性走访几个国家联络客户，坐头等舱、住豪华酒店和盛宴酬宾，两周下来花费万元以上。但是，旅途中的消费不是你想怎样就怎样，单位有许多条条框框要追随，此其二难。旅游探亲时，你可以灵活掌握时间、编排行程，不会感到有压力；出差则不同，有机构、上级指派给你的任务需要在外地完成，错过一班飞机，可能就错失一个大客户，任何一个差错都会造成心理负担以及公司的损失，此其三难。克服三难，要进行自我管理。

出差的行程每次都不尽相同，忙中自然有失，有把衣服遗留在酒店房间的，有把文件遗留在餐厅，还有把行李遗留在出租车后厢的，诸如此类的事情一直在重复上演。在人多拥挤的地方被扒钱包，在机场发现被航空公司弄丢行李等狼狈事件时有所闻。出差者应该加倍注意安全，例如预留充足时间，在登机或退房时可以不用匆匆忙忙导致遗留物件，不单独到僻静的陌生地方，避免在公共场所佩戴贵重饰品，证件等不放在裤子后的口袋等。坐飞机遇上突发气流，飞机急剧下降令乘客受伤的事也不罕见，但事实表明扣上安全带的乘客因此受伤的概率会大大降低。扣不扣安全带是个人可以操控的，并非天意。另外，酒店旅馆发生火警也不时听闻，但很少有酒店住客在入住时会立刻细看及记住走火逃生路径，或是往就近的紧急出口自我演习一下。

如果出差的有关方面没有管理，或管理不好，会出现怎样的情况呢？超出预算、补贴不公引发不满，报销弄虚作假，途中丢失机密文件，在外地发生意外但求助无门等都可能发生。良好的管理系统能减少相关风险，使机构资源公平合理地应用，出差人员轻松愉快充满信心地出门，组织上下享受出差的成果。

尽管近年遭遇世界金融风暴，出差预算还是平稳上升，如何控制差旅费开始成为各企事业单位的目标。美国运通商业旅行调研，其中被列为对控制差旅费有非常重要作用的有安排商旅者较低廉的机票

（70%）、收紧发票要求（67%）、设计一个差旅政策（56%）、融合出差安排（56%）、严格执行现有方针（55%）。控制商旅和应酬成本不一定是削减哪些活动；通过审慎构想和以企业目的为优先的商旅方针，以较少的钱获得更多的回报是有可能的。

出差花的是公费，每家公司都有自己的一套管理方式，在发生问题前，都认为管理是完善的。古语有云：将在外，君命有所不受。组织成员到外地后的一举一动，管理部门能知道的有多少，能核实的又有多少呢？相关的猫腻无处不在：从机票贩子捞到的回扣，到酒店收到的报答礼品；从多报销的出租车费，到虚报应酬费用的私人宴请；从以探亲观光为目的的“公干”，到以跑私人生意为目的的出差等。不要小看这些猫腻，它可以为机构带来数以万元计的不必要开支，也可以在机构内产生歪风。2008 年香港私隐公署的高级官员被裁定诈骗差旅费而判监禁，原因是，他到澳大利亚出差报销了酒店住宿费用，而实际是住在了他在当地购买的房子里，根本没有入住酒店。这件事除了当事人的诚信问题，我们也应考虑在出差的管理流程上是否有可改善的地方。

很多企业认为有出差需要就申请，回来报销合理费用那么简单的事情，用不着搞这样那样的管理。也有些管理人员了解到出差引发的问题，但不知该从何入手。国内一个服装品牌公司，开始时大部分员工需要坐普通火车出差，不久发现火车出差费时，员工意气消沉，很快改为坐飞机。不过新的问题又出现了，某员工在航班起飞前 15 分钟才来到机场，原来他是头一趟坐飞机，不知道起飞前 30 分钟已停止办理登机证。以上问题的产生，大部分原因是内部管理没有做好，或干脆忽略了，而一次简单的出差培训就可避免上述问题的出现。

对同一机构、同一部门内员工出差待遇的互相比较，与市场水平的比较，员工心理预期等均要小心掌握。如果机构内出差员工比例大，周期频密，需要考虑企业和个人的现金流转问题。出差预支或借款太多，企业吃不消；出差报销欠款拖延时间太久，员工吃不消。如何找到最佳的管理方法，接近一门艺术。

该不该出差、出差的行程如何安排、费用预算等谁说了算，有没有公开、公正、公平、透明的制度，这些都需要严格的管理。没有考虑周全管理的话，问题有可能令你措手不及，例如有员工或主管把出差变成福利，出差委派引发不满情绪，不想出差的被迫要出差，符合资格又愿意出差的却没有机会，出差旅途中遇到危险等。中国政府也知道问题所在，因此北京市劳动人事及社会保障部门发文要求市内政府机关必须就海外培训和考察的目的、时间、日程和预算作出内部通告。政府还雇用外部审计员抽样核实报销项目，而住宿、伙食津贴、培训费用等亦设上限，种种措施的效用，还要看具体执行的力度。香港政府部门被审计署批评，往欧洲参加会议，大会有免费住宿安排，因与会人员没有预订，结果要耗费公帑入住其他酒店。

公务旅行最好是有计划、有必要、有利于单位发展的活动。作为员工培训和考察的出差可以使员工学会新技能，开阔视野，除了个人得益，也将令单位得益。如将学会的技巧带回单位应用，考察调研的心得，就可知单位的不足和优点，找到改善的方法甚至新的机遇。由于出差是一项消费，宜有策略地从成本效益、业务、个人发展、社会责任等方面全盘考虑。如与客户 A 洽谈合约的同时拜访客户 B，结合区域内部会议与行业相关展览会，安排员工奖励旅行的同时参与环保活动等，这些都需要我们多一点思考。

管理是既要管也要理。管是按照一套既定的规则、公开透明的程序，秉公办事，是科学的。理是理顺、梳理管理过程中的矛盾和特殊情况，是艺术的。管理之难，难不在管，难在理。比如有人犯了罪，法官在判案时除了依照现成的法律，也会考虑犯人是否初犯、有否悔悟及实际案情等量刑。英国的丹宁法官在审理案件时，不会死守有问题的法律条文框架，而是“把皱褶烫平”。我们也许没有丹宁法官那种权力，但是抱着客观公正的心，始终如一地执行所有机构方针、政策和规定是可以自我要求、自我实践的。所以，在执行出差监督中，不能说因为是高级经理就可以免除提供报销凭证（如发票）的规定，这样会纵容及给诈骗提供便利；也不能光因为出租车司机没有提供发票就不给予报销，这样显然会给出差员工带来经济损失。

据 WTO 世界旅游组织估计，中国籍游客出国数量会从 2011 年的 7 000万跳升至 21 世纪末的 1 亿人次，比对 15 年前只有 500 万人，数目不知翻了多少番。一些海外酒店瞄准了顾客圈的变化，希望得到中国客人的眷顾而加入中国元素。比如美国的费莫纳、希尔顿、斯塔活等知名酒店就推出特别服务，例如早餐有粥和炒面，提供一些中国报纸和杂志，以及配有懂普通话的服务人员。希腊酒店旅馆行业则有“龙级”评分，有越多中国元素的旅馆，得分越高，方便旅客选择。

出差是预算还是投资？一个通常的但错误的决定，就是把出差看作开支，有盈余的时候多花，经济不好时少花甚至不花，但不会把它看成投资，因为会计制度不是这样算的。可是，这个会计制度是已有一百多年历史的东西！投资都要看回报（ROI），把出差当作投资，就要事先了解这个回报，然后大家朝着同一方向走，这就需要一套管理哲学和方法。

出差管理哲学，也就是谁也不吃亏。肩负出差费用的单位不吃亏：出差人员不得借出差而获得不该得到的好处，单位该获得正面的回报；出差人员不吃亏：不因出差而影响收入、升迁、家庭，个人得以发展；社会也不吃亏：通过跨区域的正常交往，社会廉洁与踏实的风气没有受到破坏，人类无种族国籍之分，互相理解与支持。

出差带来机遇的同时也带来诸多问题，本书侧重介绍公司管理和个人管理两方面。

第二章　建立行之有效的出差管理制度

大多数时候不是人而是系统出了问题。如果把人放在一个不好的系统，就会产生不好的结果。

——史蒂芬·柯维

第一节　建立和完善管理框架

一、出差管理的指导方向

发展一套新的出差管理方针前，要考虑几点：第一，新的方针是否会让出差的花费更有价值；第二，员工出差的方便度、舒适度、满意度是否需要着重考虑；第三，管理方针是否还有改进的余地。

无论是新、旧方针，都应包括以下各方面：①出差管理方针的管理范围；②出差管理方针的管理者和履行者执行力如何；③出差管理方针的内容有无根据员工职位的高低做出不同安排；④出差管理方针是否具有监控出差费用的作用；⑤出差管理方针的执行能否全部或局部委托给第三方，如旅行社。

假如公司没有出差管理条例，或条例过于简单，想作增补、完善，就必须先做调研。先收集企业过去两年的出差记录资料，做各种统计，找出缺失点，包括出差的回报、员工欺骗的可能、浪费的例子、支援的缺位等，然后对症下药，逐个击破，定出符合自己企业情况的出差管理条例。可以参考别的公司的出差管理条例，但不能照搬，因为每家公司的企业文化不尽相同。

出差政策需要包含的所有规定和相关指引：

（1）出差的需要——与公司的近期发展和长远方针挂钩。

（2）出差的人选——按业务需要，可分经常出差、偶然出差和不需出差三类人员，也让员工知道这种分类。

（3）出差的时机——有提前安排的和临时通知的出差。

（4）出差的过程——权限清楚，以及公司代表的各种合理要求。

（5）出差的后续工作——公司不让员工有损失是原则，但需诚实上报。

（6）不同商业和文化行为的处理方法——清晰地让员工知道公司的立场。

出差管理条例需由公司的第一或第二把手签发，以示重要性。如有规定不清晰的，可由第一、第二把手或公司指定某一高层经理负责解释，记录在案，并在有需要时更新条例。条例的执行者可归纳到一个部门，或多个部门各掌管出差的某些部分，出差管理条例应该详细到可让执行部门不需另定细则便可处理所有出差个案，避免出现规则重叠、互相矛盾的局面。

美国当代妇女基金会要求公司负责人为其营业推销员在拜访客户时的安全保障多费点心，此缘起于大多数女性营业推销员接受访问时表示，她们关心自身安全，但大部分公司均没有具体办法和措施去保障她们的安全。80%的被访者担心遭受性侵犯和性骚扰，48.7%的被访者害怕被抢劫。更令人担忧的是，86%的被访者称其公司负责人未有采取任何应对那些侵害的防范措施。基金会对公司负责人的建议是，可以安排培训课程，让雇员学习如何辨别可疑的客户，如何离开一个有危险的地方，当她们在外访问客户时如何随时保持联系，或在客户要求在不寻常的时间和地点会面时，可获得支援人员的陪同。这个案例说明，不能依赖员工自己解决出差的所有问题，雇主对保障员工安全有不可推卸的责任。培训就是其中一个很好的办法。一项针对亚太区跨国公司员工的调查发现，超过一半受访者指出他们的单位没有提供任何出差安全指引。而85%的受访者希望公司能在他们出差时提供电邮支援及24小时热线。公司应该就培训和协助两方面，贡献自己的实力和资源，制定相关政策和方案，尽量解除员工的顾虑。

每年重温商务旅行规则一次，可让高层管理者更好地了解出差近况，对不顺的地方加以改善。美国一个大学管理教授说过：管理者应该迅速知道在外出差的雇员身在何方，如果超过15分钟找不到，说明你的出差管理系统还没装好。

一家外国公司的商务旅行规定

——在公司旅行规条背后的哲学，就是在涉及旅行成本时，我们必须理性对待而不能像花自己的钱一样处理公司的钱。因此，以下的规条已生效。

——预定所有飞往美国及加拿大的内陆航班，价格应是预定时的最低标准价。

——预定所有超过6个小时飞行时间的航班时，出差者可以选择商务客舱。当商务客舱已满或没有提供时，出差者则需选择经济客舱。

——当与客户一起时，遵从客户的旅行安排。

——所有出差者的商务旅行行程必须交由公司核准的旅行社办理，这包括了航班、酒店住宿、租车等。选择非公司核准的旅行社则会失去降低成本的可能。不遵照此规定的出差者可能会得不到报销；如果费用已经由公司信用卡支付，该费用将需要出差者支付。

——公司容许出差者保留累积旅程积分卡。出差者可以使用累计积分得到自己商务旅行时的升级服务，只要该服务不会额外要求公司付款。

——航空公司提供所有源于商务旅行的现金优惠券、现金福利、优惠机票，需要注明是给予公司的并最后交给公司。

——鼓励出差者及早作出预定，这样可以使旅行社取得大部分航空公司的提早预订折扣优惠。

——不鼓励商务旅行供应商提供的重复预定，以及其他取巧的机票策略。

——出差者必须尽可能使用与公司或分公司有合同的租车公司的租车服务。

——出差者必须使用列入公司优先酒店名单内的酒店，除非在预定时客满。旅行者所住的酒店不能超越建议该市最高指引。研讨会和大型会议可以例外。

——公司已为因需要商务旅行而飞行的出差者购买额外保险，出差者自己购买的飞行保险不获报销。

——航空机票必须计入出差者公司账卡。没有公司账卡的出差者则需要提前确认。

——所有要报销配偶在商务旅行行程中的费用的，要在事前得到批准。

公司主席签署

二、通告周知

出差管理条例已生效，但没有向所有需要出差的员工解释清楚，或条例有不清楚的地方没有跟进，或跟进了但结果不透明，或审批非常有弹性令人无所适从，这样的出差管理条例将会面临失败。对大部分员工来说，对出差管理条例的充分了解十分重要，可避免因公旅行和宴请时不知如何做决定的尴尬。

把公司出差管理条例印刷成小册子发给员工随时参考是最好不过的。如果不派发，也应该在条例宣布后立即开一个发布会，由负责人向各相关员工解释，并接受提问。否则的话，可通过公司内部网络发布最新出差管理条例，并备有一个热线电话号码和网上查询途径，欢迎员工“查根究底”。新员工迎新会加入出差管理条例解释和问答环节。公司办事处分散的，可用视像会议、网络会议等方式介绍出差管理条例。

公司需要定期组织内部研讨会，审视公务旅行的运作与规范有没有相违背。研讨会包括归纳每月企业信用卡报告，此项报告由信用卡公司发送，企业信用卡使用者说明，最终有管理层人员的审核。公司还需定期做审核，试图找出不遵守规定的案例；比如不按规定通过指定旅行社购买机票。我们要接受凡事有例外，但例外还是需要有一个合理额度；审核报告应该列出所有例外情况及说明原因。例外重复次数多了，则要考虑规章制度是否需要修订。无论如何，所有研讨会报告、审核结果等都应该公布周知，让员工与管理人员一样，知道差旅规章的运行情况，哪些行为受到应得的处罚，从而有所警惕。有些公司会把遵守差旅规定的行为和程度作为员工奖惩的依据，若是这样，更需要在一开始时就向员工解释清楚，以示公允。

三、执行规范

对于差旅费用、送礼和回扣，一些企业包括部分外资企业为了做成买卖，采取睁一只眼闭一只眼的态度，“生意做成，应酬费用多花点没关系”。有些企业向业务伙伴说明了谢绝回扣，但完全没有监管制度，比如欠缺公正透明的投诉、举报渠道。企业派业务人员出门，走访相关产品市场和与代理、分销、零售、维修合作伙伴交流是正常行程安排；但对于当中的吃喝娱乐费用怎样处理，大家似乎心照不宣，或彼此心中没底。公司发给业务伙伴差旅规定适用部分，和派遣人员在与业务伙伴对应时的权力范围，应该能给予业务伙伴很好的参考，使合作维持在理想的轨道上。双方都是中国人的场合，若任何一方有不收回扣的政策，发送文件给对方已很足够，因通常难于启齿。东莞一名广告公司人员向深圳一家电子公司的总经理推销大厦楼顶的广告牌位置，每年租金一百万元。双方见面时，总经理开门见山地说明公司上下都不能收回扣，包括他自己，请他重新报价；次日新报价来了，是八十万元。借见面机会重申公司相关立场是有好处的。

有章不依是机构管理时常碰到的问题，违章没有人去查处更是管理上的软肋，遇到这样的情况，规范定得再好也只是“墙纸”，起不了作用。公司内所有审批出差的、负责订机票酒店的、处理报销的同事都需要适当的权力，来维护制度的完整、公平。遇上不明白消费时需要收集额外的解释，对有问题的消费应延迟回款待查，确认违反规定者必得不到回款，对于滥用特权者（如使用公司信用卡）取消其特权，对于连续性欺骗且不思悔改者则进行处分甚至开除之。

由于出差牵涉费用可大可小，制定出差管理条例应向员工说明：

（1）给出差者、出差管理者和出差辅助者关于出差和应酬成本效益管理的指引。

（2）可以报销和不可报销项目的区别。

（3）出差者在控制与报告出差行程和应酬花费方面的责任。

哪怕考虑再细密，出差规定不可能涵盖商务旅行所发生的所有事情，所以希望每一位员工出差时，要结合公司规则和常识处理出差开支，如果有消费不在这规则内而欲报销的须及早向管理层申请。

出差管理条例执行力度如何，需要每年最少做一次回顾，针对出差目的是否达到，预算是否反映实际，相关补贴是否合适，制度和纪律的遵守情况是否理想，出差外包商的服务质量评价是否合格，员工有否好的建议等方面做总结。回顾的各项归纳整理后，对制度作出适当的调整，按程序交上级审核、拍板。专业、严谨和有效的管理能够防止不正规情况的发生，不仅可以避免浪费组织资源，也阻止了组织内部的不道德行为和不公的现象。

天津市于2004年发出了《关于严格控制领导干部出国考察和外出学习的通知》（以下简称《通知》），提出对弄虚作假、借学习培训之机公费出国旅游的，要从严查处。这些都是大原则，好的管理是要追究到此项规定是否百分之百被知悉，有否发现违规者，如何处理违规个案，是否需要更新这个通知等，并让市民知悉这些情况，使《通知》得到公众监督。商业机构的旅行规定更不是一本随意的指引，而是强调旅行规定必须严格遵守，公司有方法查出不遵守规定的员工，并按规定处理，后果要公告周知，尽管那只是对内的公告。

四、责任依归应管理

中国很多企业人仍在采用保守的报销管理制度，批准出差的内部准则并未完善，甚至压根没有准则，而是全部由老板审批，由老板口头说了算。公司没有管理，就对商务差旅看不透，钱花了，却不知花到哪里去。没有人负责，那就没办法问责。

如果你要考虑增聘一个商旅管理人员，以下要求可供参考。

（1）部门：商旅、财务或行政部。

（2）职称：商旅经理（职位级别）。

（3）对上负责：首席营运官、财务总裁或行政总监。

（4）主要职能：公司商旅管理条例的起草者、监督者、执行者。

（5）工作内容：照顾公司全员的出差需要，执行出差管理条例等。

（6）职责：维持健康的出差制度；管理下属、全年部门预算等若干事宜。

（7）关系：与公司其他部门的关系，与公司外部联系。

（8）话语权：审批权，审批权限度。

（9）工作条件：主要在办公室内，有需要时拜访旅行业界。

（10）特别条件：基本无须加班，但有时下班后仍需保持联系。

（11）出差旅行：每年一两次同业会议。

（12）经济条件：基本工资，一般福利，其他待遇。

（13）前途：可调动到其他部门的合适职位。

（14）培训：自己提出，按职位级别给予培训补助。

（15）其他：聘用方法、是否需要笔试、谁做出最后录取决定等补充说明。

除了自雇专业人士外，企业也可找来专业公司责任承包。有些外包公司除了能提供基本的机票和酒店预订服务外，还可提供24小时全年无休的其他服务，如每个国家与地区的治安和安全提示、自然灾害的最新预警、出差员工培训等。外包单位的特点是，他们可以进入外界人士一般不能进入的特定范围；他们与客户保持紧密关系，明白顾客所需，可帮助解决一些出差中的难题，让企业员工可以安心专注自己的事务，不用操心行程安排。

选择外包出差业务与把出差管理交给旅行管理公司或旅行社时，应先收集自己的资料，才能知道旅行管理公司可以带给自己公司哪些好处。你应了解：

（1）每年公司的差旅开支。

（2）公司有多少个经常出差的员工。

（3）员工通常出差的目的地（中国内地、亚太地区、世界性）。

（4）现在已跟哪些旅行社、酒店、航空公司、租车公司有联系。

（5）公司已有哪些商旅规定。

（6）公司员工如何安排行程。

（7）公司惯常支付商旅费用的方式。

（8）公司目前的监管制度，例如每月统计、报告等。

（9）公司对旅游管理公司的期望。

了解以上几点之后，可成立一个专务小组，小组成员包括商旅经理、采购人员、财务人员、IT人员、人力资源人员等，由此小组评选各商旅管理公司，最后交由一人集中负责，将最终的结果形成报告呈交给公司领导人，让公司领导人决定。

考虑任何外包服务时要核对背景，不能单凭推销人员的说辞或精美的宣传册来做决定。外包公司的背景包括发展历史、高层管理人员、服务范围、客户群等。不能光看价格，要看提供服务的素质，其他客户对其诚信度的评价。现在网络信息发达，上网点击几下就能找到关于机构的信息，好的如拿什么奖项、通过什么认证等；不好的如被法院裁定诈骗、顾客的严厉投诉等。但要注意，网上信息有实有虚，需要查明信息出处，以防受骗。

亚洲区的跨国公司通常聘有旅行经理，但对于中国本地公司来说这还是一个新概念。对很多公司来说，出差已经成为第二个可控制开支，但要想实现控制，就必须知道怎样管理出差的流程。如果各人各自安排自己的出差，公司实际上容易错过航空公司和酒店的优惠计划。有些公司将出差视为一种福利，一种给员工的奖励，特别是长期服务的员工。环球商业旅行协会亚洲区域总监伊贝宁说："出差应该被看作是产出成绩的必要活动。"某旅行管理公司董事长说："有效的商务旅行管理不止于控制成本；今天，更关注公务旅行的健康、安全和保安等方面。"因此，有旅行管理公司提供客户连线预订工具，有电脑版和手机版，客户可轻松上网订机票、订房。也有旅行管理公司每周给客户发布有关世界卫生组织和相关方的最新信息。

企业与商旅管理公司或旅行社签订合同后，应保持较紧密的合作，发展良好关系。对方的价格不能再优惠时，可考虑要求一些额外服务，如免费提供航班信息、机场信息、各地天气预报等。也有旅行社在机票采购数量达到指标后，反馈一些酒店免费晚餐套券、机场贵宾室使用券等，可给单位用作员工奖励。有的商旅管理公司则可免费为单位多做一些安全讲座，或自卫培训等。旅行管理公司应该能满足五个功能：遵守企业政策、机票节约、酒店节约、网上功能及整合功能，将优良服务贯穿其中。

在聘请旅行管理公司之前，某公司员工们自己安排出差行程，通常上网完成。因为是自己安排，公司员工体验到各种预订的问题，花费太多时间搜索和预订，以及不容易更改行程。直到公司找到一家旅行管理公司帮助，该情况才有所改观。员工们不单花很少时间处理旅行预订，而且更安心，因为每次安排都是正确和专业的，更改行程也是快捷和顺利的。（资料来源：Corporate traveler. com）

五、谨慎选择出差者

如今很多职位都要出差，无论偶尔一次或经常出差，都应在招聘广告里说明，不要隐瞒。我们应以网络资本、社会资本和心理资本选择适当人选执行出差任务。网络资本，是建立与管理环球合作、分工和价值联盟，以及处理复杂跨国问题的能力；社会资本，是能够在世界不同的地方产生正能量，激励不同的人们，维持与他们的友好联系；心理资本，是尊敬文化差异，愿意适应、接受和学习其他文化，对来自不同地区的不同文化懂得包容，愿意在不同时间、空间去工作，有自信，弹性强，为人乐观。同时拥有三种资本的人也许不容易找，但可以通过培训和公司内部文化熏陶，找到接近的人才。

某女士在面试国际机构时说明不想出差，某香港实业公司的员工一听到要到深圳出差立刻避之则吉。其实有些出差可当天往返，但仍有不少人抗拒出差，究其原因，有如下几点：

(1) 先天性的心理因素。有些人生来就害怕陌生环境，在公共场所去洗手间也要找人陪同的人，又怎能期待他能独自在一个陌生的城市过三两天呢？有畏高症者不能坐飞机，要会严重晕车晕船者坐长途巴士或渡轮等于要了他们的命。

(2) 后天性的心理因素。如听说某地治安不好，或某同事到某地出差遇到意外，尽管那是偶然的，部分人听了就觉得不幸会降临到自己身上。

(3) 害怕劳累辛苦。舟车劳顿，怕苦也是人之常情。有位航空公司机舱服务员，人家都很羡慕他，问他免费到不同的国家有多开心，那空中少爷回答说：“在飞机内来回不停走动，都快累死了，下飞机想要做的第一件事就是躺在酒店舒服的床上，哪有心情游玩！”

(4) 影响私人生活。出差有时候会一连几天，对某些员工晚上下班后定期参加的进修、兼职、义务劳动、团体活动、对亲人的照顾等会造成影响。

假如工作必须出差，除了招聘广告上标明外，面试过程中必须认真讨论。如果求职者稍有犹豫，面试者应该探究到底。招聘背后含有昂贵的成本，倘有新员工入职不久便因不适应出差安排而辞职，重新招聘除了增加开支，还会造成部门同事工作压力的增加和业务进度受阻。

公司选择的出差人员的品行必须端正。诚实廉正是理所当然的，说谎诈骗必带来羞耻。要建立这样的企业文化，首先要从上层开始做好榜样，如果管理人员无事也出差，借出差为名游山玩水，花公款大吃大喝，他们的下属能不模仿吗？如果上梁正了，要想下梁不歪，可以借助管理手段，如需要出差人员提供接待人员名片、正规发票、展览会门票、现场照片、写出差日志或报告等。找出猫腻的同时，也不要过分要求，以免令员工感到不被信任和尊重。

第二节 可操作流程管理

诸葛亮说："有制之兵，无能之将，不可以败；无制之兵，有能之将，不可以胜。"意思是，军纪严明的军队，即使指挥他们的将领才能差，也不一定打败仗；军纪涣散的军队，即使指挥他们的将领很有才干，也不能打胜仗。可见纪律的重要性。

一、各司其职

在第十届全国人大二次会议开幕之前，中共中央办公室、国务院办公厅就已经发出关于进一步精简会议和文件的《意见》。《意见》强调，从中央和国家机关做起，各地区、各部门安排会议活动一律要从严掌握。能不开的会议坚决不开，可以合并开的合并召开；要尽可能利用现代通信和技术手段召开电视电话会议，条件具备的可以直接开到基层，避免层层开会。一律不准巧立名目召开各种属联谊性、轮流做东的"片会"。不得超标准使用经费和摊派、转嫁经费负担。不得安排豪华宾馆、涉外旅游饭店。还有，领导干部下基层要轻车简从，不搞层层陪同，不得超标准安排用餐。以上这些都是很好、很合理的标准，但如果没有指定的人去监管，没有赏罚细则，不遵守者可以逍遥自在，标准写得再好也是枉然。

无论出差人员数量的多少和出差频繁度的高低，每家机构都应该制定出差方针、相关规定和管理流程。方针是政策、指导思想，等于“国家宪法”；规定是范围、条条框框，等于法律法规；管理流程是执行、操作程序，等于法律的实施细则。因为每家机构的业务性质和管理架构不同，不可能有标准模式，因而可由机构内某部门收集行业内的情况，并与各部门沟通了解情况后，草拟出适合本机构的规范文件，最后通过解释、辩论和修订，由决策层通过执行。在收集行内通常做法做参考时，公司可自行决定采纳行内公务旅行待遇。在定稿前征询和参考一下工会或者员工代表的意见，也是应该的。要注意，不能以为在报告板、内部电脑网络和电子邮件发布所有规定，就能使所有人员都明白。有关部门可组织一两次说明会，即时回答员工的疑问。良好的操作程序管理应在开始前已通过咨询、辩论、修订、通过、公示、说明等步骤。

一家机构内的出差管理应集中由某一部门及某一专人负责，但具体操作则可按性质分配到各部门，即出差人员的各项事宜，如审核申请表、处理签证、机票预定、费用报销等分别交给各个部门，如总务部、采购部、财务部等。财务部精于数字、巨细无遗，人力资源部能从员工心理角度去考虑，采购部擅长“讨价还价”等，机构可结合自身情况去决定组织安排。总的来说，部门主管需要客观、公平地处理下属出差任务的审批、监督、评价等。人力资源部应及时处理出差者的投诉及各种要求等，同时还应主动研究出差给相关人员的家庭、生活、同事亲密度、升迁机会等带来的影响。财务部门需要适当地处理出差的预算、报销和保险事宜。大机构本身有安全部门和医疗室的也可按需要将其纳入出差管理系统。

二、成本控制

企业或政府人员，因为有亲人在外国某地，便找借口经常出差去那里。于是本来一年去两趟就能完成的业务，变成去六至八趟才完成；每次停留四天可办完事情的，变成停留八天；就算某地没有业务，也托词甚至虚构公事，以达到公款私用的目的。这样出差的开支必然上涨，监督要落实在流程上，身居要职的人员审批自己的情况容易出猫腻，总经理和董事出差也需要接受监督。其身不正，焉可正人；以身作则，自然上行下效。这样，对出差成本的控制才会有效。

控制商旅和应酬成本不一定要刻意减少出差活动。相反，通过审慎构想和以企业目的为优先的出差管理条例，以较少的钱让出差变得愉快也是有可能的。美国运通商业旅行的一项调研显示，其中被视为对控制差旅费用有非常重要的影响的有：

（1）70%的受访者认为是出行前预先订好低价票。

（2）67%的受访者认为是较紧密的收据要求。

（3）56%的受访者认为是设计一个差旅政策。

（4）56%的受访者认为是出差安排尽量合理。

（5）55%的受访者认为是严格执行公司现有的出差管理条例。

有些机构的出差管理条例也很细，但分散在多个不同的范畴；如出差前借款放在小金库的规定，出差的应酬放在应酬专务的规定等。公司制定商务旅行规则，要做到客观全面，这样不仅方便管理，还可以与散落在各个部分的规定互相呼应。这样，出差的方方面面，包括需要的借款和应酬开支等便可一览无遗，便于监控。

成本控制的具体做法能很好地利用旅行社的服务，可以更好地使用优惠机票（低至半价）及机票加酒店套装优惠。可建立内部网，员工可以轻易翻查酒店及航班信息及优惠情况。公司内部管理者也须承担提醒的责任。如鉴于每年交易会期间酒店价格暴涨，可在交易会期间将广州及邻近地区酒店价格信息，在公司对内公布，以方便同事出差时安排酒店。在每个经常出差的城市与几所酒店签订合同是有好处的，可以较容易取得优惠。酒店一般会把预订的房间预留至下午6时至8时，过了这段时间，便有可能并且有权在房间供应紧张时把预留的房间交给他人。与酒店熟络或有合约关系的可以获准适当延长预留时间。不过，在客人给予信用卡保证后，房间可以保留一晚，条件是客人没有来时，酒店仍会在该信用卡内扣除一晚的住宿费用。这个费用，需要明确何种情况下公司负责，何种情况下员工自负。如果员工自己可以执行酒店订房的，会倾向选择含早餐的价格，所以政策要说明公司是否负担出差员工在酒店用早餐，不应含混。

不少企业认为员工出差及应酬开支是不可避免的支出，而根据调查显示，有关开支在企业可控制开支项目中排行第二至第三位。不过，很多公司却不善于控制这项支出。公司信用卡在香港已有20年历史。公司卡与个人签账卡很相似，只是公司客户并不能按月支付部分还款。公司客户可以选择不同发单及付款模式，包括“个别发单、个别付款”，“个别发单、统一付款”，以及“统一发单、统一付款”。对公司的好处是可以延迟付款，由于银行或信用卡公司在收到客户的签账后最长一个月后才向客户发出账单。而另外一个好处是，公司管理部门人员可以透过信用卡管理系统，对公司信用卡的使用情况有系统地进行研究，例如公司可选看不同部门在某月的相关开支、个别员工的酒店开支等；对于员工离开公司时也可迅速收回或注销公司信用卡。为避免猫腻，除了员工出差报销以外，包括机票退费等所有钱财来往必须通过银行及公司户口处理，任何员工私人账号不得混杂其中。

三、法治不忘人治

出差不能预计的情况是有的，需要灵活应变，需要有人可以随时审批例外情况。如某地因展会而使酒店住房供不应求，从而导致住房费用可能超标，部门主管可以批准出差者入住住宿价钱贵一些的宾馆；比如，同事职别可住500元/晚的酒店，在展会期间最便宜的酒店却涨价到1 000元/晚。如果不出差对企业有损失，主管可以考虑批准下属在当次出差花费1 000元/晚的住宿费，但不能滥用权力，有1 000元/晚的酒店不住而让下属住1 500元/晚的。这些滥用职权的情况也许让你感到惊讶，也许见怪不怪。解决的方法，要靠主管权力范围、监督制度和投诉渠道。主管可以灵活、酌情处理的事项必须明确和有适当范围，超过范围的必须由上一级决定，越权的必遭受处分。设立监督制度，使得滥用职权的行为尽快得到曝光。最后，任何员工都可以利用公司现有的或专为出差而设的投诉系统，揭露滥权及其他不正之风。

以下是如何编写出差管理规定的参考，尽量适应大部分行业。由于每家企业的背景和文化不尽相同，读者们可结合自身企业情况和需要加以修订。

1. 差旅申请

需要将填妥审批后的出差申请表发送到哪个部门哪位管理者那里（通常出差前两周），以便协助办理预订机票、酒店等事宜。国内出差的，出差审批须由上一级通过；如上一级属于经理以下的，须把出差审批表交给直属经理加签。出差到国外的，必须经过所属总经理（或高级管理人员）签名以示同意。

2. 差旅安排

哪些部门受公司委托处理相关出差的事宜。如某些业务委托公司外部旅行社或第三方协办，应注明该旅行社或第三方的地址、电话、联络人姓名，哪些具体项目是由他们代理的，跟他们接触时要注意哪些事项。如有疑问，应该找公司哪位同事查询。

3. 交通安排

尽早订机票、车船票是出差行程的保证，也是公司出差管理部门（或代理部门）应做的工作。出差管理部门在与出差者保持沟通的情况下将所需机票、车船票订好。在某些需要出差者自行购买机票、车船票的情况下，出差者应尽快知道自己所坐航班、火车、长途巴士、轮渡及其他交通工具的等级（经济舱、普通等、一等、软卧等），以便在自行购票时正确选择。出差管理部门还需提前注明以下事项：多少个小时以上的飞行可算作长途飞行，长途飞行可否将普通机票升为商务机票；航空公司送的里程积分，是计入个人账户还是公司账户；行李超重的多余费用是否由公司支付。

4. 住宿安排

出差者必须知道自己可入住旅馆的级别和费用返还的限制。出差管理部门或第三方应在同事要出差的地方物色一批酒店，尽早与酒店联系并签订合同。出差管理部门需提前注明的有：酒店不可由员工自行联络及预订，酒店房间内的小吃饮料等是否可以报销，出差者入住行政楼层或套房的职别限制，出差者是否需要为临时改变入住酒店或取消酒店预订而买单。

5. 团体与会议

如果属于参加团体会议、展览会、会议、培训等，出差管理部门可进行集体安排，这样可省时省事，集体安排的事项包括预留报名、领取入场证、安排餐饮、由酒店至会场的交通、集体付款等。

6. 租车

公司对员工出差时租用车辆是否有特别的规定和声明。出差管理部门需提前注明的有：出差者应说明用车理由、租车公司的名称、所租车辆的型号及车辆保险情况。

7. 日常用餐

用餐额度（早、午、晚）或每日补贴多少，是否需要发票。

8. 应酬

尽可能列明公司认可的应酬项目，是否包括酒吧、夜总会、高尔夫球场等场所的消费。有没有职别、额度、数量的限制。

9. 可以报销的项目

出租车（跟工作相关的事项）、电话费（公事，另外私人的每程/天一次或不得报销）、干洗（出差超过若干天可使用酒店快速服务）等。其他如小费、寄邮包信件、赠商业礼物等视情况而定。

10. 不可以报销的项目

基本上上面没有提到的消费都要自己买单。常见的有房间内电影、私人应酬、私人礼物等。

11. 报销手续

由于出差需要花费不少现金，公司应安排现金借贷或公司直接支付出差费用，并承诺多长时间之内返还报销费用。报销的费用通过出纳部门用现金支付或银行转账。现金借贷规范，订立每日或每次限额，及现金借贷累计限额。还需规定现金借贷归还手续及时间。

12. 差旅报告

时间仓促，出差者应当以完成任务为重。所以出差回来必须按自己部门规定发送报告或参加汇报活动。

13. 其他

本规定针对所有公司雇员，无分职位高低。员工对本规定有任何不明之处可随时向哪个部门查询。需要任何投诉的请与出差管理部门联络，包括服务态度、公平待遇、违章举报。对本规章有意见或建议的也欢迎随时与出差管理部门联系。

第三节　人员管理

一、人力资源管理者的责任

公司方面应该有专人专责管理出差者。从处理出差申请、代购机票和预订住宿、办理旅途保险，到报销流程都需要有明确的政策和指引。公司规模无论大小，出差人员不论多寡，都应对出差管理给予重视，合理投放资源。在整个出差途中保持单位与员工的联系是最重要的，这是一个负责任的单位应该做到的，以确保员工在出差途中就算碰上麻烦甚至意外也不会感到孤立无援。主管部门应当对员工的整个出差行程充分掌握，比如什么时候该员工应该在什么地方，如何取得联系等。手机有时会出现故障和网络不通畅等问题，所以要提前知晓其他联系方法，如酒店电话、航空公司查询电话、要去拜访的客户的办公室地址和电话等。

出差者到达出差目的地后，尽可能每天报个平安，这对出差者和其家人都十分重要。有些有人情味的公司还规定出差者打长途电话回家的可以报销。如果公司不能做到报销，也可鼓励出差者利用空闲时间在酒店上网跟家人聊天。

在面试时应当说明是否出差，及出差的性质、范围、频率等，尝试取得求职者的真实反应。一名日本籍女士在面试时表明不太愿意出差，部门主管满口答应说可以把出差限制为一个月一次。可是上班后不久部门主管需要该女士前往上海和北京多次，因而导致双方关系弄得很不愉快，结果该女士在 3 个月试用期内就辞职不干了。另一个个案，某财务部女员工多年来在香港上班，因工作需要，其主管要求该女员工每周往深圳子公司核对账目，不同意的可能会遭解雇，该员工于是选择辞职。雇主包括人事部门和主管们对出差安排不应掉以轻心，不能一味坚持这是工作需要就命令员工无条件执行，应该尊重员工的意愿。从应聘开始已经知悉职务需要出差，员工亦无异议，那是最理想不过的。如因企业情况发生变化而需要员工出差，但员工事前全无心理准备的，需要劳资诚恳协商才稳妥。

人力资源部门与出差人员所属部门应提供各种支援，对员工由于身体或心理不适而提出的不想出差的要求，人力资源部门应慎重考虑。此外，对于行动不方便的、怀孕的、家有老弱病残等需要照顾的员工，主管需要免除或减少他们出差的任务。

香格里拉酒店集团对于员工想出国工作是非常鼓励和支持的。他们的员工对于任何海外姐妹酒店的工作空缺都可以申请。对于由于种种原因不能长期在另一个城市工作，但只想见识一下和吸收经验的员工，酒店人力资源部门也会尽量安排不超过6个月的短期调派，并保证之后该人员可返回原来的工作岗位。（资料来源：香格里拉酒店集团代表在2013年香港企业社会责任会议上的演讲资料）

需要到国外出差的员工最好提前多天办理签证，首次往美国出差的还要通过严格的面试，有“移民倾向”的将被拒诸门外。公司需要给予去国外出差者应有的支持，有需要的话提供在职证明、出差原因说明、邀请函、薪金证明、保证人等使送出者的签证顺利完成。

公司应开辟一条“特别通道”，请实在不愿意出差的同事向上司或人事部门明言，说明其不愿出差的理由。如果是家人方面的问题，公司可考虑派专务人员做个家访；如果是自己心理上的障碍，公司可帮助员工分析个中原因。公司可以组织出差者每个月聚会一次，公费赞助茶点，让出差者互诉心得和体会，互相支持解决困惑和疑难。企业可以开展一个征文比赛，提供“场地”，让出差者们发挥，从过去一年的出差经验中抽取最坏的遭遇，谈谈这遭遇使他们得到什么启发和感受，公诸同好，甚至可以赢取奖品。最重要的是互相学习，我们要学习好的方面，也要从失败中吸取教训。

二、针对出差员工的人事管理

据说日本企业通常把工作表现较佳的人留在主管身旁，工作表现一般或不好的员工会被安排较多出差，甚至在国外待上数年。现在，持相反论调的比较多，即企业派出国外的都是精炼的干部。不过，就算精炼的干部愿意为企业的效益而奔跑四海之内，但日子久了，也会感到与原来部门的关系越来越冷漠。

经常出差的员工跟公司的沟通较少，对公司每日发生的大小事情是否都有所了解，人力资源部门要特别关注。对于经常出差的员工，除了对其较详细解释商旅情况、出差照顾等之外，还要对人事管理的其他环节诸如薪酬回报、相关福利、保险、绩效管理等多加解释。尤其是绩效管理方面，个人的工作表现如何评定，因出差造成的多头管理，各地方主管在业绩考核时的参与度等。经常出差者在安全与保密方面也应加强。出差回来时，因时间太晚而先回家去的，公司的文件、笔记本电脑也都同时暂存家中，公司应当说明在家里可不可以干公事；可以的话，有什么需要注意。

较多时间不在办公室的年轻员工，会倾向于利用网络与他人进行日常沟通，这种做法是好是坏取决于如何管理。因社交网络的交流一般较随意、轻松、开放，为防止员工在掉以轻心的情况下在社交网络泄露了公司机密或对公司形象造成不良影响，适用于公司的社交网络规条是有必要出台的，公司可以向员工明确公司的态度、容忍的限度、造成不良影响的后果等。在 2010 年针对全球两千多名 IT 专业人士的调查中发现，46.9% 即少于一半的公司存在明确的社交网络规条，其他的要么不清楚，要么没有。估计中国的公司更多的是尚未有任何指引和规定。针对员工工作时间使用 QQ、微信、微博等社交网络工具的情况来制定适合公司情况的规定是很有必要的。有了这项规定，员工出差也可放心使用社交网络。公司订立的指引，一方面有限度容许他们在空闲及适当时使用私网，另一方面又说明公司对机密和隐私的保护，相得益彰。

出差过于频繁也会成为员工辞职的原因。思捷环球公司某高层要员就以出差太频繁为辞职理由之一。倘若公司中频繁有人以出差太多为理由而辞职，那么人力资源部就该及早给出调整措施，这样才有可能挽留人才。出差太“劳累”的话题通常出现在社交网页、茶水间、饭堂等非工作环境，人力资源工作者必须伸长自己的“触须”，判断这些信息，运用技巧应对。也许见面时轻拍他的肩膀，说句“辛苦了”，便可令他获得鼓励，有时候也许需要直接缩短出差时间以助员工减压。

出差途中有的普通员工利用飞行里程累积积分，用来升级客位，奖励自己一下。在这里需要说明的是，出差是商业行为，机票、房费由公司提供，员工应按照自身职别和公司规定乘搭相应级别的机舱和入住相应级别的酒店。有些公司将出差的机票里程积分计算入公司的里程积分内，然后再按规定使用。也有公司对里程积分项目持放任态度，让员工自由处理积分。豪华客房、商务机舱的价位比普通客房、经济舱贵好几倍，如没有增加公司的经济负担，又能增加员工出差的舒适度，公司也可做个顺水人情，明示不阻止员工利用赚来的积分换领更高档次的机位及住房。

之前提到日趋活跃的隐性外派员工，这种趋向却会把公司推向危机边缘。公司对待隐性外派员工往往会存在待遇不公的现象，更重要的是，还会违反法规如税务条例和人民入境条例。美国环球雇员调配议会与英国人事及发展研究院的2005年脉动调查报告书（Pulse Survey Report）发现，216家跨国公司中，38%承认有隐性外派员工存在，40%怀疑有存在。如何发现隐性外派员工，大部分跨国公司承认它们并没有系统地去发现隐性外派员工的存在，而小部分更回答是税务及入境政府单位发现的。造成这个现象的原因，主要是大部分跨国公司不明白什么时候需要办理外派手续，它们觉得先不办理外派手续能节约成本，但结果是，出差员工感觉不好，因为正式外派能增加工资和奖励及每年有探亲假，而隐性外派员工不仅享受不了那些待遇，还会违反一些条例。公司人力资源部应拿出主动权，更好地规划跨国派遣管理，订立明显的出差与隐性外派员工的区别，在公司设立内联网页提醒员工，设计系统让系统提醒人力资源部哪些员工的出差涉嫌构成隐性外派雇员问题。与此同时，向公司内部其他部门提醒隐性外派员工所带来的风险，并与外地姐妹机构携手妥善解决这个问题。

今时今日，在出差越来越频繁的企业，人力资源部门应当把出差管理纳入人事管理范畴，从招聘、工资待遇、升迁，到表现评估、劳资关系、离职等方方面面，都要充分考虑出差带来的影响，从而使整套出差人力资源管理系统达至完善。

三、针对出差者的培训与学习

需要出差或到国外的理由，除了一般项目工作、考察、新地点运营、管理、技能转移等目的之外，还应加入员工培训这一理由，目的是从人才培育、创新、凝聚、沟通的角度考虑出差。一家服装品牌企业的设计部员工，对主管经常到全国各地参观各大时装展会羡慕不已，他们觉得有些展会可以给他们灵感、素材，同时可以目睹潮流的最新发展。深圳一家民营电子企业，每年参加市内市外多个展览，都尽量派出多名市场部门人员轮流参与，让他们受益。公司可通过结合培训需要和预算，给员工安排出差机会。

出差是为了培训的中小企业毕竟不多，中小企业为出差人员提供培训的课程也很少。某些大公司为派驻国外的人员提供文化差异培训课程，但对于出差国外的，认为逗留时间短便不提供培训，那是错误的。没有培训好，只需一次事件便可能使公司的品牌声誉受破坏，或彻底毁掉与客户的关系。因此，对每一位出差者的事前出差培训是很重要的。越来越多的企业将业务发展到海外，它们逐渐明白，在全球化过程中，语言并非唯一需要逾越的文化鸿沟。为了避免文化差异带来沟通误会，跨国企业应举办员工文化培训课程。事实上，每家公司都有责任为员工提供培训，去应对跨文化交流，包括商业礼仪的该与不该，还包括个人主义与集体主义，权力距离，和谐与对抗等基础认识，尽量避免不必要的错误。公司也需要安排专家为员工讲解出差安全培训，内容包括旅游安全和个人安全两大部分。前者包括出差前预备、机场迎送、当地安全概况、如何避免罪行和求助。后者包括个人特征、矛盾和冲突、沟通，以及专为女士而设的安全指引。

培训的基础内容必须包括个人诚实和正义。出差不要弄虚作假，也不要贪小便宜；要以公事为先，以道德为重；要实报实销等。对于违反出差相关规定的行为，培训时应提前说明后果和处罚细则。对于首次出差的同事，最好先给予上述培训，这除了使他们在旅途中安心，也令他们以后再次出差不会临阵发愁。培训内容最好模拟出差全流程，从公司内部预订机票酒店、借款需要、行李限制，到客户会面地点和退房规定等；每晚在酒店内怎样做记录，回来后如何办理报销，以及如何与同事分享出差的一切等。以上如果都让员工在第一次出差前就清晰明白，那么就没有“我不知道”的担忧，也不能有“我不知道”的借口。

少数公司开办了企业大学，多数公司有培训部门，常年开办各种各样的培训课程以便于员工进修。出差的同事很多时候出了差，没法参加公司内部组织的培训，或无法在固定工余时间进修，这对他们是不利的。培训部门应结合情况尽量给予出差人员学习上进的机会，移动学习是解决办法之一。比如人事培训部门可将内部培训课程制作成电子版，比如某国际企业将企业社会责任指引课程放到内部网上，员工无论在出差途中或在家中，都可随时下载和学习。公司也可提供一些电子书、电子学习材料，如外语和谈判技巧之类，供员工下载学习。比如当某员工去中东出差，就应将有关阿拉伯语、中东与中国的文化差异要点、入境问禁等培训资料于出发前发送给员工，让他们在旅途中、候机中、机舱内、酒店房间等可以随时收听或收看，即学即用。员工也可自己报读市面上举办的外语短期课程，数天内速成，学会关于问候、数字、时间、问路、餐饮、购物等的外语。学会一点当地语言对缩短人际距离、增加好感有莫大帮助。企业可考虑给予主动完成这类学习的员工一定的学费报销。

四、对出差员工的监督和帮助

某销售部经理公然说：“只要你生意做成，你旅途中睡觉、游玩或做其他什么我都不管！”事实上，员工履行了职责，做成生意，是否真的其他什么都可以做而没有后果？2012 年 9 月 1 日起，深圳市人民政府外事办公室出台的《关于加强市属国有企业主要负责人因公出国（境）管理的通知》正式实施。按照通知规定，市各资产经营管理公司的中共党委书记、董事局主席或董事长、总裁或总经理等主要负责人的公务出国（境）证件，包括因公护照和因公往来香港、澳门特别行政区通行证一律交由市外事办公室集中保管。通知的有关规定在国内属首创。其中的“持因公务多次往返港澳证件者，不得在节假日、双休日赴港澳从事非公务活动”令人深思。某政府内部人称，新措施有的部分是为了防止“持因公务多次往返港澳证件者”到澳门去赌博。个人道德规范虽不能与业务结果挂钩，但工作做得再“好”，如果是靠贪污促成的，也还是要接受制裁的；出差中签成销售合约，但在途中涉及违规操作的，那还是要接受批评甚至处分的。

有人统计，在生意往来中，将送礼视为重要礼节的国家有中国和日本。无论跟哪个国家有业务来往，在送礼和应酬方面公司是否有明文规定，何种情况可以报销，都应厘定送礼、应酬范围，使员工有所依据。其实，出差送礼物是一门艺术，也可宣传公司或本土文化。最好不送公司产品，商业味道太浓，不能表达感情。公司可设计、定制甚至制造有自己特色的纪念品，无须太昂贵，但要有一定的保留价值，以给出差者使用。凡是以公司名义送出的礼物，公司都应该委任专责部门或人员进行统筹、记录、监察和分析。

航空公司的里程积分，对私人消费是好事，但对因公消费可能造成的不良影响，比如有员工只为了积累分数而坚持乘搭某航空公司的班机或入住某酒店集团的客房。良好的出差管理不应出现这样的情况。如果公司把那些飞行里程奖赏等同于参加会议、展览会时获赠的纪念品，属于员工可以自己拥有的东西，那亦未尝不可；事实上很多欧美跨国公司就是这样做的。在特殊情况下，比如某员工代表公司出差参加代理商的宴会，在席间抽奖中“幸运地”获得大奖，奖品是汽车一部，那位员工有没有上报责任？是否可将汽车登记为私人财产？很多公司对此就没有明确的规定，都抱着事情发生再说的态度。事实上，公司可在制度中确定，在由公司付费的机票、酒店或其他出差活动中赚取的积分、飞行里程、奖赏等，需要上报，交由相关部门集中处理。积分用作升级机舱及客房的，可限定每人每年次数；兑换或抽中的礼品，可拿出来做员工抽奖的奖品，或拿去拍卖，并将拍卖所得捐赠给慈善团体或赞助员工活动项目。

劳动法律适用问题

在香港上海汇丰银行对史提芬·安德鲁·华莱士（HSBC Bank PLC & Anor. V. Steven Andrew Wallace）的案件中，被派遣到香港工作的英国雇员想引用香港雇佣条例的规定来终止其在英国签订的雇佣合同，遭到雇主反对而诉诸法律。香港法庭判决确认了香港法律并未阻止雇佣合同的当事人选择以外国法律来管辖劳资双方的关系，从而可以排除香港劳动法例的规定。该判决的一个重要意义是确认了在香港出差和停留期间，所有相关出差人员的雇佣合同将继续受各自国家法律的管辖。在这个案件中，法庭正确地遵循了唯有在雇主出于真正的业务需要而选择外国管辖法律时，才可以绕过香港雇佣条例的规定，但并不能纯粹是出于剥削员工的目的。在当前案件中，法庭认为，英国的HSBC机构选择令英国法律适用于所有借调到英国以外的国家和地区工作的海外员工，这并没有犯错。法庭判决的重大意义在于确认了在香港出差和逗留期间，每天成千上万名来港出差人员的雇佣合约将继续受各自国家法律的管辖。除非雇主有合理理由选择，否则香港雇佣合约法律规定可以不适用。(资料来源：《香港人事管理》杂志)

新加坡某集团管理层员工在中国新年节假日期间集体到老板家中拜年，东莞某民营企业的老板在除夕夜电召各部门主管到他家吃年夜饭，以上都显示出企业内部和谐的一面。不过，下班后接到老板电话，涉及公事的，员工始终感觉无奈。一项在香港进行的调查发现，超过七成公司负责人在员工下班后或放假期间通过员工电邮或手机发出工作指令。德国政府发出新的指示，为了防止员工过劳，除非是真正紧急的事情，禁止于员工下班后打电话或发送邮件给他们，还明确员工不得因下班后没有打开手机或没有查看电子邮件而受到惩罚。发达国家的政策，发展中国家应该效仿吗？出差的员工有下班的时间吗？当下午 5 时会议结束，员工开车从一个城市到另一个城市的酒店，下午 7 时到达目的地，那这两个小时应算是开工时间。到达酒店后至次日早上离开酒店前这段时间，就是他的下班时间。假如他约了他人一起晚饭，属于公事应酬，那他的下班时间得从晚饭后返回酒店时起计。

一个心理健康咨询中心邀请了 1 500 名在北京、广东、浙江等地工作的女性做调查，其中 80% 的受访者承认在工作期间受到过性骚扰。大部分受访者年龄在 35 岁以下。北京海淀区人民法院的一名法官表示，中国女性拒绝诉诸法律以赢取性骚扰案件，而中国企业负责人在此类事件中有何责任，且该责任缺失时应当受到何种惩罚皆未确认。

厦门大学一位法学教授认为，和性侵犯有关的各种罪行，目前可由最高法院向下属法官给出指引，但出台配套法律仍属关键。邓丽君初到日本发展事业时，晚上在一些歌舞厅献唱，就碰上现场不少“不文明”观众的骚扰，感到十分委屈。性侵犯可能来自客户，可能来自公司内部，公司应该有明确的指引，保障员工权益，使员工知道可以婉拒、阻止任何不道德、不合理的要求，无论该要求是谁发出的。此项指引更应给予主管及高层人士，说明公司不会容忍社会不能接受的事情在公司出现，使他们有所警惕。现今社会上也有男性遭遇性侵犯的案件，公司相关规定内也应明确受害者无分性别，男女一样受到保护。深圳市人民代表大会常务委员会已通过《深圳经济特区性别平等促进条例》，并于2013年1月1日生效。条例指出男女均享有同等的尊严、价值、机会、权利和责任，以性别区分用人、待遇、出差等标准从而达到排斥及限制行为等目的，损害男女平等权益的，可被惩罚。条例又界定“性骚扰”为不受欢迎的性要求或任何与性有关的行为、言论、文字、图像电子信息及利用与性相关的屈从手段，作为得到聘请、升职、薪酬福利或奖励的交换条件。人力资源管理者须在公司内制定与此相关的公司立场和规定，给予男女员工适当培训，为投诉不平等待遇设立特别程序，以及处理好每宗投诉。再者，女性独有的月事、怀孕、生产和哺乳期间，公司应为她们提供特别照顾，也不得克扣工资或解雇，这也是法律给予支持的。

员工投诉主管也可以通过多渠道：亲自找人力资源经理投诉、写投诉信、发投诉电邮等，而投诉信是可以匿名的。不过，处理匿名信件要格外当心，要先弄清楚投诉人是否真的需要投诉，是否诬告，不要“误杀良民”。

人事部门或商务旅行主管在出差者出发前发送文件，给予各项温馨提示，是有帮助的。他们在同事出差的旅途中时刻关心，随时出手相助。在出差者受了委屈的时候，也能以公司名义向有关单位投诉或提意见。

五、意外事故需处理得宜

公司为员工购买出差保险，应该保证员工打一通电话，就可以得到咨询和旅游支援服务；购买了医疗保险的，可保证员工能及时就医，随时为他们提供医疗意见或其后的医疗转介。基于国内部分医院需要先缴付数千元甚至更多的保证金后才展开救治，有保险公司推出中国医疗保证卡保障计划，当持卡者在国内发生意外或生病时，可无须缴付保证金而可立即获得适当的治疗，这对出差者来说是一项非常重要的安全保障。

某香港上市公司外派到广州的办事人员猝死。意外事件发生后公司人事部职员第一时间联络到了家属，并于6小时内安排家属去广州。一路陪同家属到公安、特区驻广州办、殡仪馆等处办理相关手续。家属可决定自行处理遗体（认领出境）或让广州殡仪馆处理。如不同意官方死因判断，可要求做解剖。如一切顺利，凭公安部开具的《尸体处理证明》可到殡仪馆办理领遗体手续。在这一事件中，公司动员人力物力，安排各项用车、住宿、饮食，给家属发放慰问金等，处理相当妥善。该公司的危机管理委员会发挥了强大的作用。这种事情也是危机管理的一部分。

公司在做一些决定时，需要考虑周全。属于世界四大会计师事务所之一的某公司，因其美国某办事处裁掉一批同事而遭该批同事痛恨，原因是裁员的通知竟然是该批同事在加利福尼亚州出差时通过电邮发出的。他们有不少人是第一次出差到加利福尼亚州，在情绪异常兴奋的一刻，忽然接到被裁退的通知，痛恨心情可想而知。公司也许没有注意到被裁员的一批人中有身在外地的。但无论怎样，出差途中听到这一消息的他们还有心情完成任务吗？公司应尽可能等员工归来，再发出裁员通知，这样才是最尊重员工和公司自身的做法。如果不是裁员这样单方面的决定，例如警告、扣工资或其他处分，更有理由在员工回来后才通知，应该给员工辩白、申诉的机会。

六、道德的把关

公司应该制定一套清晰的行为规范，防止员工收受或提供贿赂，贿赂包括现金、奖金、奖品、赠品、礼物、用品、折扣、借款、旅游、机票等。公司的此项政策，对出差者与非出差者均适用。公司应安排一次培训，使各经理、主管了解条文，能清晰地向下属解释，并以身作则地遵守。

2013 年，某国际医药集团利用赞助国内医护人士到外国参加会议为借口，经旅行社输出贿款，甚至根本不用出国参加那些会议。这样的行为是违法和没有道德的。作为一个守法的企业，管理者应给予每一个员工及时的培训和告诫，同时要在公司系统中监督是否有不法款项通过或避开企业账户流通，如有怀疑，便要立刻处理，绝对不能睁一只眼闭一只眼。上述某医药集团光在 2009 年就把集团在国内的多个培训、会议项目交给一家旅行社安排，随后该旅行社把部分款项发送给公司高层、销售代表等。虽然相关集团已经停止对不良旅行社的委托，但 2009 年发生的事情，直到 2013 年才被发现，该集团的管理真的需要检讨一下。管理这个问题的方法有：首先是会议、培训的实用性要由内部监管和通过；其次是选择地点、流程要有合理预算，有财会、采购的监督；再次是活动后的关于活动的报告和知识传播认真执行；最后，也是最重要的，就是对内部人员的守法与道德的培训和指导。

公司的行为规范针对全体员工，除了对收受贿赂、违法礼物、回扣等明令禁止外，还应介绍国家防止贿赂的条例及法律法规。对于出差过程中的应酬、采购等事项，也应严格遵守公司的行为规范和国家的法律法规。此外，出于对股东及财务投资者的负责，以增加收益和长远发展作为有吸引力的回报，更需忠诚地透露信息，秉持真实和公正的会计守则与实际操作。

出差不像旅游，是有任务在身的，员工不仅代表本身机构，还代表自己所属的国家、城市甚至种族。出差者要告诉自己每次出门就是个“大使”，言行举止不能失礼。商业外交行动（Business for Diplomatic Action）是一个非营利团体，其派发了《世界公民指引手册》（*World Citizens Guide*）给每个持美国护照公民，要求美国人不要在国外大吼、易怒、没耐性。作为公司管理的负责部门，不能想当然，必须要将公司的社会道德责任立场向所有员工说明。大约十年前，美国环球雇员调派议会已制定出一套商业道德培训课程，适用于派到中国内地的人员。我国已经走出去的和正在走出去的企业，应该也有一套类似的、适用于海外的商业道德培训，使所有公司工作人员有据可依。

公司雇员的商业道德

诚实可靠、公平竞争是我们珍贵的财富，上到董事下至所有雇员都应遵守同一底线，使我们的声誉不会被任何诈骗、贪污、渎职等行为所沾污。

基本原则

任何董事或员工的行为一旦被判定触犯了相关道德和法律，公司必定给予开除处分。

好处定义

好处是指包括但不限于任何名义的金钱、借贷、礼物、聘请、服务等。

接受好处

董事及员工应拒绝好处，假如接受了好处可能会影响他们公平地作出决定，除非：

该好处的总价值少于港币500元，而且不影响任何商业决定；或已取得管理层知悉、理解及批准接受好处。

若有任何疑问应立即向上级汇报并要求指引。

索取好处

公司禁止董事及员工向供应商、合作方、客户等索取利益。

提供好处

任何情况下本公司董事或员工不得要求公司给予任何单位或个人好处。除非此等好处（例如佣金及其计算方法）已得到本公司总经理或以上管理人员的书面确认及被对方单位所接纳。

应酬

为避免可能发生妨害公正的决定，董事及员工应适当拒绝过多与同一位或同一组人士饮食及娱乐应酬。就算接受一次宴请，董事或员工也应表示下一次应该让我方做东，并在机会来临时落实。

利益冲突

常见利益冲突有：①在任何供应商、承包商、合作方中有未经透露的财务利益；②基于公司不知情的“顾问”或兼职合同，给公司对手提供服务；③秘密出售公司机密资料给任何有兴趣者以换取好处；④利用公司时间、财物处理非公司业务；⑤给任何供应商、承包商、客户、求职者、下属不公平的对待以换取好处。

公司财物

擅自将公司物品，含原材料、半制成品、产品等用于私人用途，转赠或变卖将构成盗窃罪。所有公司财物只能用于公事用途。董事及员工均不能擅自采用自己的财物作公事用，尤其是没有得到许可私自非法下载的电脑软件。

赌博行为

董事和雇员注意不要与有生意往来的人士有太多的赌博行为，包括打麻将。就算偶然一次，如果筹码过大，董事和员工亦应果断决定不参与。

诚实记录

所有雇员应该诚实地汇报所有公司活动，不得有所隐瞒。所有雇员不得擅自恶意销毁或删改任何公司档案。

网络使用

不得在网络连接到与公司业务无关的网站，或不恰当地下载、储存、转发、打印与业务无关的，或对别人有侵犯的内容。通过电邮发出有公司机密的信息时，要检查收信人地址正确无误，按规定指引将邮件加密及事后在发件箱及垃圾箱删除。员工要小心保存所有公司系统的密码，如有异常情况应立即向有关部门报告。（资料来源：香港廉政公署）

第四节　预算管理

一、出差预算制度

一个单位除了员工薪酬和福利外，出差和应酬费用也是一笔很大的开支，通常占了平常薪酬和福利开支的10%～20%。2005年，美国运通做了中国商旅统计指标，把平均差旅花费分为：饮食与应酬39%、机票24%、其他交通工具11%、酒店13%、电话11%、其他2%。其中电话费用与住宿费用相若，按现时的标准，有点偏高。

出差是昂贵的业务活动，并且不容易计算回报，所以公司必须制作预算表。预算表应由管理部门制作统一格式，每个部门自行在新的年度开始前两个月填报清楚，内容包括本年度（前9个月）本部门出差已花费用，附加后3个月的估计，形成本年度的出差总花费估计，对比本年度预算得知会否超过预算或是否在预算之内，及之前数年的对等数字，得出部门出差的趋势，是增加、减少，还是无规律，并分析背后的原因。以本年度的数字分析为依据，制作下一个年度的出差预算和相关说明。出差预算最好能同时显示具体出差人员或工种所占比例。两个部门同样的出差费用预算，部门甲全部由主管一人独占，与部门乙由主管和下属均分这两种情况对我们有着很大的启示，纵使未必存在任何不合理或不公平。

每个部门制作预算后，由管理部门收集整理，向最高领导层汇报。为求公开透明，最好安排简单会议，由每个部门介绍其出差费用预算的背景，增加或减少的原因等，并答复其他部门和领导的质疑。最后由领导即时或事后通过审议或修改，最终确定预算。

任何单位没有预算也就没法管理，出差也不例外。无论业绩好与坏，公司管理者都应认真研究出差的预算。2008年香港发生的公职人员出差诈骗事件就有数起。笔者工作过的公司，管理部门在每月管理会议上报告上一个月的出差次数、应酬花费、总花费，与预算比较的差别，超预算的便需要解释，总经理也不例外。

制定预算后知道需要节约成本的，可考虑以下削减预算的方法：

（1）减少出差总次数。

（2）减少同一次出差人数。

（3）降低住宿酒店、机舱等标准（可能会降低企业形象、员工士气，慎用）。

（4）不用降低住宿酒店标准，与酒店议价，如保证住房数量以换取优惠。

（5）选取同样可靠但服务费用较低的机票酒店预订代理。

（6）视像会议、电话会议取代出差。

（7）提前落实预订以取得更多优惠（但注意如果行程取消将得不偿失）。

工资和福利待遇在许多企业都占大比例的开支，所以应严谨审慎，计算至一分一毫。对于差旅和应酬费用开支，企业则容易忽略或相对没那么严谨，都是“一刀切”，有盈利就多给些预算，有亏损则削减些预算，没有从无形价值角度去看待它们和厘定适度的预算。现代出差管理除了讲求实际，即尽量控制成本之外，还需要考虑社交网络关系、生意维持、商旅者安全、挽留人才、社会责任等。

二、交通费用标准

每年近岁末，大部分企业就会开始为员工们代购春节回家的车票。公司对员工回乡的“私务”那么看重，那么应该更重视出差的公务。购买机票看上去是谁都可以办到的事，但实际上是一项需要深入研究的专业活动。旅行社、差旅顾问公司并非大公司专用，中小企业也可找它们服务，它们的信息资源肯定更丰富。要得到它们的服务，当然要支付给它们报酬，但这额外的付出却很可能在节省的开支上得到弥补。当然，条件许可的，可以请一个专才来为企业、单位服务，但如何管理和发挥这个专才是另一门学问。当选定了旅行社或出差顾问公司后，企业内应由两人负责与它们联系。企业与旅行社之间应保持较紧密的联系，以保障沟通顺畅无阻。这两人可选正、副，可以兼职担任出差管理者，但两人也可独立运作，例如甲负责国内的机票，乙则负责国外的。这种做法，员工休假、请病假时有即时替补，也可使他们互相监督，降低产生猫腻的风险。

机舱分为头等、商务、经济舱位，火车票有软卧、硬卧、软座、硬座票之分。不同的舱位、座位有不同的票价，企业应有明确的规定，说明哪一职别的员工可以购买哪一种等级的票。一般来说，企业的领导和领导层员工，可以选择飞机商务舱和火车软座软卧客位，其他员工则只限飞机经济舱和火车硬座硬卧客位。讲求节约、经济条件紧张的企业，可以规定所有员工都只能选择价格最便宜的客位。公司在确立规定时，考虑要周全。比如员工陪伴重要客人一同出差时，假如客人坐较高级的舱位，又不介意与员工同坐的，那员工应可得到上级的同意，升级到与客人同等的舱位。

深圳某企业总经理，代客人购买机票并将费用算入自己的出差经费内，这种做法是不妥当的。一般来说，出差预算是公司内部的支出，客人机票报销则可以纳入其他项目或作为应酬费用。和某同事带同数名记者出差介绍公司项目的情况一样，记者的机票住宿等大笔费用不应纳入该同事的个人账内，是否列入应酬费也应与会计部门商讨。此等费用与一般员工的机票住房费用混杂了，就不易掌握公司内部出差的真实情况。

三、住房费用标准

国内大多安排两人共住一房，高级人员才一人一房。中国员工多无意见，而且有些女员工更喜欢有个同伴。但西方国家注重隐私，所以外资企业大都给予出差人员无论职别一人一房的待遇。中国企业有外籍人员的，要考虑如何安排才能做到合理公平。

旅馆方面，国内有星级标准作为参考，星级之间服务水平差别也较大，因为评分标准以硬件为主。国外没有标准的，自认几星级也一样要小心选择。酒店的房价是海鲜价，比如香港同样三星级的酒店，在周末自由行旅客众多的时候，房价就比平日贵两倍以上。广州的酒店在交易会期间，房价也比平常贵好几倍。没有以上因素的，也因位置的方便程度，同星级酒店的房价相差甚大。也有因为新开张打折优惠的五星酒店每晚房价比在城市中心有口碑的三星酒店更为便宜。简单地按照职级高低分配住几星级酒店的办法是可行的，如总经理可住四星级，经理可住三星级，一般人员二星级，但还是需要厘定每个级别的房租上限及对例外情况的处理。

一家酒店内分别有标准房、豪华房、行政房、套间、总统套房可供选择。如跨国集团首席行政官住总统套房或豪华套间，大集团的高级经理住行政房，公司按本身组织架构自己定义员工入住房间的类别并无不妥，为了方便管理，简约为佳，而制定例外情况的审批条件是需要的。例如经理到外地进行招工面试，租套间较划算，因为可以在房内附设小客厅见客，不用另外租会客室或会议室。又如选择价格较高的酒店，是因为会议在这个酒店开，住同一酒店可以节约时间和方便参与社交活动。这些需要员工自己建议，公司可按早有厘定的例外情况和程序给予审批。

一个较简单的方法，就是给予一个价格上限，员工自己选择任何酒店。不过，要注意不同城市的消费程度和酒店价格水平不同。比如同样500元人民币标准的，到三、四线城市可住四星级酒店，到一线城市则只能挑二星级的酒店。条件许可的，可以按城市大小情况订立个别标准，也可选定城中数家酒店作为公司指定住宿地点，并通知员工按此执行。

一般企业出差规定（模拟）

定义

短期出差：连续1～15日（含周末、假日）

中期出差：连续16～45日

长期出差：连续45日以上

短期出差

项目内容	级别	国内出差	国外出差（含港、澳、台）
（1）飞机标准	总监及以上	商务舱	经济舱
	经理及以下	经济舱	
（2）住宿标准	总监及以上	RMB 1 000	US $ 160
	经理及以下	RMB 600	US $ 120

（3）每日差旅补贴（单位：人民币）

级别	目的地		
	海外	国内	即日往返者
总监及以上	300元	200元	50元
经理及以下	250元	150元	50元

中期、长期出差

飞机标准同短期。住宿标准、每日津贴适当下调。长期出差者个别考虑条件。

首次出国津贴（任何职别）：2 000 元人民币

出差住进亲戚朋友家不住酒店，是否会对任务造成影响？这主要看客户的想法，其次看该亲戚朋友家的居住条件而定。假如客户想与你的出差员工在晚饭后进行一些消遣，知道他住亲戚朋友家，会不会有其他想法。住别人家里的，如果睡在大厅或整晚受蚊子折磨的，无论员工自愿与否，实不该批准。不过，企业管理对此无法查核，只能决定一个原则，是可以还是不可以。如果出差可以住亲友家，企业也就省了一笔住宿费用，应明确不住酒店的可发给补贴多少元。除发给补贴之外，企业也应订立出差员工不住酒店的自律守则，企业可以监管，员工也应自我规范。

四、通信费及其他补贴

也许你不会相信，通信开支有时候比企业所有其他方面（硬件、软件、服务、人员）的开支加起来还要高，而且有不少是浪费掉的！手机国际漫游服务便是其中一项耗费。美国市调公司哈里斯互动（Harris Interactive）的研究发现，每个美国雇员在海外出差平均花费 693 美元（约 4 500 元人民币）在国际长途话费上。我们出差在外，为了保持联系，手机有时会很忙碌。问题是，有亲戚好友忽然来电，知情也好，不知情也罢，员工接听了，事后怎样报销？有些企业要求员工自律便是，哪怕有少数私人电话，出差期间电话费全数报销；也有公司要求员工把因私的电话全部勾除出来，不能报销；也有公司容许出差在外的员工给家人打通报平安的电话，每天一次，可以报销。

现在，人们可以利用手机完成收邮件、上网等多项事宜。多年前在会议中，众人提到一年前的某研讨会，其中有不同的记忆和印象，某人取出手机，百度一下，找出正确答案，旁人欣喜。现今这种情况只是小事一桩，公司让员工报销通信费用是有利的。

这是某公司基本电话报销上限（每月）：总监及以上：无限制；经理：400 元；主管：300 元；一般：200 元。各部门按工作性质和外出及出差频率申请外勤者名单，例如营业部，外勤者名单内各人 400 元。特殊情况，经总监批准可报销超出部分，需附明细单。

每年都有很多不同机构做城市消费生活水平的排名，东京、巴黎、苏黎世等城市经常上榜。员工到高消费水平的城市出差是否需要更多补贴？别以为生活指数高的只有纽约、东京等国际大城市，原来非洲安哥拉首府卢旺达（Luanda）曾经是全球消费最昂贵的城市。这里说的消费是按西方标准来换算的，而且安哥拉货币不与美元挂钩，波动大，补贴厘定需要注意。出差补贴的定义是不让员工因出差而使收入受到损失，这需要大公司管理层拿捏好。其实除了补贴通信费之外，公司还应该对出差员工的其他开支进行一些补贴。例如有公司给出差员工每日 10 美元津贴，但每日三餐、洗衣、买电池等均可另外报销。也有公司没有给私人花费任何报销，但每日补贴较多，比如人民币一百多元到四百多元不等，已包括员工自己的三餐。某些出差者往往晚上会有应酬，应酬费用可以报销，并且每天补贴还在自己手里。所以一些公司也不嫌烦琐，订立当天有应酬需要报销午、晚餐者，其当天个人补贴也相应扣除多少元。要注意，报销不计入个人所得税，补贴则是收入，需要随收入纳税。

总之，企业有责任了解员工常去的地方的生活指数，结合当时给予的出差补贴，考虑员工会不会捉襟见肘。我们可以自行计算当地的外出用餐、交通、衣物、个人健康用品、娱乐、医疗等开支，按企业内大部分员工的消费习惯推算，订立合理的出差补贴标准。条件不允许的，则只能参考一些国内外城市之间的消费指数，尽管那可能是根据外国人的生活习惯来设定的。至于有业务、项目需要到高风险地区出差的，除了做好企业力所能及的保护外，应该给予出差者“艰苦地区补贴”。高风险地区的划分可按照国家或可靠单位发出的高风险地区名单，凡是需要出差到该处的员工，均可同时得到额外的补助。

有些公司很重视员工加入后代表公司的首次出差，规定在出差前发给现金若干元做预备金。预备金多少随意，但应起码能让员工购买到较佳的行李箱包。

在西方国家，自己开车出差是普遍的事情，公司需要负担最基本的按来回路程估算的汽油费和高速公路费、过桥费等，也有按路程给予里程补贴的，在一些情况下还会报销维修费、保险费等。租车的则按规定报销全部费用。不过，自己开车到一个陌生的城市，或在一个陌生城市租车，路途可能不熟，路面交通情况可能很糟糕，意外风险也较高，所以也有一些公司明令要求员工需要使用公共交通工具出差，不允许自驾出差。

五、工伤意外的处理

国务院发布了新的《工伤保险条例》，于2011年1月1日起实施。公众对该条例的反应良好，因为工伤的界定范围扩大到包括涉及机动车辆意外造成的事故伤害，如火车、地铁、轮渡和自行车等。根据旧条例，只有涉及机动车辆的伤害才可列为工伤，为此，多数员工在出差期间受伤，却无法申请工伤赔偿。员工申请工伤赔偿的前提是单位负责人应按规定为员工购买所需保险，然后在发生事故后按保险条例及时办理申报及索赔手续。旧条例把民办非企业单位、律师事务所、社会团体等的工伤纳入其他规定，新条例则建立统一政策。新条例对经常乘搭集体运输工具上下班及出差者影响较大。但是，要符合工伤保险的条件，新条例规定员工不得是过错方，即如果员工在受伤事件上负有主要责任，则无法获得赔偿金。比如，新条例把员工因醉酒、吸毒或故意造成的受伤排除在工伤赔偿范围之外。

香港终审法院裁定一名妇人的丈夫在内地出差途中死亡属于因公意外而可获得单位负责人赔偿。之前的裁决因没有足够证据证明死因与工作相关而被推翻。因员工已死，单位负责人提出免责便需要作出“并非因公”的举证。无论如何，购买足够保险是公司必须做的事。另一案例，多名香港员工参加单位负责人在深圳工厂举办的周年晚宴，途中在广深高速公路遇上车祸，多人受伤。上诉法庭认为，员工并非强制参加，但如果不参加，将被视为对公司欠缺忠诚，员工有不得不参加的压力，为此最后参加了；因此，往返深圳晚宴地点的旅程，应视作员工受雇工作期间，因而其在旅途中发生意外时，应该获得赔偿。法院法官指出，在中国内地进行商业活动，需要考虑因为文化、惯例，员工可能要到卡拉 OK 甚至夜总会与客户一边消遣，一边谈业务。这类活动对单位负责人十分有利，尽管员工可能无可选择，必须参与这些活动。因此，哪些事情与受雇工作期间有关，法院应作较宽松的理解。[①]

无论如何，如实地按出差频繁程度和出差性质购买工伤意外保险是企业必须要做的事情。预算就是保险年费，这也是很多地方的官方规定，不购买工伤保险是违法行为。如果法规没有明确，可让企业自己承担风险的，意外一旦发生，例如员工在海外因公遇难，那企业或许会因损失巨大而与员工家属对簿公堂，这将动摇其他同事对公司的信心，影响企业的形象。

六、应酬费用的标准和审批制度

据报道，15 名奥运会官员在伦敦一家餐馆里花上万英镑吃了一顿午餐。账单显示，就餐者叫了几道价格不高的菜，比如 15 英镑一份的鸡丝、5 英镑一份的素炒饭和 7 英镑的冰沙拼盘，但他们也喝了一瓶 1.9 万英镑的白兰地。报道没有注明是哪个国家的奥运会官员，基本可以肯定的是他们不是花自己的钱来消费，而是公费吃喝。这些单位如果出差有预算，预算有控制、有监管，违例的有处罚，那么滥用公款大吃大喝的问题应可避免。

每次公费请客应该有合理原因，要提前填申请表，注明应酬形式、人数、主要人员姓名、所属单位及估计费用，连同出差申请表一起递交。有些公司针对应酬活动类别作出限定，如禁止太奢侈的和不道德的应酬，夜总会与高尔夫活动只限副总经理以上人员和客人共同参与等。也有对应酬开支设立上限，如午餐平均每人花费 300 元以下，晚餐平均每人花费 500 元以下。国内有要求四菜一汤或多少钱一桌的规定，都比较笼统，很难控制预算，因为四菜一汤可以是鲍参翅肚，多少钱一桌则

① 香港 *HUMAN RESOURCES* 杂志，2011 年 11 月号，第 41 ~ 42 页。

可以“一人一桌”取巧。规定每人花费的限度就比较容易管理。

管理应酬花费，要在规定上写得细致一些，如应酬的范围，一天之内最多可以多少次、费用限制、人数限制等。同时，有关同事需要留意回来报销的应酬费用是否有异常的情况。如3人一同出差办同一宗业务，却在某一个晚上分别报销3份应酬，则是需要深究的。

应酬预算需要各部门深思熟虑，不能拍拍脑袋，随便填写一个数字。应酬也是企业的面子工程。虽然出差时有可能自己没有应酬费用的支出，但是礼尚往来，上个月宴请你的主人家这个月来拜访，你将会用什么方式接待人家呢？人家过去怎样接待你是值得参考的，但如果你已离开企业，那代替你去接待客人的人又如何得知过去双方的交往历史？在知识管理中，把隐性知识转化为显性知识是个重要课题；出差接受了别人的“邀请”，自己未花一分钱，回来也应在出差报告中提一下，而该出差报告应妥善保留以作为日后参考。

七、税务问题

美国人本杰明·富兰克林曾经说过：“人生无绝对，唯有死亡与纳税。”

出差来华的时间如果超长，可能被界定为国内受雇，要缴纳个人所得税和最新颁布的社会保险供款。如果出差是带工作性质的，尽早与财务部门联系，取得清晰答案为上策。另外，每年90日免税宽限是针对在国内提供服务的外籍人士，在某些国家或地区（含中国香港）与中国签订协议的，中国税务宽限期可延长至183日，条件是牵涉人士的酬劳由国外发给，并且不向国内任何单位索偿。出差管理部门需要保持相关人员的出入境准确记录，以及检查是否在某些时候需要做满足中国税务规定的工作。此外还需要向该等人员解释公司的税务政策，以及他们对此的责任。这一切都需要参照最新的中国内地税务要求的详细规定，并咨询税务专家。

2012年6月发布的新税法例对境外需要经常来回国内的商务旅客来说是个好消息。法例替他们减轻了双重税务负担。原来的规定是，在国内停留超过183日的，无论是否在国内受雇或发工资，都需要按全部收入（包括海外收入）交税。新规定则只计算在国内停留的日子按比例交税。老问题是，国内不同地方官员对新法例都有自己的解释。最佳的确定交税办法，是向当地税局或税务专家咨询。根据香港政府资料，2010 年间大概有 17.5 万名香港居民在内地工作，其中 90% 的香港居民工作地点是在广东省内的深圳和东莞，其中有不少是当天往返，或每周回香港的。如果以出差形式经常往返中国内地或某一国家，按一般国际通行惯例，在一个年度之内入境工作天数超过 183 天的，便应归入当地税网管理，需要按规定申报和缴付个人所得税金。由于有关人员在原居地比如香港也需报税及可能纳税，他们需要向原居地税局申报在国内已缴付税款数额的证明，按税务局《括免双重税务负担相关规定》申请特别处理。因出差增加员工正常税务负担的，公司必须考虑给予适当补贴。公司有责任保留人员因公出入境的记录，以便了解公司需要给予员工额外税务补贴的情况，也防止因为疏忽而需要承担漏税违法责任。由于经常出差造成额外税务负担，员工都有理由认为不应该由自己承担。所以雇主单位应该要了解清楚最新的税务法规，做好这方面的预算，或是否能合法地回避税务责任（比如在某国家停留一年内不超过多少天），及事先与员工及员工上司沟通好。如果需要纳税，则由公司代交，或采取一般惯用的税务平衡原则（tax equalization）。税务平衡原则，即假设员工正常情况下在本土该缴纳的税款，与因出差而在该年度内需要缴纳的税款总和比较；后者占多数的，多出的部分由企业补偿给员工。

人力资源部门与财务部门需要检查经常性出差去同一个地方的人员，与该地方的税例有否产生关联；企业方面有没有向自己海外的姐妹机构或第三方要求返还员工的差旅费，因而触及该地方的税例。这些情况我们都要小心处理，做好预算，避免违法。

员工在出差时因公或因私购物，也有可能涉及税，比如销售税或增值税。由于经济不景气，很多国家都将增值税（VAT）提高。比如英国从原来的 17.5% 上调至 20%，希腊为 23%，匈牙利为 25%。对旅行者来说，购物花费更多，更要懂得如何退税。如何得知消费税税率？一般只需看收银机打印出来的电子收条便知，但更多的是隐含在销售价格内。销售增值税一般只向本土居民征收，如非本土居民，按规定，如购物数额不能低于多少，适当消费种类（如酒店住宿餐饮就不能退税），奢侈品及中等价格的货品达到一定的数额便可申请退税。有些针对游客的零售商参加了政府增值税退税计划，应在橱窗及店内附上相关标志，用以提醒游客；也可经代理服务退税，但会被扣除服务费。报税时需要填写一些退税文件，并提供个人护照资料、相关发票等。离境时，海关可能要求出示所购物品，注意尽可能将有关物品随身携带。根据欧盟的规定，非欧盟国家旅客同一人同一天在同一家商店购买超过一定金额的商品，即可办理退税。员工无论是购买公物还是自用，问清楚是否符合退税条件是有必要的。有外国专业退税机构统计，发现“中国游客在欧洲购物近50%的退税无人认领”，金额可能达一百亿元人民币！① 没有办理退税的原因有很多，有不知有退税政策的，有不知如何退的，有怕麻烦的，有时间不够的，有主动放弃的。出差者如果害怕时间不够，可每天晚上在酒店房间预填报税单，及提早到机场办手续；再不然就在离境时将单据和货品拿到海关柜台去查验盖章，回国再退税，省了等候退款的手续。主动放弃的原因可能是觉得“吃亏”的是单位不是个人，回去还能把费用全报销便随意放弃了。总的来说，如果是购买公物的，员工有责任为企业申请退税并事后将退税款项交还财务部门。

八、保险问题

不少企业负责人误以为现行法例规定的劳工保险，已经足够为往外地公干的员工提供意外及医疗保障。可往往当意外事件出现时才知道自己公司其实没有购买足够的相关保险。也有部门企业，因为常年不需出差而忽略了购买此类保险的义务。买了保险的企业，应要查清楚保险条文，比如已经包括内地的医疗意外，但其他地区呢？有没有把非因公而产生的意外踢出保险范围？如果有，它们是哪些情况？一名员工在海外酒店内住宿是个人行为还是因公的呢？假如酒店发生火灾而致员工受伤，那算不算工伤？员工在酒店小卖部购物时不小心碰到玻璃门受伤了，那又算不算工伤？员工在开会后不返回酒店而准备去某个景点私

---

① 《广州日报》，2013年7月17日。

访，途中发生意外又算不算工伤？这些都没有标准答案。因为要考虑的因素有许多，例如出差的公务时间，是朝九晚五，还是朝九晚九，还是二十四小时？无论怎样，已经购买了相关保险的企业和员工自然安心许多。

市场已有保险属于商务旅游保险这一类别。公司只需提供外派员工的数目（不记名方式）、全年出差次数、天数、公干目的地、公干目的、公司业务范围等。保险公司便会按以上资料计算保险费。商务旅游保险包括人身意外保险、医疗费用、住院津贴、紧急支援、取消及缩短旅程赔偿、遗失行李、财务和旅游证件赔偿等项目。附表是某企业为出差人员特别投保的保单内容示范；金额无特别意义，企业可按本身条件，结合当地相关法例的最低标准，订立自己的投保范围和金额，通告员工。

某公司为出差人员特别投保的保单内容示范：

企业商务旅行保险投保利益一览表

利　益	每人保额
1. 紧急援助	
（1）免费24小时电话援助	包含在内
（2）中国医疗援助卡	每张50元
（3）紧急医疗运送	实际费用
（4）遗体运送	实际费用
2. 医疗费用	500 000元
回来后经注册医生跟进治疗最高365日	
西医以外治疗最高每日每次200元及每年4 000元	
3. 意外死亡及永久伤残	1 000 000元
4. 外地住院津贴（每天500元）	3 000元
5. 行程被取消	20 000元
6. 因意外需要更换人员/家属探望	20 000元
7. 行李及个人物件损失	20 000元

（续上表）

利　益	每人保额
最高3 000元件/套/双 手提电脑连配件最高10 000元	
8. 失去旅游证件	1 500元
9. 个人钱财损失	3 000元
10. 行李延误（超过5小时）	1 500元
11. 行程延误或更改行程（超过5小时）	8 000元
12. 个人责任	1 000 000元
13. 三级烧伤赔偿	100 000元

未来出差估计

出差人员数目：100人

出差次数总计：每年1 230次

目的地：全球，中国全国范围

平均时间：1～14日

出差目的：商务

附注：无

第五节　任务管理

一、明确出差的主要任务

多年前，国内外20多家名牌冷气生产商应邀出席广州空调展览会，但该展览会却是子虚乌有，相关生产商（LG、三菱、日立、开利、远大等）齐集广州国际会议中心时，才获悉被骗，损失共计数十万元人民币。这样的遭遇令人气愤，企业应认真核实主办方身份、银行账号的可靠性及确认协办单位等，保证展会真实地举办。

任何出差都需要师出有名，无论是与客户讨论生意、参加同行业展览会或公开研讨会等都应如此。重要的任务，公司上下都应全力以赴；因经费问题不能出差的一些支援人员，也应当在办公室内随时支援“前线上”的同事们。

展览会有些摊位终日不见有人驻守，只有传单任人取阅，这样的出差是否算是开小差？在填报出差申请表时说参加这个会议那个展览，拜访这个政府官员宴请那个重要客户，而究竟有没有参加？单位如何监督？首先，应该要求员工每次出差回来都要汇报行程，一方面核对行程，另一方面可以在公司一定范围内分享有关经验和知识。在出差过程中应尽可能拍些照片，使报告更充实，分享更传神；现今人人拥有手机，手机大都有拍摄功能，因此这个要求并不过分。另外，应有申报制度，在报销出差费用的同时，需要申报所有与出发前在申请表上所列载不符的项目，包括取消了的和新增加的行程、应酬等，由本部门有关上级追认同意。

有公司最高层老板、领导出差，主办或参加重要的市外或境外活动时，由下属提前到场视察可以保障到时一切顺利，这不失为一种可取的做法。比如派一至两个人视察酒店、会场的设备、交通、客房安排等。如非必要，先派出去的人应尽量减少人数。先头部队的作用，不光需要拟定行程和安排交通、住宿，还要关注任何可能发生的变数，并测试后备，如安全撤退方案和演练等。

领导去北京出差 6 天，一天开会，五天名为考察，实为到景点游玩，是否见怪不怪？香港政府某部门去四川开会一天，三天游览九寨沟，因而遭到非议。安排海外培训的，要注意避免因有太多参观、玩乐活动而被指“挂羊头卖狗肉”。防范之道，在于参加者事前细看安排，发现有观光性质的活动，应考虑该观光活动对出差的意义，自己决定是否参加或避嫌。难以自己决定的，向上级汇报，要求指引。以下摘录香港廉政公署个案：

阿标是欧洲一间医疗电子仪器制造商的东南亚地区业务经理。他到内地公干时，认识了一间医疗设备供应商的领导，知道该供应商有意在港成立分公司从事双边贸易，透过香港的供应商购买一些欧洲产品，并向东南亚推销国产轮椅及电子仪器等设备。阿标主动邀请该供应商派员到香港参观欧美最新医疗设备及香港医院的医疗设施，并了解开业手续。当两名内地代表抵达香港后，阿标只用了两天时间带他们参观医院，却用了一星期款待他们吃喝玩乐、到卡拉 OK 酒廊享受名贵红酒及游览多个景点，包括到澳门和海上赌场。每次进入赌场时，阿标都会送给两名客人各 1 万元筹码，方便他们“碰碰运气”，并说这是待客之道，是“行规”。他还暗示，对方在港成立公司后，如果与他的公司签约购买医疗仪器，他可以提供更丰厚的“红包”。廉政公署提示，除了即场享用的饮食是款待之外，免费旅游及“红包”都算是利益。个案中的内地职员若未得到其单位负责人同意，在香港境内接受这些利益而影响他们的工作决定，授受双方都会触犯《防止贿赂条例》，“行规”不可作为辩护借口。(资料来源：香港廉政公署)

经过“二战”后，美国大陆丝毫无损，因经济和军事力量不断扩张而成为第一强国。在商业上，大举向全球市场进军的公司得到强而有力的美国公司辅助，银行业的、法律的、保险的、公关的、安全的、IT 的、管理顾问的、审计的美国跨国公司比比皆是。中国在外国就只有大使馆、商务部驻外办、孔子学院等来抗衡美国的机构，当然这是不够的，况且他们本身自有不同的任务。但是，在发展中国家的支援，我国并不落后外国很多。这是由于我国也走过同样的经济发展过程，很理解其他发展中国家的需求。在东南亚、非洲等地区，欧美等强国曾经拥有许多殖民地，有着历史的包袱；中国则没有，派往发展中国家的人员能适应当地环境和忍受文化差异，这应归功于 20 世纪 80 年代开始与落后和发展中国家积极发展外交关系。不过，在发达国家购买与经营一个企业和品牌的难度不亚于在非洲买一块油田，有时候可能更困难。由于没有经验，我们购买前的功课未做足，购买后发现在财务、政府关系、媒体联络、本地劳动法规遵守和工会协调等关键职能上无法在自身机构内找到合适人才，因此只好找外国专家或有经验的外国人，但又不能十分信赖。过去中国企业收购外国企业的失败例子有许多。中国要在西方国家建立一批投资银行、律师楼、公关公司、保险经纪、管理顾问以配合未来的发展。个人单打独斗方式只会令自己遭受创伤，包括资金和声誉的损失，最后只好以撤退告终。（资料来源：Alberto Forchielli 在 2013 年发表的 Managing China's March Abroad 文章，作者是 Mandarin Capital Partners 的发起人、合伙人）

一名德国公司的高层感叹现在欧洲企业做生意的模式已不像从前那样注重关系，而是和美国公司一样倾向于签订厚重的合约，然后在字里行间计较，寸土不让。他把企业关系看得较重，而且意图把它融合到中国业务上去。他认为企业关系的发展模式，是纵使双方没有合同关系也愿意帮对方一把，以图取得信任，并以构筑长期合作关系为目的。事实上，关系资本属无形资本的一部分，而无形资本在欧洲发展得较好，德国启动了以中小企业为目标的培训计划，一些小国更特别推动无形资本以增强竞争力并已收可见之效，如芬兰与丹麦。

二、奖励旅游

奖励员工国内甚至出国旅游的公司日渐增多，也有针对个人的奖励，有针对团队、部门、全企业的奖励；有的可自选旅游目的地，有的允许家属同行。公司要考虑奖励的原因，也要顾及员工的想法。首先要奖得其所，能公布、服众的奖励能令所有员工与有荣焉是最好，人人有奖的“大锅饭”方式的公费旅游则只能当作单位的福利。如果是最优秀奖，只能发给一个人，可以仿效类似外国电视节目 *America's Next Top Model* 的做法，得奖的个人可以选择一位同事一同享受旅游奖励。如果是团队合作取得的成绩，那就奖励全部同事，不能只选择部分同事获奖。其次是兑现承诺，如事前定下达到目标就可以到哪里公费旅行的，不能食言，且应在 3 个月内实现；做好预算，不能说预算不足而改为下一年才出发，令得奖的热情淡化，奖励的目的打了折扣。

因公费旅行而增加公司指定的项目无可厚非，例如参观公司的海外机构，但切忌安排得太多太密，增加员工的精神负担，降低奖励效果。既然是奖励旅行，让员工自己安排行程还是最理想的做法。简单的做法是，给予员工一笔奖金，让员工自己选择参加一个旅行团，费用按旅行社开具的发票报销便可。无论怎样，奖励旅行的意义在于给予优秀员工一个脱离日常环境得到修养身心的机会。人事部同事还可要求员工在旅游回来后写一篇短文、发送些照片给公司刊物、内联网等，与同事分享感受。

三、出差与正常办公任务

出差的价值，在于互动、维系感情和关系；出差讲究的是现场主义，眼见为实；出差还可作为个人培训和经验积累，对自身的文化积累也有一定帮助。但重要的是，出差者仍可在商旅途中处理日常工作。出差并非一定会浪费时间，我们需要将生产力提高。一项西方调查认为大多数商业旅客认为酒店和飞机不是办公场所；一般而言酒店只是住宿、度假、台底交易和与情人幽会的地方，不应工作。在今天电脑网络覆盖全球的背景下还持有这种言论者估计不多。事实上，对很多出差者来说，“办公室”和“家”的概念开始模糊。

在准备出差时，注意出差者本身岗位的需要，比如要日常签署的文件是否已有电子签名代行签名，或是否有其他安排。需要等候回来才签署的，文件积压是否会过久。出差者在外地的时候，他的办公室、办公桌是否整洁，即需要保密的东西已锁好，但需要临时取用的东西又可透过委任的人而取得。

每个出差者应该在出发前，充分考虑整个出差过程中可能空余的时间节点，如在酒店、航班上、机场等候的时间等，可以充分利用时间，转化成最大的生产力。也可以是故意预留松动时间，借等候期间来利用手提电脑、智能手机等设备处理日常工作，收发电邮或审批电子表格等。例如有些酒店有机场接送服务，有些还是免费的，虽然限时（例如一小时一趟），但可能比排队轮候的士更划算。机场安检手续完成后的等候时间、在飞机内的时间、酒店内的余暇、任何不与客户在一起的时候，都可以转化成为办公时间。不要小看这些时间的边角碎料，它可以让你出差后回到办公室时能马上回到正常的忙碌状态，而并非面对积压的事务发愁。企业可以做的，是注意培训差旅人员如何在商旅中使用电脑、手机或其他办公手段，在任何地方都可以与公司保持正常的互动，在旅途中获得新的生产力。

四、分享出差心得

有销售部同事出差到客户那里，看到该公司好像少了许多员工，而且部分地方分租给别人，回来报告给信贷部门的同事；经信贷部门同事调查，知道该公司最近经营不善，周转困难，于是立即收紧信用额，减少损失。图书馆的图书要有人借阅才能启动知识传播，知识要通过传播才能转活；出差得到的知识，可以通过书面报告和汇报两个方式来分享。报告的方法，是企业设计一些表格，供出差者填写所见、所闻、所想、所拟，然后将表格抄送给相关人士；直接汇报的方法，是在企业内安排会议，给予出差者口头陈述的机会，需要时可以配以报表、图片，令分享更深入。一个法律事务部同事借出差的机会，到市场看看公司的产品，发现市场上对企业的商标处理极不规范，商标的字体、用色、排列等五花八门，皆因各个零售商对企业商标规范了解甚浅，兼无人要求。该同事回来后马上与市场部、公关部、销售部门碰头，将情况讲了一遍，辅以图片；另外将企业总部订立的商标规范重新给大家普及，最后通过改善措施，统一规范了公司商标的使用。

第六节 风险管理

一、企业负责人的基本责任

2004 年 12 月，东南亚和南亚地区发生了特大海啸灾难，一些国际集团公司快速作出反应，由总部发出紧急通知，要求每个关联公司及时汇报受影响地区当地员工及正在当地出差的集团员工的情况，并向集团内每一位成员公布是否有员工伤亡或失踪。而对正在灾区出差的员工，由于当地没有集团的分公司，又或当地关联公司惯性地没有保存海外公司人员到当地来的航班、酒店和行程等资料（这种情形很普遍），追踪出差员工安全情况要靠该员工所属单位来进行。而受影响的出差中的员工，相信会第一时间向家人报平安，但并不是总会想到也给单位报平安。为此，管理部门只有随时随刻地保存最准确无误的人员出差行程资料，方可掌握主动权。

除了天灾，也有人祸。正在发生动乱的地方，除了一些特别的人员如记者、救援者、志愿者等之外，企业是否应该将员工派去发生动乱的地方出差呢？究竟是个人生命安全重要，还是企业的生意业务重要呢？就算企业是真的实行“以人为本”的政策，又有多少家企业雇有专责人员提供保安服务，或购买保安服务，并经常监控员工出差所在地的安全情况呢？多年前海南曾发生过美国空军击落中国战机事件，当时国内群情汹涌，有派驻北京的或正在北京出差的美国人暂时冒认英国人以保“安全”。近年来，越来越多中国企业派遣人员到国外包括非洲、中东和俄罗斯等地，而这些中国人成为当地绑架勒索目标的趋势竟然在增强，企业应将员工的安全放在首位。有些网站可免费或付一点费用就让你知道全世界各地的安全情况和安全指数，问题在于公司内部能否做到时时关心。出差的人可能正在酒店内开一整天的闭门会议，也许连手机也关闭了，并不一定比身处九霄云外的管理人员更快掌握到当地最新的突发情况（地震除外）。

随着全球一体化，越来越多亚洲企业派遣员工出差，但很多企业没有注意到员工的保健及安全问题，或对此关注度不高。国外企业将出差十大风险归类如下：行程延误，中途患病、行李丢失、刑事罪行、工作相关意外、公路交通意外、地区性疾病、社会动乱、火山灰、没有药物。企业应该对出差、出差目的地及出差任务的所有风险有充分的识别和估算，如何回避风险应纳入企业风险管理系统，并与员工有足够的沟通，还要对员工做相关培训，使员工出发前对各种风险有所认识，并懂得预防窍门，在紧急情况发生时知道如何应对而不至于手足无措。

据公安部统计的数字，1951 年全年只有 6 000 宗交通意外，2003 年则有 667 000 宗，升了 100 倍！比如 2003 年交通意外事故中，10 万多人死亡，49 万多人受伤。原因大多是安全意识薄弱，如闯红灯、酒驾、疲劳驾驶、遇斑马线时不停或没收慢等。出差者应特别注意交通安全。某销售代理商高管人员到汕头出差，在某高速公路遭遇意外，弄得几乎终生残疾。公司应建立出差同事的紧急联络系统，包括对世界卫生情况及突发事件有所监控。员工应将家人或紧急事故第一联络人的联络方式（电话及电邮）填报公司备案；公司则应保存当地警察、火警、救护紧急电话，可随时供员工或自己利用，公司应确保能够第一时间通知员工紧急事项，还应该配有保证员工可以在任何时间联络公司的紧急服务专员。有公司要求出差员工每天晚上安全返回酒店时，必须发送手机短信或电邮回公司报平安。公司需委派专人处理这样的信息，不能耽误。

一般出差的员工都住酒店、旅馆，但如果单位负责人安排员工入住宿舍、厂房或民宅，便要注意责任问题。法例规定单位负责人有责任确保所提供的居所适宜员工居住，如符合遮风挡雨的基本条件，没有火灾和安全隐患。如果雇员被派到小镇或以治安恶劣见称的城市时，单位负责人的责任更大。因为员工不熟悉当地环境，不知道当地的治安情况，因此会面对许多风险。有法院称："外地人很容易成为犯案目标。"总之，员工因公在外时，单位负责人须在合理范围内照顾员工的安全，例如提供安全的住宿、安全的工作地点、适当的指示等。一般情况下，不可将这项责任委托他人承担，即使已委托他人承担，单位负责人仍须负最终责任。

风险提示服务

香港保安局针对港人较多到访的国家，评估这些国家出现的可能影响香港居民人身安全的风险，考虑是否发出外游警示。外游警示分三级：黑色表示有严重威胁，不应前赴；红色表示有明显威胁，需要调整行程，如非必要，避免前赴；黄色表示有威胁迹象，需留意局势，提高警惕。香港入境事务处还提供"外游提示登记服务"，香港居民可透过政府网站登记，配合求助热线电话服务的提升，使得身处外地的香港居民遇上困难时可以获得急需的协助。

二、员工安全

生命无价，员工的安全应得到企业的最大重视。经济全球化表明企业发展可能需要派遣人员前往任何国家和地区，即使那里有天灾、战乱、恐怖活动、绑架、恶疾等威胁。美国商务部国际贸易管理估计，在2000年到2009年之间，美国公民到亚洲、美洲和非洲出差的人数增长了47%，每年有一千两百万人。而每十个派往国外的美国人中就有一个被安排到“恶劣以至危险”的国度中。因此，企业大都会给予出差员工详细的安全教育和培训。海地发生动乱时，即将派往那边工作的人员须接受45分钟“压力咨询”，预演他们有可能碰到的情况。因此，企业必须实施“出行危机管理”，包括限制出差政策、收集国家安全情报、增购保险、追踪出差员工动向、雇用医疗及保安顾问等。由于中国的企业持续向全球发展，越来越多中国人员因业务需要前往一些局势不稳定的国家，2008年内被绑架外国人的统计中，中国人“名列前茅”。例如在安哥拉工作的华人被当作被攻击目标，遭到持械抢劫、偷窃、强暴等令人发指之事。[①] 有能力的企业可以制定个人安全顾问业务，这类服务的市场供应虽不算多，但还是可以选择的。例如有前以色列伞兵特别设计的课程，从宗教禁忌到急救再到防身术，帮助中国雇员学会如何在治安恶劣的地方确保安全；也有前芬兰绑架谈判专家设计的出差安全课程等。

事实上，很多企业对员工在办公室内安全、健康等方面的关注度大于外出工作的员工。同一时间出发到同一地点人数过多时不应安排坐同一班航班；人数过多的定义，每家公司情况不同，所以不能光按10个、20个人来计算。据说阿里巴巴的马云与公司的首席技术官和首席财务官3人不能坐同一班飞机。主要考虑点还是分散风险，两班飞机同一时间出意外的概率始终更低，将人员分流的目的，是保证万一发生意外时能将单位运作影响减至最轻。

员工出差时不要入住非法旅馆。非法旅馆通常位于非酒店用途的楼宇或单位，例如住宅大楼、工商业大厦等，配套设施肯定不完善，而且存在一定的风险，如火灾隐患。当非法旅馆被临时查封，或截断水电供应时，住客会非常狼狈。此外，受到执法部门调查时，住宿者必须配合作证，给出差者增添麻烦和时间损失。如果住宿者没有协助当局调查，

---

① 新华网，2009年10月11日。

可能也会连带遭受处罚。如澳门规定，住宿非法旅馆的，需协助旅游局调查（例如说明入住时间、是否已付住宿费、提供涉案住宿者的身份资料或联络方式等），否则罚款3 000元。

在公司危机管理范围内，加入员工在出差期间突发重病及意外事故的紧急对应，重点是专人专责，出差员工知道有事要找谁，企业内专人知道事发后他们该怎么办。现今互联网时代，很多地方开发了旅游预警公告，企业的出差管理部门应该加以关注。有能力的企业，可找经验丰富的危机顾问服务或安全顾问公司，提供各地城市治安情况及安全提示、大型活动如会议展览等安全评估、境内外目的地衣食住行信息、安全培训及灾情通报等。已将保障人员安全交给第三者提供服务的，也应保证员工、企业与第三方有良好沟通，使他们能够很好地结合起来。

世界上每一个角落每一天都有人为不同目的离乡背井，而不幸客死他乡的事偶尔也会发生。美国政府估计每年约6 000名美国人在海外死亡。这样的情况需要快速决定和重要的支援，首先要注意的是如何通知死者家属。美国德州某员工协助项目（EAP）顾问公司经理认为，由单位代表第一时间乘飞机到死者住所传达不幸消息是基本做法，单位管理部门如何处理事件，如何向死者家属提供各种援助十分关键。但先要考虑去世原因，了解原因才可知道如何处理更为适当。对文化差异也要留意。有些国家，通知的传达需要首先通过执法机关，单位只能在此之后再作通知。无论是否作为第一事故通知方，单位都必须表达同情和哀悼。“运回遗体是我们能提供的最复杂的服务，”一名外国专业服务公司的总经理说，“那是因为它包含了文化的、宗教的、行政的和后勤的因素，同时那又是极度情绪化的。”有些需要更多文件，如美国需要当地领事馆发出的“美籍人士海外死亡证明书”。香港某公司在知道香港员工在内地意外身故后八小时内，便已通知了员工家属及安排公司代表动身前往内地，靠的就是危机管理。事情发生了，便立刻启动危机管理程序。

企业负责人可能有不一样的风险，曾经在外地遇到结怨事件的员工更要小心。据称某港商与内地合作生意有争执，四个月后，有人辗转找他到深圳谈生意，他不虞有诈，派弟弟赴约。谁知弟弟一到深圳便被绑到某酒店内，五名彪形大汉把他禁锢，要求赎款。预防的方法，可找有信用的保安公司，他们会选派前探员、保镖等全程护送。某国内矿场老板，就算一家人到韩国旅游也带着私人保镖前往。

三、财物安全

除了人身的安全，财物的安全也应注意。财物可分企业财物、个人财物和他人财物。企业财物包括企业提供的手提电脑、货品、货样、文件等，一般来说企业已经为所有财产购买了保险，但是由于保险公司不会全额赔偿或只赔偿折旧价，如果员工对物品的丢失负有一定的责任，有些企业因此会要求有关员工负责赔偿损失差额。个人财物包括护照、行李、手机、相机等。较少公司为出差员工投保个人财产的损失，所以在旅途中丢了私人东西只能自叹倒霉。如果丢失护照和身份证件，那是比较严重的事情，因为补发手续麻烦，而且可能会滞留外地不能按时返回。他人财物可以是在当地租来的轿车，也可以是展览会上别人的展品。例如在客户会议室内的古董花瓶，被出差员工不小心打破了，赔偿问题也会纠缠不清。

为求安心，管理部门要与保险公司联系，弄清公司各种财产在公司以外地方的损失赔偿问题。有时候，员工在出差返回时为公司搬运贵重东西，也应该安排一次性搬运保险，让员工安心。员工个人物品方面，按道理员工按公司指示出差不应携带贵重私人物品，但手机、结婚戒指等或不能避免，若丢失了员工会很心痛，为此公司应与员工处理好责任归属，无论是哪方责任，购买保险也是一个方法。现时虽有不少公司禁止员工使用个人工具、器材作公事用途，但大部分企业还是实行“使用私伙”政策（bring your own devices，BYOD）。这种情况下，员工出差用的电脑、手机是他自己买的，公司管理人员理应负责购买保险和赔偿。[①] 至于员工意外损坏第三方财物，若是出于无心之失，并非蓄意破坏，公司应在员工出差前就购买相关保险，令员工无后顾之忧。

公司事先制定的规范能避免公司与员工发生争议。如某公司明示所

---

① Human Resources Magazine，*HKIHRM*，Dec. 2011，p. 7.

有出差员工必须利用公共交通工具，不能自驾汽车，否则除了公司免责外，员工也会因违章而受处分。个人因习惯或其他原因需要佩戴个人首饰的，应以低调为好；公司可给赔偿责任设封顶线，超过封顶线的，则由员工自理；当然也有企业采取员工私人物品遗失损坏自理的态度。为了避免员工携带过多现金，惹来盗贼垂涎，企业可直接与酒店、旅行社结账，并提供公司信用卡、旅行支票等，供员工旅途中使用。

财物的价值有时不能光从表面看，如由名师设计的一件需要保密的衣服样板或一份投标申请书等，它们的价值就不等于一块布料或一叠纸张，但保险能赔偿给你的只能如此。认识财物的无形资产价值，认真保管，方为上策。

四、信息安全

出差的特性就是移动办公。在旅途中的任何地方，机场候机室、餐馆、火车车厢，出差员工都可能在使用手机谈及公司投标底价、开发中的新产品模型、客户个人资料等，问题是出差员工有没有警觉意识，万一站或坐在身边的那个人是竞争对手怎样办？你不能请他离开，因为你们都在公众场所。电脑中出现或谈话中的信息被竞争对手或不法分子注意到后将会为公司带来严重后果。事实上，很多受访者较喜欢到餐厅等户外的地方工作，唯一担心的是保密问题。

根据香港一项调查，大概70%的雇主允许员工在公司外通过手机、手提电脑链接到内部机密信息如财务数据、员工记录、业务资料等，但只有一半的受访者称雇主已有相关安全政策和指引。换句话说，另外有半数企业要么想当然地认为，员工应知道如何保护企业的机密信息，他们有能力分辨哪些信息是企业的机密，哪些不是；要么就是压根儿没有注意。企业对政策和规则有一个错误的想法，就是不写得那么清楚比写清楚好，因为出现事端时自己可以“灵活处理”，甚至“说了算”。可是在法律制度健全的社会，员工也可以“不知道”、“企业没说清楚”为由来卸责。在知识产权的商业秘密领域，一些科技企业没有清楚明示公司内哪些方面属于商业机密，需要怎样的保护，员工带走了会有什么后果等。结果，员工离职后真的把公司的商业秘密带给竞争对手或据为己用，受害企业将其告上法庭却只能以败诉告终，原因是法官认为错在他们并没有做好机密管理，没管理好的东西人家拿去用了，责任问题也就说不清。因此，如何制定企业内部秘密规定和如何执行保护措施十分重要。

公司的网络系统应能方便人员在旅途中能随时下载需要急用的资料。通过网络可避免人员在电脑中储存过多敏感资料，或携带大量文件或容易丢失的 U 盘等，也可以降低失窃风险。公司只要加强保密设施如个人密码、资料加密和解密等手段，便可解决保密问题。反过来，在旅途中获得的敏感资料，如谈判结果、合同电子版本、新设计图片等，也可即时上传，不用等待返回公司后才与同事分享。当然，以上所说的都需要使用公共网络，为此我们需要知道公共网络的风险并且对其进行防范。

近年出现的 USB（U 盘）产品，可以将大量文件资料存放到比手指还要小得多的电子储存器内。但也正因其体积小，被丢失或被偷窃的机会也增加了。由于公司机密资料如客户名单、投标报价单、生产技术等本身的经济价值较高，容易招惹有心者垂涎。2008 年 5 月，香港某医院传出一年内遗失多个 U 盘，内存数以千计病人的个人资料的消息。失踪的 U 盘去向不明，如果是被蓄意偷走的，盗者的用心何在不免让人担忧。而出差者将 U 盘从公司带到手提包，在机场候机室、酒店房间、拜访客户时都可能使用过，那个小家伙什么时候在哪里丢掉的，出差者真的记不清是不奇怪的。预防丢失的办法因人而异，主要靠自己多小心。比如说有人喜欢使用一个信用卡大小的 U 盘，用完后跟信用卡放在一块，以为万无一失，怎料某次借用客户的电脑演示文件后，忘记把 U 盘即时拿回，发现时已过了一天，客户虽把 U 盘送到酒店返还给他，不过 U 盘内有客户不应知道的信息，对于信息是否已经外泄，他只能忧心忡忡了。预防的方法，除了找同伴帮忙注意 U 盘有否收回外，也可在手机设置定时提醒。

重要的资料并不总是在 U 盘内、电脑中或文件里，而是在嘴边。不知为何，一些经理人总是没有那种防备心，在出租车内用手机指示新产品的定价和销售策略；在飞机舱内与邻座同事讲自己公司的财政状况；在餐厅的公众场合谈论收购合并的构想等。也许他们认为被竞争对手听到的机会为万分之一，但只要发生一次意外，公司的损失便可能难以想象，预防的方法就是要有那么一点警戒心。如果四周无人，则可以畅所欲言。被人安装了窃听器的情况不在本书讨论的范围内。

信息就是公司的无形资产，绝对不能低估信息安全的重要性。信息安全必须包括自己企业内的信息安全，也必须包括对别人信息安全的保障。大家都能理解公司内部的商业机密要保守，如技术图纸、客户名单等不能外泄，但并非所有公司都严格要求员工不能把客户及合作伙伴的机密泄露。出差者应该将所有机密文件、电脑随身携带，不能存放在酒店房间内无人看管。出差管理部门应联手 IT 部门、保安部门将员工在办公室外摘取、传送、储存信息的各种安全问题制定成规范，发送给各员工参考。必要时安排培训，务必令各人员上心，处处警惕。

为计算机远程访问设置保护措施的要点：

（1）基于业务目的，在公司外需要使用公司网络的公司员工，经上级主管批准，可使用公司远程访问工具。

（2）基本上一个人一个账号。使用者必须保证其公司远程访问工具的安全性和保密性，防止损坏和丢失。不与他人共享使用及不得以私人目的使用账号。

（3）远程访问监督部门（一般为公司的 IT 部门）会监督账号的使用情况。如发现有滥用等违规情况，经调查确认后由人事部根据劳动规则对使用者实施处罚。

（4）当员工因离职、退休或调职而离开工作岗位时，其本人及上级须按有关规定及时通知远程访问监督部门。这一点很重要，大家往往会掉以轻心。一名员工离开了企业，但他的远程访问工具、公司邮箱仍处于正常状态是危险的。

五、法律及道德风险

西方国家知名企业在华的一些业务可能很难避免“潜规则”的影响；跨国公司在中国用红包、回扣为其业务“开路”的情况也并不鲜见。如美资的某诊断产品公司，1991—2002 年间向中国公立医院医生共计行贿约合 162.3 万美元的现金，用来换取这些医疗机构购买其产品。该公司从中赚取 200 万美元后，最终被美国司法部处以 479 万美元的罚金。也有外资公司因在中国涉及商业贿赂而被依照《海外反腐败法》进行处罚。某欧洲公司还通过香港中介机构向国有医院的医生提供 900 万美元，作为“考察旅行”之用。这些“考察旅行”包括前往拉斯维加斯、迈阿密和美国的其他度假胜地，这与该公司在中国共两百多个独立的医院销售项目不知是否有关联。曾有一家跨国公司想邀请一些官员等客户来上海观看 F1 大奖赛，却又担心受到调查，就让中国律师出了一份法律意见书来鉴定这种行为是否违法。而律师的意见是涉嫌违法。后来，这家公司就不直接邀请客户，而是通过公关公司来邀请，费用也由公关公司支付，这样就做得比较隐蔽，很难查出来。不过，就算避开了法律的处分，从商业道德上讲还是有问题的。

派驻在某些中东国家如阿联酋的海外人员，被要求每逢斋戒月期间，在公共场合时遵从伊斯兰风俗，例如白天不进食、不抽烟、避免亲密行为。在迪拜，一语言学校甚至举办拉马丹斋戒月（Ramadan）礼仪班，免费提供给海外人员学习。同时，通过当地报刊及西方领事馆也发布了相关适当行为提示。上述并非只为温馨提示，违反者可能被拘捕检控。一名英国籍外来员工因为在社交网站 Facebook 发布侮辱拉马丹的言论，被罚款 800 美元。“我们的警务人员受过培训，会礼貌地执行任务，目的只是希望那些非回教徒不会再做同样不尊重拉马丹的行为。”迪拜警务局长谭敏说。①

企业应要求人员在接受礼物和款待时要保持警觉性，尤其是在出差时，容易堕入行贿者的陷阱。香港海关有指引，明确员工外出接受款待时应注意的事项，例如是否与工作内容有关，不能太频繁或太豪华等。还要求员工接受款待时主动向上级申请，上级亦有权拒绝有关活动的申请。也有企业制定了接受礼物的原则，如哪些礼物坚决不能收，哪些收到后必须上缴某部门，由该部门统一处理，哪些则可以自己保留等。

据报道，某政府官员因为网上有一张显示其手戴价值十万元的手

---

① *Knowledge Today*, AUGUST/01/2011.

表，吸150元一包的高档香烟的照片，以及传出他开着卡特力豪华房车上班的消息。该官员最后被开除，理由有两个：对公众的批评回应不恰当；滥用公款购买贵价物品。香港反贪法就有“收入与官职不相称”的条例，据此民众可以提出调查，解释不了的可以起诉、定罪。无论如何，官员到外地参加仪式、会议、视察时都应穿着朴素、行为低调恰当。

公司组团去海外考察旅行，团员不止员工还有客户，而客户要缴费的话（无论费用多少），企业需注意是否要向有关当局申请，是否需要有资格证书的导游，以及是否需要办理强制旅游保险。有些地区对主办外游的单位如旅行社等有严格的管理制度，目的是给旅行者足够的保障。一般企业要接触旅行社业务时必须问清楚情况，否则就有可能像过去某香港洋酒供应商，在没有办什么手续的情况下，给客人组织了海外品尝美酒团，回来后却遭有关部门传召问话。

对于香港北上工作不逾183日不用交税的规定要小心理解，关键是该等人员的薪金并非由内地任何企业所支付或最终承担，以及本人非内地居民。某香港公司派了十多名中高层职员到珠江三角洲地区负责一个项目，为了避免税项负担，这批职员实行即日来回。北京一家外资企业，在最近税务机关的一次查账行动中被发现其有一项支出是付给境外关联企业，以支付关联企业为该内地企业工作的外籍雇员在海外发放的薪金，该企业被指漏报“境外发薪”，而需要补缴100多万元人民币的个人所得税款。毕竟国家有关规定已很完备，如果有外籍人员在北京工作，应按规定办理各项手续；但是安排他以出差名义留在北京工作，日后又返还他的工资给他的境外雇主是有很大风险的。以上案例，是参考比较熟悉的中国内地和中国香港地区的情况，其他众多国家的税例如何，什么情况下出差会堕入税网，有没有低风险的回避方法，这都是需要与国际税务专家洽商的。

六、保险

托马斯·弗里德曼在《世界是平的》中说：“你乘坐的飞机被恐怖分子挟持的概率也非常小，比因开车撞到一只鹿而死或被闪电击中的概率还小。所以，即使我们事先想到了飞行中所有可能发生的事情，我们还是要坐飞机。”① 而我们可以做的，就是购买保险。比如，从前绑架集中在拉丁美洲地区，现在则是非洲、中东等地变成了高危区，目前世界500强企业名单内四分之三的美国公司已购买了恐袭、绑架的保险。

购买保险的目的是让员工安心，公司预算有保障，不会因为出现重大意外事故，出现连带重大经济损失而导致公司业务受影响。好的保险单，应该清楚列明赔偿范围和额度、详细的索赔条件和手续、清楚的保费说明等。很多大保险公司的合同和细则都是明确规定了的，以至于没有多大的谈判余地，投保单位只能货比三家，作出选择。如连续两年没有意外或索赔记录的，一般保险公司也会自动减少保费，不然的话，客户也应主动提出。购买保险要注意细节，如年龄上下限，新型感染病如“非典”，恐怖活动是否受保障，自负金额（如最高按损失八成赔偿自负两成）等。此外，保费计算的准确和合理，也需要单位本身提供准确的估计数字，不应为了节省点保费而故意低报、漏报资料，这样将来一旦需要索赔时被发现了，也会因为提供不实资料而不能获得全部赔偿。

同样重要的是，首先，单位相关负责部门要熟读所有赔偿细节，否则出事了有可能会得不到应得的赔偿，使公司遭受不必要的损失。其次要注意按时交缴保费，过期没交保费而偏偏在那段日子出意外，保险公司有权不赔偿。再次，单位部门的所有相关保险信息应公开透明，甚至组织出差员工学习和了解，使员工在面对意外时，有所适从，知道第一时间该知会谁，也知道该保留什么样的凭证，如海外丢失财物的要在当地报警取得书面证明，以便索赔程序顺利完成。一点简单的培训是很多单位容易忽略的。

保险可包括全部或部分以下项目：旅途中发生意外导致身亡、永久伤残、严重烧伤；旅途中患病或意外受伤，包括回原居地后的复诊；个人行李、物品、钱财因意外丢失或被偷抢；旅游证件及机票车船票的遗失；旅游期间住所被盗窃；旅程被动取消、缩短、延误符合相关原因范围的；行李延误超过8小时，临时购买衣物、日用品应急的；可赔偿因

① ［美］托马斯·弗里德曼著，何帆、肖莹莹、郝正非译：《世界是平的》，长沙：湖南科学技术出版社2008年版。

意外导致他人受伤或受财务损失的法律责任等。如果旅途发生了意外并导致身体受到严重伤害，究竟如何赔偿，没有保险或保险并未对此情况有详细说明的话会发生纠纷，使劳资关系恶化。假如公司已购买出差旅途中各种工伤意外险，保单也详列，很清楚严重伤害的范围和赔偿额度，那么公司处理起事故来亦会顺心得多。

索偿手续一般需要保留所有单据、报告及可供证明损失的有关文件。如涉及个人行李、物品、钱财、证件等损失，须于24小时内向有关机构（如航空公司、旅行社、当地警方）报告及取得由该机构发出的书面证明。如在外地因意外受伤或得急病需要看医生或住院的，必须保留所有发票收据及相关医疗报告。在异地受伤或感染疾病，回原居地后需要继续就医的，通常也可得到赔偿。无论如何，第一时间或尽快通知保险公司相关情况将有利于日后办理索赔手续，相关部门不要拖延通报保险公司的时间，相关员工应配合程序的进行。

日本某保险公司的海外旅行保险，其范围包括：偶然事故对应费用担保，专人用日本语解答问题；世界上有126个城市的320家医院医疗服务可不用现金，包括突然发病、意外受伤、严重情况返国移送；财物被盗或意外损坏、护照丢失、信用卡现金丢失的紧急援助；言语不通可拨电话，有懂21国语言的服务人员随时给予传译协助；提供旅行安全情报，预订航班酒店信息等协助；还包括行李损坏回国后修理，因病、意外及突发原因而遭受的损失等，均可获赔偿。（资源来源：东京海上日动公司的31日海外旅行保险业务宣传）

第七节　知识管理

读万卷书不如行万里路，出门一次，可能收获颇丰。独乐乐不如众乐乐，如果能与同事分享，将收到知识分享的效果，有利于团体和社会。公司有内联网的，可设出差专页，详细解释公司出差政策，并要求出差员工必读。网页内容包括申请审批程序、航班酒店铁路资讯、预订方法、安全预警、目的地信息（地图、市内交通、饮食等）、公司旅游保险、意外紧急事故对应、优惠打折等。不过，这些都是显性知识，容易取得和学习；出差其实可以获得很多隐性知识，这是较多人忽视的。

一、知识获取

派驻展览会的员工擅离岗位去探访亲戚，开会时睡觉，参加晚宴时与客户疯狂喝酒，次天醒来什么都记不起，这些事件说明了什么呢？浪费了获得知识的机会。

营业人员去拜访客户时，应多加注意客户的情况，厂房是否日久失修，员工是否更替频繁，是否有裁员迹象，客户其他业务是在增长还是萎缩中，是否有竞争对手存在等。某 IT 公司副总裁从北京到访成都，不光停留在公司成都办事处开会，还到代理处亲自拜访，观察代理维修店的情况，与店领导交谈，交谈中问到具体数字，如每天把产品交来维修的数量，有何困难，有何意见等，都认真地做了记录；如果在去拜访前做足功课，发现回答跟平常在北京收到的报告有出入，便会婉转细问。这种上至总裁下至业务员都应有的专业精神，值得出差者们学习。

另外一家台湾公司，为让业务人员在外奔波时能即时掌握最新资讯，打造金融知识管理平台，设置了分享网页，以期将其打造成行动知识库；该公司还将给每位业务人员提供一部新 iPad，可即时下载资料，直接展示给客户，提供最迅速也最优质的服务。公司投信总经理毛昱文（Ashwin Mehta）指出，他们公司是台湾基金业第一个将行动知识库搭配 iPad 的基金公司，无论软件或硬件皆为当前台湾基金业最高规格。

深圳一家新的服装品牌公司，当员工有机会出差时，都会要求其在旅途中多注意一下人家的橱窗，怎样布置，技巧在哪儿，想表达的是什么，自己的感受如何；这就会锻炼自己的品位和眼光。出差员工回来后则尽快安排与公司设计部同事的交流会议，给大家上一课。公司这个要求，对出差者并不会造成太大压力，对出差费用预算也没有影响，却有很好的人员素质提升效果。

Le Cordon Bleu 北美行政总厨爱德华·李安纳度（Edward G. Leonard）经常周游列国参加厨艺活动。他于 2007 年第一次来中国，当时他表示希望与中国厨师们交流知识和技艺，以使国际厨艺水平得以提升。他说："进步的秘诀是你的激情，你的纪律和对世界抱开放态度。如果你不向世界各地其他人学习，你永远不会摸清你自己的潜力。" 出差可帮助员工提升实力，为单位作出更大贡献，也可为社会培育人才作出贡献，利用出差考察观摩学习是其中一种方法。当然，单位管理者要注意不能一厢情愿，要员工配合才行。

二、知识分享

很多人害怕写作或认为自己写作技巧不佳，在这样的情况下，可考虑用讲故事形式（Story-telling）来进行分享。只要把自己出差的收获、心得及感受用自己的方式说出来，引起关注共鸣即可。当然，讲故事也有讲故事的技巧，哪怕是一个目不识丁的婆婆也能讲出精彩的故事。人人爱听故事，不会计较讲故事者的文法和文学水平。况且写不出好文章的人，也许就是讲故事最棒的人！

知识分显性知识和隐性知识。出差回来写一篇报告是显性知识，大家看了，如果都能完全理解明白当然最好。事实上，按大卫·斯诺顿（David Snowden，知识管理权威）的说法："我们能写出来的，远不及我们能讲出来的；我们能讲出来的，远不及我们所知道的。" 所以分享并不限于把出差报告传阅、将其电子版电邮给有关人员或放上内部网供搜索参阅，还可以通过口头报告或在交流会议、茶水间聊天时分享。其实后面的方法反而更有效果。

企业单位可以做的是：

（1）规定员工出差回来必须填写报告，内容可繁可简。也可设计固定格式的表格方便填写。最好能附带图片（无须专业摄影，手机效果也足够）。

（2）要求报告须包含有价值的知识分享，如会议成果、讲演反应、业务谈判心得、展览会参观意见等。

（3）建立报告的固定分享方式，文档寄存的地方，如出差者及时将报告抄送有关人员，有兴趣者可随时到资料室或上公司内部网查阅等。

（4）可以在每周或每月部门例行会议中加插口头出差报告议程，出差者可播放数码照片解读出差所见所闻。

一名香港会计师被派到英国实习，他每月将在英国的所见所闻，包括工作上的、生活上的，写上数千字，通过电邮发送给香港的同事；一名陪同丈夫到美国工作的日本妇女，投稿到日本公司总部的职员月报，细诉其初到外国头几个月的心境历程。这些都是员工自发的，公司一般都会表示支持。现在社交网络流行，与其让员工在公共网站留言，不如在公司内部网页建立社区，一来比较保密，二来更有亲切感。此外，公司可以主动安排出差体验闲话家常会。可以以不同的市、省、国家为主题，如成都市、黑龙江省、印度、韩国等；也可以以不同的任务区分，如展览会、国际会议等。不用太严肃，轻轻松松地，通过出差者与听众之间的相互交流，达到员工之间启发、领悟、学习的目的。

制定公司预算时要节约成本，不能同一时间多人出差，所以回来后可通过简单汇报会议，现身说法，使更多同事获益。也可安排轻便午餐分享会，集合有兴趣的人士，各自携带自己的午餐，大家交流出差心得。只要没有知识产权问题或违反保密责任，出差过程中对改善公司有利的所见所闻，都应回来分享。管理者要给予渠道，鼓励经常出差的同事能愉快地分享出差中应该注意的要点，以及一些特殊的际遇等。

三、出差的创新

有时候周围环境的小小改变就足以让你的认知体系偏离熟悉的范畴。或许这就是为什么餐厅会成为出现频率非常高的灵感迸发之地的缘故。更大的环境变化——比如去国外出差，效果就会更明显。当你来到一个陌生之地，大脑必须要开发出新的认知领域。在这个过程中，大脑将旧式思维与新图景混合在一起，用以创建新的综合认知体系。[1] 因此，两年前在外国的一次出差可能让你今天萌发一个可以用在事业上的

① ［美］格雷戈里·伯恩斯著，段然译：《艾客》，北京：中国人民大学出版社 2012 年版。

好想法。参加一次其他领域的论坛可能会在某一天给你一场头脑风暴。[①] 有时候，出差的目的就是为了创新。不少头脑风暴会议是在别的城市举行，甚至是在山区或海边，目的就是让员工们处身一个截然不同的环境，可能给公司想出未来三年的业务发展大计。

研讨会如果邀请有分量的讲者，是值得参与的。可惜有时候参与的却又是被公司点名派送去的，而个人心里已有了许多不愿意，那就很难有所期待。改善的方法是：首先，参加者需要自愿，对研讨会没有抗拒，甚至非常渴望参与；其次，参加时需要用心聆听，处处联想到公司内部情况；再次，当听到对公司有帮助的资料时，要立即做笔记，因为人的记忆力是十分有限的；最后，将笔记资料整理，为公司产品、业务、管理等各方面好好去想，想出改善的方式，做成简单方案，交给管理层研究、落实。

日本某大企业每年召开集团内部全球“改善计划”（Kaizen）观摩大会，把组织内部优秀的“改善项目”，通过公司内部团队远赴日本总部，现身说法。而每家分公司的代表，带到日本的不只是汇报用的文档PPT，还有一颗勇于研发的心和一份不放弃的精神。改善的目标是持续改进，永无止境；没有最好，只有更好。要注意的是，集团内部的好作风、好做法，集团内部可自由使用，对外则需保密。我们从集团以外得到的资料、知识，如果在自己公司内部使用，则要考虑知识产权问题；没有侵害任何他人知识产权的，可自由使用，有可能侵犯的，要征求法律意见，小心慎用或放弃。

第八节　企业的社会责任

“我深信旅行促进包容，打破隔膜和偏见。”巴勒斯坦某旅行社主管海佳兹·易德先生说。那么促进包容，打破隔膜和偏见这些好像与业务毫不相干的东西，企业还要关注吗？

① ［美］卡迈恩·加洛著，陈毅骊译：《非同凡“想”：乔布斯的创新启示》，北京：中信出版社2011年版。

近年来海内外兴起了推行企业社会责任管理（CSR），最初推行的是大型企业，现在则推广到了中小企业。它认为企业存在的价值除了为股东谋取最大利益外，还包括许多对社会可持续发展提供帮助的要素，比如管治诚信、员工职业安全健康、环境保护、商业道德、维护人权等。CSR只是一个较多人认识的词，其他诸如ESG（环境、社会、管治）、SRI（可持续、负责任投资）等都是指向同一方向的企业管理模式。可口可乐公司曾在印度投资遭遇滑铁卢，那次他们只计算自己的回报，没有考虑到工厂投产后会对当地乡村的水源造成短缺，最后不得已把工厂关了。中国的奶粉事件造成人民普遍对国产奶粉失去信心，有人跑到香港甚至世界各地去买。一名顺德居民对笔者说："其实这进口奶粉在内地也可以买，价钱也一样，但从国内买的冲水后总是多了点水泡。"那是信心的影响。CSR是慢慢会被接纳而继续发展，大公司已经有CSR行动的，可考虑加入出差；中小企业也可以从出差开始，逐步扩大CSR范围。总之，在出差管理方面纳入企业社会责任元素，对整个企业发展无形资本是很有帮助的。

一、员工的权利

国内很多工厂，工人们每天工作12小时甚至更长；矿场多次发生火灾、塌方、毒气事故，造成人员伤亡。这些案例都说明管理层在保障员工的健康和安全方面都存在较大的改善空间。对出差者来说，除了考虑是否有工时长和影响健康的问题，管理者还得考虑两性平等、怀孕者减少出差、劳逸结合、远距离援助等。所谓远距离援助就是，公司应当制定出差员工在公司外的紧急应变手册，及早考虑员工在外地时可能发生的种种困难情况，公司可以进行帮助的途径。紧急事务包括证件丢失、被盗，生病、受伤、意外死亡等。出差者独自在外，遇上紧急情况可能会不知所措，如公司能在短时间内安排协助，自然能让出差者安心，甚至可能不影响出差中业务的完成。做到以上援助是公司方责无旁贷的。

无论怎样，两性平等、包容、隐私保护、人权等在发达国家中已纳为政府可以监管之列；国内企业可以走在前头，将以上因素纳入管理制度，这肯定对企业走出国门，与世界接轨有所帮助。

二、商业道德

大多数 MBA 课程都没有一门“商业道德”课可供选择，似乎财务会计、国际财务、市场管理、资讯管理、物流管理、环球商业法律等都在主流之列。纵观近十数年历史，安达信会计师事务所的解散、制假售假的泛滥都是商业道德缺失所致。但商业道德的法律责任本来很小，也很难明确，靠的是企业自己的良知和消费者的监督。

出差的场合，出差者也许事前不知道会被隆重接待，收到特别贵重的礼物，以及被安排入住豪华的公寓等，这样的安排会不会对出差者的业务决定造成影响，尤其是这一切安排连出差者上级都不知情的时候。美国某协会有一个商业道德课程，让被派到中国来工作的员工，针对不同情况，知道如何招架，但遇上一些特别情况，还需要向上级请示。

在一个环球大气场，不同的国家和文化有不同的道德观。一些公司把怎样管理公司的道德从法律部门转移到人力资源部门，以充分利用他们在文化和沟通上的专长，从而制定和监察公司道德规则。怎样说服同事们专注道德及遵法守纪是个大难题。人力资源经理应该把遵守原则转移到价值原则，因为遵守原则只是做到没有违反规则但有可能侵犯别人的价值。国际商业道德学院院长罗里·马德斯（Lori Tansey Martens）说出了建设一套全球通用道德规则的六个步骤：建立一个国际指导小组，定下清楚及实用的目标，草拟条款，确保设计时文化中立，使用一个专注小组以确定内容，以及将条款翻译成不同语言以满足公司的需要。

我国经济学家厉以宁说：“道德的力量是市场和政府之外的第三种调节力量。今天的中国经济，需要有道德的力量。企业文化建设都是道德力量在起作用。企业的竞争力来自凝聚力，凝聚力来自认同感，有了凝聚力就有了竞争力。”

三、绿色出差

英国道德物业公司（The Ethical Property Company Ltd.），不断探索

如何减少利用飞机出差，方法包括增强视像会议系统和取消并非必需的出差。如果出差不可避免，则选择低碳出行或发展赎碳政策。推己及人，该公司也调查租客的出差习惯，以决定能否为培养租户绿色商务旅行习惯出一份力。台湾徐霞客会社首席行政官、台湾东南大学副教授陶艺皇（译音）推介低碳旅行。他认为“旅游不一定吃好吃的及住好的”。香港政府已承诺在公务酬酢活动中采用具保育意识的菜单，包括停止食用鱼翅、蓝鳍吞拿鱼和发菜，并要求政府公务人员向出差接待者解释此政策，希望得到理解和配合。

几乎所有的交通工具都消耗汽油，排出废气，污染环境。因此减少出差也就减少了使用交通工具的频密度，这无疑对环境是有帮助的。从机场往返的，可尽量选择公共交通工具，如上海的磁悬浮单轨高速车，香港的机场快线列车等；也可集合数名差不多时间出差的同事，坐同一辆出租车等；这都需要公司管理部门统筹，靠人员自觉还不够，而且个别员工信息不好掌握。公司应制定绿色出行政策。

爱普生集团中国总部早于2000年便发出绿色出差人指引，鼓励支持环保的绿色出差者，坚持实行以下做法：

（1）自己携带并在旅途中使用可多次使用的个人用品，如剃须刀、牙刷牙膏等。

（2）枕头套、床单、毛巾等如不脏可以不用每天更换。

（3）应酬或自费都不吃野生动物，特别是受保护的动物。

（4）宴会不要点过多分量的菜肴，以免吃不完造成浪费。

（5）方便的话使用公共交通工具而不选择出租车。

（6）将酒店房间内不用的电灯关掉，外出时确保电源关闭。

（7）如当地有绿色环保措施，如垃圾分类收集，要主动配合。

将以上及诸如公平交易（购买咖啡）、多带一公斤（赠书）、为贫困山区做一天义工等理念，引入商务旅行，实在地实践CSR承诺。因差旅费本已在成本之内，只需额外腾出一两天时间，甚至利用周末，出差员工也可在自愿的情况下牺牲休息日为当地社会作贡献。

事实上，为了让旅行者了解他们旅途对环境的影响，Dopplr网站提供了自我计算公式，任何人可以轻易地计算出每一旅程的碳排放量，即所谓“碳足迹”（Carbon - Footprint）。[1] 会员只要说出采用何种交通工具和去哪里，相关该次旅程的碳足迹就会立刻被计算出来，并在会员个人网页展示年度、月度和所有旅程累计二氧化碳排放量。公司管理者可以借助该网站或借用此种管理模式，培育出差者的环保意识。

碳排放量比较——乘坐飞机及火车来往伦敦及巴黎和伦敦及布鲁塞尔

旅程/方式	每名乘客每程排出 CO_2（来回）/公斤	乘搭欧洲之星所节约到的能源相等于
伦敦—巴黎（来回）		
短程飞行（平均）　希斯鲁	122	充满 740 iPods
Eurostar	10.9	
伦敦—布鲁塞尔（来回）		
短程飞行（平均）　希斯鲁	160	345 小时使用膝上电脑
短程飞行（平均）　格拉斯哥	222	35 小时伦敦观光巴士游
Eurostar	18.3	

（资料来源：Paul Watkiss Associates and AEA Technology Environment.）

四、支援主人家社会

巴勒斯坦某旅游顾问说，他的旅游业经营主张是背负一定的社会责任，支持当地的经济建设，为旅客和居民提供正面的文化交流机会，以及不忘注意环境保护。行程安排可以为个别游客量身定做，例如住进巴勒斯坦民宅甚至传统帐篷做客，参观古迹和博物院，横渡沙漠等。雇主可以给予员工额外假期，或鼓励员工利用周末私人时间，在出差事情办完后多逗留一两天，体验当地生活，甚至参与、协助公益活动。外国的不说，我们祖国五十六个民族，我们了解的有多少，亲自接触过的又有多少？诚然，适度吃喝玩乐也是人生生活的一部分，也为经济提供了活力，为一些地方促进就业，并无不妥。与此同时，我们应多组织一些文化交流的、学习的、扶贫助弱性质的旅游，或把上述活动嵌入出差行程

---

① http://www.dopplr.com/traveller/me/carbon.

中。商业机构也应响应，作为实践企业社会责任的机会。出差者到了另一个地方，应多了解当地风俗习惯，尊重当地文化，保持当地地方的整洁和秩序，不给当地添麻烦。

如果到达一个陌生的地方还想支持一些社会企业，我们可以选择到当地的社企经营的餐厅。其中一个简单方法是在网上搜索，如非营利企业论坛（npEnterprise Forum）创立的世界第一张社会企业餐饮地图，列出多家位于美国和加拿大的社企咖啡馆、餐厅、冰淇淋店等。香港也有介绍社企的小册子。社企或社会企业，是介于商业和非营利团体之间的企业，在营利与不营利之间生存的“两不像”。它既要为社会作贡献，也要赚取利润持续发展。孟加拉的格莱珉银行就是这样的一个社企。创办人尤纳斯是诺贝尔和平奖获得者，他有感于有贫民只需要一点启动资金便可自行创业，但一般银行不会借贷给贫民。于是，尤纳斯自行创办了格莱珉银行，专门借款给不纳入银行借贷范围的人们。结果是，他的银行客户的还款率比其他大型银行还要高。

五、国家的代表

教授王东到外国演讲、参加会议时，都带上介绍深圳市的宣传片CD送给外国人，纵使行程的目的跟宣传深圳市完全无关。经验告诉他，很多外国人对深圳依然陌生，但是当他们看过宣传资料之后，对30多年前人口才20多万人的一个小镇的巨大变化都惊叹不已。王教授的作为并非政府委托而只属于自愿。如果每一个出差外地的深圳人都像他一样，那深圳将结识更多来自世界各地的朋友。如果每一个出差外地的中国人都像他一样，那很多国内城市将走向世界。或许我们不会扛一大堆介绍老家的资料出差，但我们应知道自己老家，或工作所在城市的特色、文化风采等，可以在适当时介绍和推荐给海外友人，邀请对方来做客或举行会议等。这是为国内城市做点事情的举手之劳。

巴西政府提高财政透明度，把各个官方部门的开支等放上互联网公开，包括官员出行费用。有议员被发现滥用政府信用卡，将其作私用，包括旅游度假，被罚3万美元。巴西政府决心一洗以往透明度低的形象，开放关于政府花费的详细资料，让人民知道税款如何运用。政府工作接受人民监督，提高效率，防止贪污舞弊。2009年世界银行企业调查，七成在巴西的国际及本土机构认为贪污是“做生意的主要约束”。2013年5月7日《羊城晚报》报道，中国铁建年报中“业务招待费”一项达8.37亿元，居全部上市公司首位，该公司有关人士却恳求记者不要继续追踪报道此事，理由是这样做伤害太大。一些公司既然把业务招待费的数字纳入年报，是负责任的做法，但如果数字明显有问题，企业就不能推搪逃避。中国的三公消费，能够全部透明当然最好。届时，三公消费发现问题，应有对应的一系列做法参照执行。收集数据公开资料只是较被动的举措，我们应该从源头做好，那就是对出差费用和接待费用都谨慎、严格把关，出差的必要性、回报计算、道德标准执行等都清晰有据，建立良心企业、良好公民的榜样。

笔者看《商务旅行》杂志2011年4月号刊登的《年轻北非》，通过曾经驻足或路过北非的中国人的亲身经历，看到非洲人民真实的一面：淳朴、好客、保守、有理想、无奈、顺天命，也感觉到中国人在世界任何角落无处不在，如利比亚和埃及内乱，外国人慌忙撤走，中国人却是最后一批离去的。出差华盛顿，跟一位停车场管理员聊天，原来他是一名从非洲埃塞俄比亚移民去美国的律师，可惜他的资格不被承认。他对笔者真诚地说非常感谢中国人到非洲去帮忙。现在中国企业想进入欧洲市场，很有可能被问及企业社会责任执行情况，需要提供数字及案例，我们有好作为的，应该向外适当透露，不用害怕“卖花赞花香”。

第九节　出差管理实践

一、出差审批

有时出差到某地的理由竟是出于慕名而去，如思诺凡尼亚某摄影师，在2011年听到全球最大的一次人口流动是中国的春运，他特地赶到广州亲身体验。不过，更多时候出差的目的、人选、日期都由主管上司决定。有的领导“领导欲”很强，凡事要亲自过问，包括同行下属的行程内所有安排，例如住宿的酒店不可相同，或住同一酒店但不能入住比领导楼层高的房间，在机舱内不可坐在领导的前面等。今天这样的领导是比较落后了，把精力放在业务上岂不更佳？有时候其实并非领导计较，是安排行程的秘书、人事部门人员的过分敏感造成的。有位公司合伙人投资丹佛市的一家高科技公司，这位合伙人并非衡量过市场导向，他投资的原因只不过是可以借到丹佛考察之名，每年可以有数次去丹佛市滑雪的机会。他虽然是公司合伙人，但他的出差是否自己一个人说了算呢？例如某公司董事长，他也需要填写出差申请表和出差报销表，并需要公司财务总监签名同意和审核。如果公司第一把手也遵守公司规律，上行下效，维持出差系统将无难度。

美国外派雇员议会为派送国际任务的合适人选制定了评选指引：

（1）明白如何构筑和管理环球合作伙伴与其他具有价值的关系网络。

（2）尊重文化差异，愿意适应、学习不同文化，对多元文化抱开放态度。

（3）有能力处理复杂的跨文化问题。

（4）自愿接受在不同时区和地域工作。

（5）有自信心，有弹性，乐观。

（6）有能力引发位处世界另一端的人的热情，带出正能量。

（7）能够和世界任何角落的人联系和共同合作。

具备以上所有条件的人或许不多，但主管人员还是要严加挑选；对待出差任务不能掉以轻心，出差人员不要滥竽充数。

找到好的人才有点难，但剔除不符合的人选是不是容易些呢？例如在日本，商业决策通常在工作场所以外的酒吧饭局上作出，女性行政人员及业务人员处身于一群喝得半醉的男人堆里应该感到不自在，派遣时要考虑这一点。很多时候，有的员工因为经常出差而产生家庭矛盾，有的女员工刚怀孕而担心出差会造成身体不适，但都不向上司提出，以为那是自己的私事。在美国，日本公司一名 40 多岁的员工死亡，他的太太控告企业负责人，指控她丈夫的死因与他一年出差 20 多次过劳有关，结果庭外和解而她获得了赔偿。无论有没有危机管理系统，管理者要记住部分人员感染病毒的概率必较其他人高，例如哮喘病患者、糖尿病患者、急性病患者、怀孕女性等，应避免派他们去高风险地区出差，以避免他们感染的机会。当然，管理者要注意员工病历的私隐保护，不要让其他同事知道。

北京市公安局某官员说自从有了小孩便减少出差，要达到工作与生活的平衡，这当然要先得到他上司的理解才可达到目的。香港某公司出于业务需要，欲委派一名会计部同事常驻深圳，其实港深一河之隔，每天来回也是可以的，可是没人愿意，公司唯有指派一名员工，那名员工却宁可辞职。出差管理者安排出差时有很多因素需要注意，如员工的心理、生理、经济、家庭等。比如有员工要照顾家中行动不便的老人，不方便委托他人甚至没有他人可以委托的，不能强迫其出差。有员工晚间进修即将毕业的，若因经常出差而缺课将不能考试而前功尽弃。晕船晕车厉害的、畏高的员工不能乘坐出差必须乘坐的交通工具。在单位内上述那些员工应占少数，但管理部门应当个别了解，务求令员工安心，不安心的员工即使勉强上路，也不会把任务做好，徒然浪费单位的时间和金钱，甚至会把事情搞砸。主管及出差管理者应事前告诉员工出差的好处，如开阔眼界、打好客户关系、有利于个人和职业生涯发展等。如果员工不动心，要个别恳谈了解，不能强迫。在招聘广告、面试、职位调动时都要对是否需要出差及出差的频率作真实介绍，使求职者和员工有心理预期。对于临时有状况的员工，如怀孕、意外受伤的，还有家庭困难的如必须照顾卧病的亲人等，管理者都应该给予避免或减少出差的考虑。对于情况严重的，视乎公司能力可提供像 EAP 的心理辅导协助，也可交由受过专业训练的人事工作者或工会人员做辅导。无论如何，管理者需要提供足够和畅通的渠道使员工能说出困难，并要有诚意和积极解决问题的方案。

案　例

有一对父母经常出差，便把八岁的女儿 A 安排到学校寄宿，一周回家一趟。但夫妻俩到周日还忙于应酬，并不经常与 A 共度周末。一次周末，他们把 A 交给友人照顾，刚好友人一家三口郊游，便把 A 带上。看见叔叔阿姨的女儿，与自己同龄但经常有爸爸妈妈陪伴，A 感到闷闷不乐。友人问她姓名，A 冷淡地回答："狗屁!"发问者一愣，A 继续说："我在家里连狗屁都不是。"友人察觉 A 的心理出现问题。终于有一天，A 告诉父母不想寄宿了，并给父母两个选择：要么爸妈其中一个不上班或不出差，每天晚上可以陪她做功课，要么她不再上学！

香港前副个人资料私隐专员被控诈骗，因他出差居住在当地自置物业却违规申领住宿津贴共 12 万元。香港政府及传媒又接获匿名投诉信，投诉以公帑运作的香港出口信用保险局，任职该局多年的高级职员差不多每星期都到中国内地公干，通常周四出发，周日返港，经常入住珠海和东莞的几家酒店。日间开会，晚间光顾夜总会，每次每人都叫一位小姐陪同唱歌及喝酒。作为公职人员，利用出差时间作私人消遣，可能涉及公职人员行为失当，有以权谋私之嫌。事实上，由于外资公司出差福利相当不错，当中有人经常找借口出差，其主管又疏于监管，弄得同事们都眼红。因此，出差管理者批准出差时需要打起十二分精神。

公司应建立良好的管理制度，监督包括总经理在内的每一位成员的出差情况，如出差的理由是否合理、出差的日程安排是否适度、出差的住宿和交通花费是否合乎内部标准等。要注意管理的透明度和合理性，不要搞得太烦琐。例如有统一格式的申请表格，出差理由必须填写清楚，短途出差可于前一天申请或事后补办申请，超过一定天数的出差需要额外的审批，每个月、每个季度编制部门和个人出差的统计表以及出差预算的消耗比率要给管理层参考。实际上，很多公司在出差者的指定和行程安排上由出差者的部门主管批准便可以了，总务或财务部门不得干预，这是造成出差滥用的原因。有些部门主管由于预算花不完，便做个顺水人情，找个理由出国，慰劳下属；有些部门主管，见业绩超过预期，就睁一只眼闭一只眼地审批出差申请；也有些主管是好好先生，来者不拒。某公司同一部门派四名员工去新加坡参观展览会，没有别的会议或任务，就是在展览会上观察业界行情。问题是，确实需要四人同时执行这一个任务吗？而主管出差，是否需要秘书、翻译、副手等一帮人陪同以壮声色？总之要注意假公济私的出差，如借外国考察为名，以旅游观光为实，在外地两天可以办好的事拖延到四五天等。通过良好的管理可在一定程度上减少不必要的出差，避免资源浪费，减少在公司内部造成不公和恶劣的影响。

考虑出差的同时，公司亦应研究代替或减少出差的措施，如安装视像会议系统、租用网络研讨会系统、采用网络互动学习课程等。无论科技如何发达，人与人的面对面接触所获得的感觉和感情是任何其他方式所不能替代的。所以出差也是不可能完全停止的。除了有较严密的审批原则和规范，还应有事后审核的措施及批判的步骤。

路透社2009年4月28日报道，由于墨西哥发生严重流感导致149人死亡，世界各大公司已实施旅游限制及给予员工指引。例如，诺基亚延迟所有非必要的到墨西哥的出差；鸿海集团，一家台湾公司在墨西哥有生产基地，为惠普和戴尔等著名机构服务，声称禁止“所有非必要旅行到所有已经发现禽流感的地方”，从该等地方返回的员工需要接受一段时间隔离，该集团一名发言人透露。本田汽车公司也在墨西哥有生产设备，也开始暂停环球出差直至5月6日，同时考虑将日本员工家属送返家乡。韩国的三星与LG公司也对出差墨西哥实施约束。在德国，德航正与卫生官员携手制订计划以防情况变坏；而管理德国机场的公司已考虑在法兰克福执行更严格的流感检查。

二、签证协助

对于签证的手续，单位必然需要提供一切协助，并支付相应费用。协助时注意两点：第一，不要造假。有单位为求能圆外国出差梦便不惜捏造邀请信之类的，要小心弄巧成拙，被领事馆列入黑名单。第二，注意时间配合。掌握领事馆的处理手续时间较容易，但取得证明书、担保函比较费时，应尽量提前办理，避免耽误。

某意大利设计师出发前没有注意到她的中国签证已过期，结果在香港机场才办理签证，费用较高并且浪费了半天的等候时间。管理部门有责任清楚了解各国的签证规定，包括落地签证、免签证。管理部门也有责任了解员工获发多次往返签证的有效期及员工护照到期日，最好有记录和提醒系统，注意有些国家要求护照最少还有半年有效期才发签证或入境。任何时候不能想当然，原本不需签证的在订票前再复核签证政策是否有变并非多此一举。例如曾经有持西班牙护照的某人，从日本飞往上海，想拿中国落地签证，到了上海才发现根本行不通，结果只得原机折返日本。

中国某些城市已实行 72 小时过境免签，外国也有城市实行类似免签规定，参加会议、展览会等商务旅行者得到更大的方便。不过，过境免签有些限制必须注意，比如从某一国家（比如美国纽约）到上海，已订妥确定日期和座位的 72 小时内返回其本国（比如美国芝加哥）机票的便不能享受此便利政策，因为不符合过境的定义。外国人从本国购买机票到香港，然后转到广州，再从广州乘机往别的国家的，也不符合政策规定。总之，协助外国人前来中国参加活动的，或中国人走出去的，对于免签证待遇一定要搞清楚；若有疑问，必须向有关单位仔细询问，免生错误。

三、预订交通票务

现在国内航班的机票售价随国际做法，价格变得灵活且变化幅度很大，如何更加实惠地购买机票日渐重要。机票提前预订也能够得到更多选择，管理部门应当比员工有更多的资讯，可以帮助员工做选择。现在已有越来越多人喜欢自己在网上购买机票，管理者则要谨慎平衡个中利弊，以保障公司利益为先。

由于机票价格经常变动，且幅度较大，聘请较专业者处理为佳。公司必须定下原则，不允许不通过主管部门私自购买机票，否则所发生的费用公司将不予负担。集团较大、办公地点分布较广的，总部员工出差时机票统一由某部门负责，各地分支机构由各自的指定人员负责。

负责订机票的人需要注意的是，最廉价的机票，一般附带不得更改的条件，购买时必须考虑，根据旅程变更的可能性来决定是否购买此类机票。对于参加诸如展览会、研讨会、培训等一般情况下不会改期的活动，购买廉价机票不失为一个划算的选择。可是，如果是与客人、政府官员等的会面，预约好的时间可能还会变化，那么购买了这类廉价机票最终可能得不偿失。去美国或欧洲、非洲的一些国家，路途较长，中途转机机会大，价格相差也大，时间配合要恰到好处。这时候，相熟而又专业的旅行社职员，会为你找出最恰当的机票组合，不一定是价格最便宜的组合，因最便宜的组合可能有需要多次转机和转机时间特长等弊端，购买时需要考虑清楚。有时候，机票连酒店的套票价格也相当具有吸引力，但通常旅行社得到的这方面的信息最齐全，自己上网寻找费时且又未必能找到最理想的。一般来说，与签订协议的旅行社采购机票有打折优惠、送票上门服务、月底结账等优点。

相对于机票，车船票的订购比较简单，像高铁、长途大巴、港澳客轮每天都有很多班次，几乎可以不用预订。但要注意一些规律，如周末、节假日的情况有可能与平日是截然不同的。在此情况下，则要提前预订或提醒出差员工注意。

去美国、加拿大出差的员工会发觉自己没有车是不方便的，但在国内出差的话，公共交通工具包括出租车应该是充足的。作为公司管理者，对需要自驾的出差员工除了考虑其是否拥有有效的驾驶执照，是否符合申请外国或国际驾照的要求之外，还要考虑安全、效率等其他因素。由于私家车公路意外率较其他交通工具高，另外开车到不熟悉的地方可能导致的精神紧张，费时找路、停泊困难等问题都会对出差者有不好的影响。基本上公司不主张因为长途驾驶疲劳而影响员工安全及出差任务的完成。有些公司则按地点划分，例如在美国、日本等法律意识相对较高的地方允许自驾，到非洲、南美等地方出差就不允许自驾。在中国，选择自驾出差方式的人数与日俱增，要做好管理。车子是公司的、私人的还是租来的要弄清楚。车子是公司的，要考虑车子本身的日常用途，车子所购保险是否包含出差所到的地方，平常是否有专用司机及该司机是否陪同出差或有其他工作安排。车子属私人的，要考虑其长途性能，是否需要给予车子主人补贴，汽油的费用如何报销等，这是针对车子属于员工本人而定的；如车子是他人的，例如员工亲属或朋友的车子，最好不予批准，因为发生意外时，会衍生较复杂的问题。使用租车公司的，最好是公司已经对该租车公司有所了解，选取可靠性较高的一两家，指定给员工使用。

四、预订住宿房间

宾馆、酒店、饭店、大厦、招待所、会议中心、度假村、培训中心、疗养中心等都可以出租客房。虽然政府有认可的制度评定酒店星级标准，但以酒店获得的星级衡量它的服务水平可能谬以千里。此外，房价属于“海鲜价”，即酒店经营者可按淡、旺季和住房率随时调整房价。一些酒店没有任何商业及娱乐设施，例如商务中心、会议场馆、游泳池、健身中心等，它们只提供优惠的价格、清洁的房间、安全的环境和方便的地理位置等。管理部门按自己公司条件选取合适档次、价位的酒店。最佳做法是跟这些酒店签约，公司保证一年内要房间的数目，酒店则给予最优惠价格及其他服务。公司也可跟几家不同档次的酒店签约，以适应业务需求。一个熟悉的酒店，可令经常出差者有“回到家”的感觉，减少对陌生环境的适应。

某个到北京出差的人，“一天打一枪”，三晚入住三家酒店，只因为北京交通繁忙，而每天开会地点不同，为了节省交通时间，保证出席会议准时，于是每个晚上入住，翌日离开，然后去离开会地点最近的酒店，那么第二天早上就可以安心出门，不怕迟到。这样的做法是可行的，不过，拖着行李跑来跑去，在房间内又要把行李翻出来收回去，还需多办理几趟入住手续、退房手续，比较一下，3 天住同一家酒店，每天早点起床是否一样可取？每个人都有自己的特性，以上两种方法都不影响任务和费用的话，管理部门可让员工自行决定。

酒店的报价可能包含早餐，但员工未必受惠，如早上 6 时离开酒店赶早机，但餐厅 7 时才开门，又或者一些员工没有吃早餐的习惯。公司应让员工自由选择吃早餐的地点，所以除非房费加早餐的报价不高于纯房费（有酒店的确是这样报价的），否则可以在订房时只考虑房间价格，不需要早餐优惠。当然，有些酒店处于偏僻地段，而出差活动又在酒店内进行，如果不在酒店用早餐则可能要打出租车往外边四处去找，这样的情况则另当别论。

在订房时还要考虑是否需要商务中心的服务，这将影响对酒店的选择。对于商务中心收费是否明码实价，收费是否合理，应以提前摸底为佳。

国内不少单位自建招待所，接待海内外来客。香港中华煤气公司有不少员工为了培训及其他事项需要经常出差深圳。于是该公司在深圳租了三处住宿单位，供员工选择；员工仍可选择住酒店，但有些员工则喜欢住公司宿舍，因为它有厨房可以自己做饭。公司有公务住宅房的，出发前将当地住宅楼的钥匙和一些说明材料交到出差员工手里，出差回来后把钥匙收回便可。经常出差该市的，还可在公司的公寓配个专用房间，员工可把一些心爱的照片、日常替换的衣服放在“自己”的房间里。这样的美好安排背后，当然包含着到位的管理。

没有预订房间的后果有时难以想象。有某周末临时到香港的出差员工，找酒店时每一家都说客满；最后找到有房的，平时日租 1 100 元港币，当晚加价至港币 2 900 元，而且是最后一间了。另有出差到比利时首都布鲁塞尔的员工也没有预订酒店，结果拖着行李走了差不多两个小时，才找到有空房的酒店。笔者多年前到新加坡出差，到市区已近午夜时分，由于没有预订，加上走过数家酒店也没有房间，结果在酒店的 24 小时咖啡厅过了一夜。没有订房，临时彷徨，宝贵的出差时间就花在找住处上，这样可能影响次日精神状态。公司管理部门应在员工出差前保证订房事情妥当，令他们出差顺利。

五、其他各种支援

据报道，美国总统奥巴马出国访问极为讲究，除带同 500 人外访，更专程从美国空运 35 辆汽车、直升机等随行，甚至连汽油、食水亦要自备，团队中有 8 人专门侍候第一夫人米歇尔，包括保镖、私人助理、发型师、新闻官等。来自克里姆林宫的消息，俄罗斯前总统梅德韦杰夫每次外访时，至少有一名试食者，他的任务是检查食材。基于安全理由，自行安排三架飞机从俄罗斯空运 17 辆防弹俄制轿车，组成接载总统的车队。一般私人企业不用亦负担不起这些排场，但对出差者多一份关怀和体贴，是出差员工们的深切期待，也是公司的责任和义务。

管理部门应当保留最新的城市指引给出差员工在出发前参考。收集所需情报可通过四个方面来完成：①由派员出差的公司或公司的总部的管理人员自己收集情报；②由出差员工提供情报；③出差到当地有关联公司的，由当地公司提供情报；④由外部的专业公司付费提供，或代订机票酒店的公司义务提供。收集到的资料需要整理，分类保存，以最方便的方式让出差者在最短时间内掌握有用信息。公司已开辟内联网的，最简单快捷的方法就是建立类似“出差者专页”专栏，当中包含《各主要出差城市简介及最新注意情况》。坊间有类似的网页可免费或付费浏览，而自己做的网页会贴近自己公司的各种情况，前提是管理部门有能力不断更新网站信息，不可松懈。在很多国家都有办事处的普华永道会计师事务所，据说每天都会由专人发出安全信息，体现公司对员工安全的重视。

去别的国家忘了带变压充电器；一些场合里如合约讨论、研讨会、培训等，双方有言语隔膜需要聘请专业翻译员，不知道哪方负责聘请翻译员；在不正当渠道兑换外币易招致凶险，包括收到假币；出租车的计价器损坏或不良状态下，被多收了车资……以上种种，出差多了自然也会醒觉。管理部门不希望同事旅途中必须受到这样的磨炼，而是希望透过不同渠道的提醒，帮助他们发现情况及避免问题产生。在适合的情况下，出差前安排茶会，由管理部门代表与出差者、出差者上司、曾经到过那个地方的同事一同参加，是很有用处的。

“猛虎不及地头蛇”，香港的同事会告诉海外访客晚上不要到砵兰街去，广州人则说三元里比较复杂。据说美国大使馆内都设有安全专员，对当地各方面的安全性进行系统检查，在 State. Gov 的网站可以取得每个国家的安全指数。假如说在华盛顿住某旅馆的话，千万不要往旅馆的左边走，因为那边是抢劫黑点；那如何定位这个“左边”很重要。我们不应忽略一些非常热心的同事，如一名从香港外派驻深圳的人员，便经常将深圳发生抢劫的黑点和罪犯的犯罪手法利用公司内部电子邮件通知有关香港同事。“非典”时期，某公司人事部除了购买足够的面罩，给出差雇员取用，还发出指引，给出差人员参考。管理部门也可登入属于自己地区的网站，随时关注外游提示，并将信息转发公司内有需要的人员。①

“非典”时期商务旅行指南

旅行限制

请参考公司关于哪些地区暂停出差的最新通告。其他地区的出差也应尽量减少。

离开原居地前要注意

(1) 健康情况——如果你感到不适，取消行程及第一时间约见医生。如果你已经出现“非典”症状诸如发烧及干咳，你在机场的特别检疫站很有可能被截停并予以隔离做医学观察。

(2) 个人保护——带备足够的面罩、体温计、湿手设备等于旅途使用。有些地区的面罩可能卖断或质量不佳。

旅途中要注意

(1) 面罩——在人多拥挤的地方，以及禁闭地区如办公室、电梯、巴士、飞机等地方戴上面罩。

(2) 卫生——经常性、彻底性地洗手。在酒店内不要与人分享毛巾之类的物品。选择较清洁的餐厅用餐。

(3) 个人检查——每天测量体温。超出38摄氏度时需要尽快找医生。

记录到过的地方与接触过的人

现在开始记录到过的地方与接触过的人，并将此记录妥为保存。此记录将会对保护你的健康和对保护你商业伙伴的健康非常有用。

报告事件

假如你在旅行途中发现“非典”症状，应尽快在当地求诊。你将受医疗保险保障。如果你被证实染上“非典”，又或者你在边境因健康理由被扣留，你需要尽快与你的主管或人事部门联系。

旅行之后

旅行回来之后注意你的健康状况，假如出现一些症状，则应及时找医生诊断。

---

① https：//roti. personalized. gov. hk/roti/html/roti_faq_zh_TW. html.

六、对出差者提供及时的帮助

单位无论大与小，政府与私人都能做到的，那就是对出差员工行程的准确掌握，员工入住的酒店、个人手机号码、航班号等都不能搞错。而员工亦应配合及时回复来自单位的酒店留言、手机短信等。人力资源部门要掌握出差人员的行程，在可能范围内追踪员工的去向，做到任何时间都知道员工的位置或能联络到他们。当南亚海啸发生后，某国际集团立即要求汇报在涉及的几个国家出差的人员是否平安，以及全世界分公司正在该地区出差的人员的情况。

上海有电信公司推出手机定位服务，据说使用者可用手机短信、互联网等方式，透过公司提供的平台，查询相关者的位置，每名用户每月付 30 元人民币，可查询 15 次目标人物位置。该电信公司声称妻子可用此服务追踪丈夫行踪，老板则可监控员工。有人说："上班、下班、出差也被跟踪，日子实在过得太悲惨了。"公司使用这个服务前，必须告知员工其使用目的，以取得员工的谅解，双方达成共识后才可使用。

某公司员工在出差东北期间陪客人滑冰受伤，骨折了不能行动。暂且不论该员工陪客人滑冰事前有没有跟主管请示，公司应立即派人到当地了解情况，协助受伤员工。假如有员工遇上不幸，公司更应第一时间通知员工家人，并由公司人员陪同员工家人到当地办理手续。这个时候员工家属自然十分哀痛，甚至责备公司的不当，陪同的公司代表更应体谅。保险只算是贼过兴兵的事后弥补方式，怎样在事情发生的当下给予在外地的人员援助非常重要，这是公司爱护员工的表现，更是公司的责任。有公司于出差员工在外地意外受伤送院时，立即安排公司同事赶往当地照料和陪同返回。有员工遗失身份证件的，单位马上开具证明或联络大使馆提供协助。这些做法都会让员工觉得单位有人为他们分忧，随时为他们排难解忧，他们不是孤立无援的，哪怕只有一句安慰的话。一名被派去东莞出差的香港人，旅途中心脏病突发被送到医院，由于身上没有现金，信用卡又被拒收，最后急电公司财务部。公司马上派人到东莞交足押金，该员工才得以住院，保住生命。对于公司的帮助，员工是十分感激的。

有时候你的航班被临时取消了，你一时不知如何是好。理论上你的航空公司会另有安排，不过可能都不是你所愿的。美国在 2007 年一年内取消了 21 000 次航班，平均每日 500 余次。气候自然是最主要的原因，其他取消的原因包括：机款较旧，只需一个危险警报便可停飞；飞行组员每周、每月工作时间已超限度又没有周转办法，他们的航班只好被取消；假如降落地机场不能承接，则载客量较少的航班会先被取消等。[1] 管理部门知道这些理由也没有用，因为不能改变航班被取消的命运。这时与滞留员工紧密联系，给予安慰及协助其尽快回家或安排其他票务才是重点。

如出差到治安不好的地区，管理部门要认真做足预备工作。国外一些强盗和小偷的目光经常对准中国人，因为他们普遍没有信用卡或旅行支票，随身携带大量现金，所以国人在外地时不知不觉中就可能被洗劫一空，不得不求助于大使馆。单位内的人员应该准备好大使馆的联络方式，在紧急需要时及时给予在外人员协助。当然，领事馆能帮忙的还包括严重的意外以及概率虽然低但不能掉以轻心的绑架和恐吓事件等。

防患于未然，不要等北风呼啸的时候才想起留在家中的羽绒大衣。近几年在国内兴起一些安全顾问公司，提供诸如重点城市安全简报、预防指南之类的免费信息，还会提供安全防范方案、安全培训等有偿服务。为大型的、重要的、有重要人物出席的会议、仪式、展览等大型活动提供安全警卫服务；为企业高层、重要贵宾提供贴身护卫服务，例如选用机场特快服务，由专人办理从入境至提取行李和海关边检的一切手续，以及提供贵宾休息室和专用停车场。单位可根据情况和需要，安排适合的安全服务。

七、报销安排

有人说出差不辛苦，回来报销费用却很不是滋味，花大半天时间坐在办公室内填报销单、贴发票感觉太费时间。财务部门的同事则说复核各项出差开支实在令人头昏脑胀。在国外，有些公司对于小额开支不要

---

① *Popular Science*, October 2008, p. 62.

求附发票。在我国，企业财务部往往基于税务规例要求正规发票，不论金额大小。由于中央政府对“三公消费”加强监控，包括“三公消费”的信息公开，浙江某地方财政局被网友曝光鲍翅馆用餐消费54 000元的发票和支票，而有关单位则辩称是15次消费的“集中计算”，媒体继而追问15次消费的详细清单，回答为“已全部粉碎”。曾经世界知名的安达信会计师事务所，就是因为粉碎了重要文件，一夜间诚信尽毁，集团瓦解。一名在香港卫生处工作的前政府官员，承认部门宴客不时超支，“拆单是普遍做法，部门开支不止应酬报销费一项，可以左拨右拨，有时同一时段有几餐饭，不会餐餐超支，可以拉上补下”。看来我国情况特殊，规定从严为佳。

回来报销的发票一大堆，公司财务部有理由要求出差者按规定方式整理好才上交，发票应写上代号，并与报销表格填写的开支事项代号挂钩。事实上，回来后才凭记忆填报资料及找出相关发票其实就有点晚了，应该在出差当天晚上回到酒店，轻轻松松地在客房内把要报销的单据整理好，以提高接下来的报销效率。

报销单基本上是需要出差人员的主管先审批通过后才到达财务部门的。然而，很多时候对于出差人员的主管审批过的报销单，财务或管理部门的同事还是有犹豫的。比如出差动不动就坐出租车，目的可以是为了省时间，但也可以是贪图舒服。又例如员工在退房时没有对清楚账单，勾出不属于自己的消费项目，结果又糊里糊涂地报销了多余部分。香港工商局某年去欧洲出差，女官员买了一对皮靴，男主管签批是“必要花费”可以报销，财务部没有意见，后来遭到审计部质疑。对此，所有部门主管应当注意自己的职责，维持出差工作的公平和廉洁，做好审批工作。还有，员工出差的天数比预计的多的，回来后报销时需要说明出差天数增加的原因，经主管同意作准。员工有任何超标情况或与出差内部规定不符合的，回来后报销时需用文字填报原因，经主管同意作准。任何花费超过某限度的，还需经理级或更高级人员批核，并严格执行。主管没有按规定审批，报销程序只能打住。主管审批了但可能有违公司出差主旨的，负责下一程序的同事应秉公与该主管恳谈，了解报销的确实原因，不应随意放过“上有政策，下有对策”的行为。

到国外出差的必定用外币申请报销，但真正结算时应用本国货币换算。兑算率基本上可以由公司财务部计算，报销时采用以下其中一个计算方式：要么统一按发生消费的当月一日政府官方牌价计算，要么按实际发生当日牌价计算。牌价则可以指定的政府、银行、报章或网站公布的为准。员工也可按照指定的方法自行换算或复核。

若银行卡、信用卡在旅行期间丢失、被偷窃、被强抢，或有非授权人用银行卡、信用卡进行提现、转账或消费，保险公司将按合约条款赔偿，但是会要求消费者出具警方证明。现金赔付有上限，个人物品损失最好保留物品的原始发票。公司相关部门应该给予出差者各项支持，包括提醒出差者向银行、信用卡公司打 24 小时的挂失电话。除了医疗保障，单位还应承担员工遭遇的直接或间接因出差引起的各种损失，如行李丢失、途中遇劫、行程延误、出差期间家居财物被盗等。这看上去单位好像负担过重，但保险公司有合理的计算方法，况且如果长期少有发生索赔的，保费可获宽减。最重要的是，员工安心出门，会使公司获得员工们对其人性化管理的称道。

差旅员工出差后应尽快提交报销报告，公司可定下原则多少天需要提交报销报告。对于延误的人，给予提醒；过时太久的，可予以警告。

对于出差款的支付或借款回馈等方式，各企业按本身情况制定。有些公司每周一次，有的每月两次，现款结算。不过最好还是把出差的报销纳入发工资的银行系统内，但不与工资混杂，建议也按每周或每两周结算一次为佳。

八、出差问题的监察

酒店、机票价格浮动幅度很大，管理不好就会使原本可以节省的费用没能做到节省，同时还很容易出现一些问题。问题可能出在以下几个方面：

（1）在取得打折优惠的同时，向企业单位报称较高价位，从而把差额收入自己囊中。这种行为可以是购买方的人员，可以是旅行社之类的中介，也可以是双方串通。

（2）中介将好处给购买方，或购买方要求或暗示需要好处，好处

（免费机票、旅游、酒店套券等）到位，中介可独揽该公司生意，从利润中把额外的成本（好处费）收回。

（3）临时取消出差，私自提前把公司付费的机票退回，而没有把钱交还给公司，又或者将机票留作日后私用或转让给别人。

（4）出差请朋友吃饭，回来谎称公事应酬要求报销。

（5）没有发生的应酬、吃喝花费等，报销从不明来处取得的发票。

预防以上问题的方法，首先是不能只让单位内一个人去决定采购。例如规定交易额每次在1 000元以上的，必须由最少两名同部门的上下级人员审批。大额交易的如每年机票费用预算达10万元以上的，需要通过公开投标并由总经理及财务总监等组成评审团予以确认。最后可以选择两家提供相同的服务，如甲代理提供往返东北地区或华东地区的机票，其余地区由乙代理提供；这样可以让两家存在非直接的竞争，也可比较两家的服务水平。无论怎样，与代理签订合同，规范双方的权利和责任，为期半年或一年，期满时再按服务水平决定是否继续。香港某政府部门购买机票邀请报价时，已指定某航空公司及航班，但没有提出剔除其他选择的理由。其实邀请机票报价时，应容许更多竞争，若必须指定航空公司及航班，则须有理有据，并把理据记录在案，以供日后参考。

要注意给予“垄断”资格的同时也许没有存在任何“好处”，但如果单位相关的决策者与被选中的服务商存在如夫妻、亲属、密友等关系时，也可能造成不公。单位就算认同“举亲不避嫌”，也需要在规章制度中说明，任何人员倘若与已签订合同的和正在投标的供应商存在亲属关系时（要具体列出亲属的定义和范围），必须及时向某某部门申报，没有及时申报的需要承担相应责任等。

由于酒店行业竞争激烈，酒店纷纷各出奇招，五花八门的积分优惠计划不断推出，而对象通常都是公司高级行政人员的秘书，当她们介绍一定数目客户，累积至某个积分，便可获赠优惠奖励，诸如免费餐饮、房间、机票等。但是，某些地区有法规管辖，例如香港规定，收取优惠的一方，必须经得雇主同意，否则双方皆同时触犯《防止贿赂条例》，最高刑罚是入狱7年及罚款50万元。故此，公司负责人员在参与奖赏计划前，应获得雇主书面同意，同时订立获得的各种奖品的用途。

以上没有一个统一标准，每家公司、单位都应按照本身的条件来订立相关规定。相同情况下，应该是有原则比没有原则要好，书面的、公开的规定比不成文的口头规定要好，严守纪律比随意破格要好，无私地灵活执行例外情况比死板地抱紧条款要好。员工方面，还是要自重自觉，不要为贪图享受或炫耀而浪费公司资源。

第三章　出差者应该知道的自我管理

到世界各地游历给人看清事物、辨别是非的神奇功效。我们所有人都被自己的樊笼封闭着，看不到自己鼻子尽头以外的事物。这个伟大的世界就好像一面镜子，好让我们从中看清自己、了解自己。世界上那么多不同的性情和举止，那么多不同的看法、判断、意见、法律和风俗，可以教导我们如何作出聪明的选择，也可以教导我们辨别出哪些是不完美和天生的弱点。

——米歇尔·德·蒙泰涅

第一节　心理调整

有人说："成功人士是那些将自己当成一个城市的过客，并接受现实社会中人们有不同的看法和价值观的人。"

有一位非常优秀的钢琴演奏家，因为痛恨旅行而不愿意去外地举办音乐会，所以只在家中演奏给亲朋好友听，你觉得他是职业钢琴演奏家吗？[①]

一、出差两面看

米高·邓喜乐（Michael Dunsire）有一份令人羡慕的工作。他穿梭于40家农庄，视察那些需要供给利宾纳的黑加仑品质。邓喜乐每周有三天外出，到400至600英里之外的地方。大部分时间是自己开车，去伦敦则坐火车，去更远地方则坐飞机。工作性质类似邓喜乐的人，他们花很多时间在路途上，那些时间可让他们思考。而驾车的则经常听收音机，所以对时事敏锐。不过，因为难于找洗手间，他们变得少喝水；近年出现了网上搜索洗手间之类的网站，或可解决此问题。在中国，驾车出差尚属于少数，驾驶疲劳和枯燥在所难免。

Kevin是某生物科技集团的人事总监。他说："不管是什么样的公司，老板对手下的员工都有同样的期望——'走下去、走出去'。可不少人都不愿意这样做，不想出差，觉得是一件苦差事，而且没有加班费。在很多大公司，业务分散在全国各地，甚至在别的国家也有分公司。老板让某个员工出差，或者常驻外地，其目的是为了让他熟悉公司的业务流程，为以后的晋升做准备。可以说，在某些企业里，出差是晋升的必修课。"某传播广告有限公司总经理Grace则认为："在很多公司，出差的员工可以拿到补贴，可以有双份工资，或者像我们一样，可以拿到'项目奖金'。但这并不表示经常出差的人就会有更多的晋升机

① ［美］埃里克·布斯著，张颖译：《艺术，是个动词》，南昌：二十一世纪出版社2009年版。

会。如果你做的是销售，或者做市场，那到外地出差就是你分内的工作，想升职，还得看你平时的工作表现。”

每家企业的背景、文化不一样，最重要的是自己对出差持正面态度。正常来说，出差且表现优秀者升迁机会应该高一些，因为他们有助于企业的发展。因此，为谋求职业生涯和事业的发展，尤其想要把握中国内地经济快速增长及全球一体化的机遇，就不能不把眼光放远，时刻关注身处地区以外的机会，出差便是在所难免的事情。既然如此，作为员工就要做足准备，提升语言方面的能力，主要是英语；同时也需要认识社会文化的异同，比如香港和北京、中国和美国、韩国与日本等。懂得沟通技巧和构筑人际关系，这些都至关重要。

少部分企业内雇员以身体状况为由拒绝出差，包括晕车、畏高等。其实那些问题也有解决的办法。现在有公司把原来培训飞机驾驶员的室内模拟训练，扩展为其他商业用途，除了娱乐外，还可当作治疗畏高症、空中飞行恐惧症的工具。在模拟驾驶舱内，学员坐在飞机师旁，大屏幕映出超真实的天空、各地城市上空、机场、天气变化等情况，在明知道安全没有问题的情况下，学员了解飞机的运作，明白安全程度比一般汽车有过之而无不及。事实上，据交通意外统计，旅客死于陆上交通意外比空中意外的概率更高。以上模拟驾驶飞机还不是大众化的培训，只要有决心，晕车、畏高等问题也可通过服用医师开的药物等方法来解决的。

出差者需要适应生活节奏的变化。平常有吃零食、夜宵，看电视、电影，饮酒等习惯的出差者，需要在出差的那段日子适当改变习惯。一名燃气研发公司老总，虽经常出差，但一般都在周末返回居住地，并安排好与家属吃晚饭，与好友打网球等活动，多年如是，习以为常。当然另有一种人，他们相交满天下，喜好寻找新的刺激，那接二连三的出差对他们来说只是家常便饭而已。

我在台湾的日子

最初被派往台湾，是因为当地业务出现问题，总公司委派我前往了解情况及适当整顿。可以想象，这绝对不是优差。初往台湾工作首半年，由于香港办事处仍未找到合适继任人，我只好身兼两职…… 那时，我逢周一至四驻守台湾，周四晚便赶返香港，准备翌日整天与同事开会处理香港业务。整个星期，只得周六享有一点私人时间，探望家人或与朋友聚旧。周日起床后，我便要整顿行李，预备下午飞返台湾……幸好这段日子只维持半年，我逐渐熟习台湾业务，与同事建立信任，终能腾出时间上健身室、美容院，重拾生活情趣。我又与邻居混熟，亦认识了不少香港朋友，大家相约饮茶，一起发掘台湾美食，实在有“他乡遇故知”的感觉……

（资料来源：林嘉莉《头条日报》2011 年 4 月 11 日 38 页）

二、家庭的惦念

英国商人罗伯特·沙敖在 150 年前提到，前往拉合尔（Lahore）在当时是一件很重大的事情，除非万不得已，否则没有人会承担这个差事。“上路的人会和他的家人洒泪而别，家人们也祝他一路平安，并且说：‘去吧，兄弟，希望你平安而归。真主与你同在。’一路上强盗出没，你在各地所面对的每一个头人都是你的敌人。”[①] 现在这种高危地区已经不多，负责任的主管也不会派遣人员到那里去冒险，家属也不用担心。

有一位 70 岁的陈老太与儿子及媳妇住在香港九龙塘大宅中。陈老太家中有三名佣人处理家务事，她儿子经常外出公干。每当儿子离港后，陈老太便开始情绪低落，平常需要服药的她拒绝服药，更不愿进食，每天睡 15 个小时，被确诊为患有严重抑郁症。当儿子的，该如何做？Vanesa Mae 长年在世界各地演奏，她十分想念家人，所以，在一次亚洲巡回演出中她的外祖母和男朋友陪同了她，让她感到很温馨。对于一般的出差者而言，每一次出差都意味着与家人和同事将分开一段日子。工作上，同事们能分担自己平时的工作吗？生活上，跟家人见面少了，争执也少了，家庭会更加和睦吗？那么出差公干经常带着配偶又如何呢？俄罗斯总统夫人跟总统普京结婚 30 年，最终以厌倦坐飞机和陪

① ［英］罗伯特·沙敖著，王欣、韩香译：《一个英国“商人”的冒险》，乌鲁木齐：新疆人民出版社 2003 年版。

同丈夫外访为理由之一与丈夫离婚。出差时如果经常收到亲人、爱人的电话或短信，应该感到高兴，因为那是家人对自己的关心。有人对朋友说每天收太多亲人的长途电话或短信很烦，其实是炫耀，令旁人羡慕而已。你在海外给老婆打电话，老婆没有预想能收到电话，所以十分意外也非常兴奋，因为你出发前跟她说过“电话费贵就不打给你了”。

出差后，回到熟悉的家中看到熟悉的床、书桌，心爱的抱枕、宠物等，应该会更珍惜在家的日子。一日不见，如隔三秋，是否包括老婆、老公等家人？大前研一在一次从加拿大飞往韩国的班机上，飞越北海道西北部上空时，看到了令人感动的美丽流冰。他便立即从公文包里拿出数码相机，拍下美丽的风景。在抵达首尔之后，一边通过相机欣赏美丽的景色，一边向朋友诉说自己内心的感动，彼此之间的谈话，就变得更真实而充满热情。回日本之后，大前研一与太太也分享了那流冰的画面。那温馨的场面，不光是分享照片那么简单，我们也可想象吧。

三、出差过程中懂得忍让

假如你在航空旅程中碰到以下的人，你愿意忍受吗？

（1）一名乘客站在通道慢条斯理地整理头上行李架内的行李。

（2）一名乘客在机舱服务员提醒他关掉手机时，依然继续打电话。

（3）一名乘客若无其事地脱掉袜子，可是他的脚很臭。

（4）一名迟到的乘客将你身旁的空座位霸占了，并且还一直喋喋不休，使你不能休息。

（5）坐在你前面的乘客大部分时间把座椅靠背向后倾斜，使你感到位置很挤。

（6）坐在身旁的一名乘客好像得了多动症般不时抖腿、拨弄头发、挖耳朵等。

（7）当你急着上洗手间时，不知道是谁总是在洗手间内不出来。

你应该不会一次性全部遇上这些不太顺心的事情，但每次坐飞机时你总会遇上一两件，逃避不了。正所谓退一步海阔天空，何须太计较？

《哈佛商业评论》对于外向型的人列出清单，我们出差前可以利用这份清单做热身，调整心态。

问候——人们怎样打招呼，怎样称呼对方？名片能起到什么样的作用？

穿着——我的同行是期待我穿着整齐还是随意？

致送礼物——商业同行中人是否送礼？什么礼品适合？送礼有哪些禁忌？

触摸——如果有身体接触是否会引起对方的反感？

眼神接触——眼睛直视对方是否礼貌？

行为举止——我的行为是一本正经，还是随意大方？

感情——宣泄感情是不礼貌还是可以接受的？

平静——平静是否让人难堪？还是并无不妥，表示尊重？

饮食——有哪些饮食文化规矩？有没有哪些菜不适合？

身体语言——有哪些身体语言会显得不礼貌？

守时——我应否守时并要求我的对手一样？还是让时间表较为随意？[①]

出差者就是公司的代表，无论你是什么职位，对出差过程中遇到的人应礼貌对待，参考以上外向型的人对不同文化的反应，实现建立及管理国内外合作伙伴和价值网络关系的目标。

四、长期出差的问题

有的出差是为了常驻，或后期常驻培训人才。常驻前有公司公费提供给员工及家属，让他们到当地三五天，看看是否能适应当地，这种目的也算出差。出差者有责任利用这段时间去观察自己及家人在这个地方生活一段数以年计的日子能否适应。也许你目前的工作不用出差，假如明天有一个机会——一份新工作、一个新任务，你将要远行一段颇长的时间，你准备好了吗？在此有一些问题是需要注意的。

旅行证件问题：接到出差国外的任务后，应及早检查护照是否适用于因公出国，是否到期需要更换。

银行问题：在原居地常用的银行在新到任的地方有没有分行或者有

---

① *Harvard Business Review*，2002 年 3 月，第 80 页。

没有其他代理？网上理财是否可行？

私人信件：如果出差超过3个月，可考虑临时转发新地址，向居住地的邮局申请，及与杂志发行商联系，也可找亲友帮忙代收及转发。

遗嘱问题：这实在是让中国人为难的问题。不过我们应勇敢面对。有了遗嘱，有些事情届时会变得顺利。

医疗报告：收集自己所有医疗报告复印件，随身携带，在当地可能有用。

各种保险：有必要向公司了解各种出差保险问题，决定是否购买相关保险。

房产问题：个人独居，需要到期支付房贷或租金、每月管理费及其他杂费的，可委托亲属朋友处理；一些当地物业管理公司也可代为帮忙。当然还要考虑一座空置两三个月的房子的安保和卫生问题。

驾驶执照：如果想在东道主国家驾车，便需要办理国际驾驶执照。

社保计划：必须搞清出差的性质，如果属于工作的，要参考相关政策；外国人在国内短期工作的也需要缴纳社会保险金。

税务负担：这是一个较为复杂的问题，建议跟税务专家讨论。正常情况下，在大多数地方工作，无论时间长短，都需要缴纳当地的税项。

长时间出差在外，与家人相聚的时间减少，个人生活习惯都给打乱了。目前社会通信设备便宜，很多人都可以利用电脑与家人视频聊天。这样即使出差也可每晚跟家人嘘寒问暖。大前研一每年都会把自己的行程、相关的报纸、杂志以及出版的书籍送给他的母亲，主要目的是让她定期知道他的近况；某单身的法国顾问经常出差欧洲、亚洲各地，他就利用家对面的一家洗衣店，每次出差回来送上一批脏衣服同时领回一批干净衣服，又再踏上征途，这样节省了洗衣时间且很有效率。严格来说，离开公司一个月以上的可能已不属于出差，因出差与派驻外地的待遇有所不同，员工宜及早向人事管理部门查询详情。

五、公事为先，服从制度

基本上出差是不可能有私人事务的，这会影响出差任务的完成。出差可能短短数天，晚上还要应酬，兼顾私人事务有困难。不过，只要自己管理做得好，也可以在不影响正常任务下成其美事的。如邀请朋友到酒店共吃早餐等。就算公司同事知道，应当视为雇员私人活动而不予干涉。一名原籍福建的IT公司代表初次来香港出差，趁空约了十年没见的老同学在他家见面，吃晚饭的时候特别兴奋。老同学收到福建老家土产手信，更是喜出望外。当然，假若他需要应酬业务上的客人吃晚饭，那他应当把老同学的约会安排挪后。此外，如果你喜欢打高尔夫球，但差旅中安排一场高尔夫球赛对行程的意义不大，那就应该不予安排。不管怎样，出差中优先处理私人事务导致用于正常工作的时间缩减是不可以的。

现在有专为旅游人士而设的网站，你加入成为会员后，可随时发放你的行程信息，让全世界的朋友知道，这是很好的做法。假如你是出差者，行程安排应该十分紧凑，没有多余的时间去与朋友会面。假如牺牲睡眠时间去应酬私人的约会，然后影响了次日的公务活动，那对雇主是不公平的。出差一次不容易，如果错过和朋友见面有点可惜，但人在江湖，身不由己。当然，晚上公事应酬完了，抽出一两个小时见友人，不影响任务，是不为过的。

你是否对公司有关差旅的规定了如指掌呢？如果不是，如何可以知道制度的全部内容？有位雇员从深圳出差到南宁，因为从没有坐过飞机，准备时间不充分，错过了那班飞机。情急之下，他转乘当晚出发的长途大巴赶往南宁，最后还是把任务完成了。不过回来报销的时候，因当时的决定并没有跟上司沟通而变得十分狼狈。其实，公司管理层人员应负上较大的责任，因为他们没有给这位雇员上一课“出差须知”。话说回来，雇员也应自我谨慎，应当主动熟悉有关规定，不明白的地方预先向有关部门及负责人了解，方为上策。

有些公司的出差规定写得很详细，有些公司则写得很笼统、模糊。为了出差回来报销时能够顺利，还是应先问清楚细节，尤其是应酬方面，因为有些开支是颇为高昂的。由于出差总有意想不到的事，因此也有类似“晚餐应酬，平均每人不超过人民币×××元为限，事先取得副总经理以上职级审批者例外”的灵活规定。问题是你是否弄清楚了规则，按部就班，确保万无一失。

第二节　事前功课要做足

没有出差者事前对出差半点不提，为了给被访者一个惊喜，除非是负有秘密任务的“神秘顾客”。正常的出差原因，无论是谈生意、参加展览会还是海外培训等，在当地应有一个联络点，你应牢记该联络点的联系方式。通知职员出差、通知出差日程变更、道谢函等应该及时发送给联络点及领导人。如果你是随公司团队出发却并非你方联络者，那你应清楚知道公司哪位同事负责此事，并与他保持良好沟通，这在出差计划有变时尤其重要。

出差即远行，不像在当地，任何场合忘记什么文件之类的东西还有可能回自己办公室取，或呼叫同事及时送到；在出差途中发现少了什么会很狼狈。有到了码头时才发现忘记带身份证件的，也有抵达外国的酒店之后才想起笔记本电脑留在家中的。出差一次通常不易，展览会、周年大会之类的活动更是机会难得，应该好好把握和利用，在出发前做好准备工作。

一、个人准备

以下介绍出差前的准备工作：

(1) 家居安排。

独居者注意锁紧门窗，防盗及防雨水渗入；关掉电源总开关以免打雷闪电引起短路或电器过热发生火灾。连续较长一段时间出差的人应注意信箱是否会爆满，提前通知亲友、邻居或大厦管理员帮忙收取信件；注意有没有什么定期费用如手机费、电费、信用卡费等，一旦过期未付款的是否会导致停机、断电、信用卡禁用等后果，最好预付足够费用。不论独居与否，都应该把出差的行程和紧急联系方式告诉亲人。有养宠物的，要注意喂养无间断；有些宠物中心可以寄存猫狗，主人可放心远行，如东京成田机场的 PET INN ROYAL，该宠物旅店可以把主人事先为宠物烹调的食物加热、陪狗儿散步、安排宠物做运动等。

（2）个人物品。

出国的要按照最终行程表核对护照有效期和签证有效期，避免出现证件无效的情况。有些国家不给快要到期的护照签证，在适当日期前应换领新的证件。要在外地开车的则要提前办理国际驾驶执照。外币最好在当地已经换好，因为在机场或酒店兑换手续费通常较高。最好能持有一些当地零钱，因为银行兑换的可能全部是大额钞票，当你给出租车司机钱时他没法找零。就算你持有国际信用卡，也应准备一些当地货币或国际流通货币如美元，因为不知道什么时候你在国内用得好好的信用卡会在外国无缘无故地失效，让你陷入困境。事先查看你的信用卡有效期是很重要的。出差在外，随身携带一些符合本身状况的药物也是很有必要的，治初起伤风的、头疼的、腹泻的、蚊虫叮的、止血的等，急需时可向外求助。在中国，很多三星以上的酒店都奉送牙具、拖鞋、饮用水等，在国外都是欠奉或需要付钱购买。由于反恐，很多机场实施十分严格的安全检查措施，除了刀具、火柴、鞭炮外，还有一些液体（如香水、洗发水等）、凝胶体（发胶等）及压缩气体（打火机、空气清新喷雾等）等也限制容量甚至禁止携带上机。最后，在出发前一天查看出差地点的天气预测，从而准备适当的衣物和雨具等。

（3）公干物品。

忘记带笔记本电脑和手机出差的毕竟属于极少数，但把电脑、手机带上却忘记带充电器的，或没有提前注意中国的电源插头不适用于外国的恐怕不在少数。合同、文件、派发资料等尽量在登机前打印好并且分类整理好，不要到达目的地才急忙打印，一则避免忙中出错；二则预防电脑资料突然丢失或不能取出的风险；三则减低出差的时间成本。

（4）功课。

谈生意的要了解对手（含企业和将要会面的代表个人）的背景和最新资料，以及过往谈判的历史。如果是新接手的员工，要虚心请教之前处理过该客户或合作伙伴的同事，询问他们的心得。考察的要事前做好资料收集，务求充分利用现场时间。重要的还有建立或维持人脉关系。关系的维持重质不重量，比如虽然不常与外地客户见面，但每次见面你能说出上次见面的大概时间和场合并嘘寒问暖一番，同时又记起并提及对方的一些私人的事情（如女儿满一周岁了、是否念完 EMBA 课程等），将会特别受客户欢迎。以上所说，记忆力好的人可能随时顺手拈来，无须什么准备。记忆力一般的人，就需要出发前把要见的人的名片全部带上，回忆上次见面的情景、对话，也可凭你写在名片上该人的容貌、特征和大家的共同兴趣点，找出话题。如果你答应过下次见面会怎样的便要注意兑现诺言。

（5）演练。

某商人在其回忆录中说到跟日本人谈生意的经验，说头两天都是参观、应酬，没有谈判合同细节，眼看乘飞机回国的时间快到了，对方才把修改好的合同给他签名，时间紧迫，要么他就两手空空地回家，要么就按对方的条件没有时间讨价还价。其实这种情况是否不可预见呢？如果并非不可预见，那就应该在动身前想好应对方法，甚至可随时多留两天的秘密安排。如果到外地需要发言演讲的，也应在动身前在公司或在家演练，做足准备。

二、对出差目的地的了解

出差人士常遇见不同程度的困扰，如交通工具过度拥挤、长时间等候、饮食上的不习惯、气候的不适应、时差等，这些情况都有可能引起出差者身体上的不适。为了减少以上情况的发生，出差前应仔细检查：

（1）目的地及当地住宿的环境。如果不是一般旅馆，比方主人为客人提供的宿舍，要多了解具体情况，在出发前准备好需要的梳洗用品。

（2）旅途时间的长短。同时注意美国、欧洲和某些国家的冬令时间，这点很重要。

（3）目的地的卫生水平。这可能决定是否需要自行携带干粮和一些药品。

（4）目的地的社会秩序。例如有没有动乱、示威或经常性的扒窃、暴力事件等。如有，做好心理准备，并请对方做一些接送安排，或迟缓出发。在欧洲某些国家如意大利，会出现一些如火车、加油站等地的罢工和游行。这些罢工和游行一般只会维持一两天，所以计划行程时得有心理准备。

（5）若有经常服食的药物，谨记出发前放于手提行李内。身体有特别情况的，如心脏病、肺病等，可问医生对出差行程或出差日期的意见。

（6）向你的公司、当地联络员、旅行社、医生查询是否需要注射疫苗。某些非洲和南美国家在入境时需要出示预防流行病注射证明书。疫苗通常不能马上生效，某些甚至在出发前一个月便应注射。最好检查清楚疫苗生效日期。

有些地方提供旅行者协助。比如香港，入境事务处协助在外香港居民，设立 24 小时热线：（852）1868，外游提示登记服务网：www. gov. hk / roti。通过《我的政府一站通》登记个人外游资料，便可接收到香港特区政府发出的最新外游警示及相关公开资料。

三、留意天气预报

关注出差目的地的预报很重要，如夏天国内一些地方气温特别高，2005 年 6 月底，上海连续七日发出红色高温预警信号，并发出当年第一个黑色预警信号，显示气温已达 38 摄氏度。有一年夏天在北京时，某个中午笔者在街上走，感觉闷热，回酒店看新闻报道说正午气温 40 度，吓了一跳。幸好无恙。另外，留意是否会下雨，因为出差难免会在街上走，下雨被淋湿是很狼狈的。有时候天气预报的作用也会打折，马来西亚的太平市，人们喜欢打赌当天下午 2 点会否下雨，因为那边的天气是捉摸不定的。最好的对策，还是准备一把小折叠伞。如果不带伞，到时候随机应变划不来，因为那时候身在异地临时要买伞也不知哪里有，浪费时间去找不值得。另外，某些地区如香港、马尼拉、台北等台风较多，出发前要确认该地有没有受风暴影响。否则台风期间，一切交通停运，连回家也有困难。网站 www. worldweather. cn 提供了超过 800 个城市气象部门或官方的天气预报，出差者可及时参考。

四、预防时差与晕车

曾经坐过长途飞机到美洲、欧洲的都领教过时差的滋味。通常需要几天甚至一周时间才能适应过来，到那时候，也通常是踏上归途的时候。飞行时差是指在短时间横越多个时区所引发的身体和生理的病征变化，主要是由于身体的自然节奏和睡眠周期受搅乱而造成。由东飞向西所造成的飞行时差比由西飞向东时较严重，故复原时间较久。病征包括难以入睡、疲劳、情绪波动大、肠胃不适。时差倒不过来可能会影响工作表现。

预防时差的方法：

（1）出发前数天应休息好，避免睡眠不足。

（2）如果旅程短的（两三天），应尝试按照自己居住地的时间表作息而不按照目的地时间。

（3）如果旅程超过三天，应立即按照目的地的作息时间。如有需要，可以在最初两天作午间小睡，以助适应。

（4）在目的地接受户外阳光照射能够减少时差的症状。

（5）在飞行途中不可饮用过量的酒精和咖啡。

（6）喝大量的水会有帮助。

（7）应尽量避免服用安眠药。如有需要应在出发前与医生商量。

（8）在横越数个时区后应避免立即作出一些重要的决定。

有人提出防时差“秘方”：上机服用安眠药，不吃其他东西，防止时差问题。一项美国调查发现，我们脑袋中的自然生物钟在正常情况下随着光线变化而决定睡眠、清醒、进食。但当食物稀缺时，这生物钟会被另一个生物钟取代；如果能够控制这第二生物钟便可帮助出差者适应目的地时差。“让自己饥饿一段时间即连续16小时不进食已足够唤醒这个新生物钟。”哈佛医学院的Clifford Saper博士如是说。在下次乘搭长途飞机前，谢绝食物，一试无妨。

人体内有一个精巧的平衡系统，它靠内耳里面的液体流动感、视觉器官和其他部分发出的讯号去维持平衡。当收到的信息出现冲突，例如身体处于静止状态，但眼睛察觉到移动，这个系统便受到扰乱，因而发生动晕的病征。动晕最常发生在海上，其次为空中、陆路上。动晕的病征有肠胃不适、胸闷、疲倦、面色苍白及流汗，呕吐和倦态亦常随之而来。

怎样预防动晕？在旅程或旅途中只进食少量食物，不可饮用酒精类饮料，坐在交通工具中最稳定的部位可减少动晕病征，眼睛望向窗外较远的一个定点，尽量保持身体静止和避免快速的头部动作。

五、高原综合征

高原综合征的成因是高山上的氧气压力降低，人体本可适应此种变化，但因人而异。如登高过急，身体未及充分适应，高原综合征便会产生。幸好2 500米以上的城市不多，很少到高原出差，但偶尔因公到九寨沟、西藏等地的出差者，需要知道一些注意事项。

高原综合征多出现在急促抵达至海拔2 500米以上的地区。人体一般对到达高原的即时反应是心跳加快、呼吸加速、血压上升、小便次数多，以及轻微头痛。如身体未能适应，症状在登高数小时后渐渐加重及发展成急性高原综合征，特征如下：

（1）头痛（胀痛，多在头两侧位置，起床时或弯腰时常会加剧）；

（2）加上以下其中一项：作呕、胸闷、疲倦、头晕、失眠。

如不停止登山及作出适当治理，则可引致更严重的高原脑水肿及高原肺水肿，可于数小时内夺命。

高原综合征的出现有多方面的因素，年轻力壮的和身体健康者似乎比年长旅客命中率更大。无论如何，严重高血压、贫血、感冒、精神紧张、呼吸道感染等都会增加疾患的风险，最好咨询医生作身体检查评估。到达高原后发现疑似高原综合征征兆，可用头痛药或阿司匹林治理。如症状持续超过24小时，即时下撤是最佳对策。如果症状属高原脑水肿或高原肺水肿，就算是半夜也要即时下撤。

有哪些高危地区？位于海拔2 500米以上的城市及地区的例子如下表：

国　家	城市/地区	高　度
中国	四川省/九（寨沟）黄（龙）机场	2 900米
中国	云南省/香格里拉	3 300米以上
中国	青海省/青海湖	3 200米

（续上表）

国　家	城市/地区	高　度
中国	西藏自治区/拉萨，贡嘎机场	3 600 米
埃塞俄比亚	阿迪斯阿贝巴	2 500 米
哥伦比亚	波哥大	2 600 米
厄瓜多尔	基多	2 800 米
玻利维亚	拉巴斯	3 600 米

（资料来源：香港卫生署旅游健康服务）

六、其他提前考虑事项

如果要去一个自己不太熟悉的地方，有些信息是否没有办法提前获得呢？比如要去某市酒店的餐厅会见一位初次碰头的客户，一个稍“笨”的方法，就是“路在口边”，沿途问几个人便可。但如果沟通语言在当地是个问题，有没有其他的招数可用呢？其实上网也可分忧。有网络搜索引擎能在一些酒店、机场、商场、大厦等备有流动3D地图，还显示了电子柜员机（ATM）、洗手间、升降机、餐厅、停车场等的位置图，还有360度取景；出差者甚至可在出发前在家轻松上网，确认好见面位置，预算好所需的路程时间并选择交通工具，就算那个初次碰头的客户，也可在社交网站上搜索到他的照片，也许到了餐厅，一眼就可马上认出客户来，给客户一个惊喜。

苏格兰爱丁堡机场2004年8月推行新例，禁止乘客携带超过32公斤的行李，以免职员在搬运行李时受伤，行李过重的乘客必须把行李分拆，才可符合机场的规定。英国很多机场已实施了相同规定。出差者去那些地方，要注意行李超重问题，及早在出发前估算，以免在旅途上出现相关阻滞。

如果搭乘通宵飞机，到达目的地之后又要直奔会议现场，不能先到预订的酒店，则可以使用机场淋浴设施，尽管需要收费（除非你是贵宾卡会员），但以精神饱满的面貌示人更加重要。例如香港国际机场在抵达大厅有24小时营业的贵宾服务，可享用淋浴设施及餐饮，费用合理，有需要的还可享用按摩和水疗服务。

购买了集体全年商旅保险的，不用每次旅行都另外购买。如果有出售机票的旅行社捆绑出售旅游保险，应可拒绝。员工自愿额外购买保险的，也要注意重复购买保险在赔付方面是否也得双份。

保湿、抗压、防晒是在飞机上要注意的保健事宜，涂保湿水、多喝水、多洗脸都有用。涂抹一点抗压膏在太阳穴或动脉上即可松弛高空造成的压力。高空的紫外线杀伤力比在地面强，因此准备抗紫外线成分、含维生素 E 的防晒型乳液、眼霜、护唇膏是必要的。因机舱内干燥的空气，配戴隐形眼镜的旅客会觉得很不舒服，建议改戴眼镜。

出国前最好先向你的电话服务商询问，从他国回拨通过什么号码资费最低。从长远计，国际漫游费随着使用者人数的不断增加而有下调趋势。假如你嫌手机服务商长途电话收费贵，可以选择在外地购买专门拨打长途的电话卡，像新西兰的 Talk 2U 卡（新币 10 元）、新加坡的 Home Connect 卡（坡币 10 元）、马来西亚的 Time Contact 卡（叻币 20 元）、台湾的 MKY 卡（新台币 200 元）等，打长途电话的确很划得来，肯定比在酒店打便宜许多，有时候到了踏上归途还未将电话卡的金额花完。买卡时要注意，有些电话卡在酒店房间内不能用，有些不能在路边电话亭使用等，先问清楚再购买为好。否则，便需要收集适当、足够的硬币，找个能打长途的公用电话亭。总之，在国外购买电话卡，打长途电话和上网都比国内的漫游费用便宜。电话卡可到一般便利店、机场到达大厅、电讯专卖店、唐人街等购买。

最后，最好出发前已经备有当地急救求助电话，这样有备无患。出差期间与公司保持联系。有些地方可能手机和互联网的网络不稳定，如西藏、新疆等，最好让公司和家人知道酒店、当地办事处等的固定电话号码等，以便紧急情况下保持多渠道联络。

“（在长途飞行时）我必遵守几个原则，令旅程更加舒适，时间更快过：靠走廊座位（可以很容易踏进走道，欣赏机舱内美景，呼吸新鲜空气）；维持正常睡眠模式（我知道这对一些旅行者很有帮助，但本人不喜欢安眠药——反而，我会选择‘隔除噪音’的耳机，保证邻座的男孩向他的女友大声念他的论文我也不会听到）；数独游戏供应充足（保证使头脑清醒，无论是在牙医诊所内或长程旅途上）；以及之前提及的大量阅读资料。”这是节录环球雇员调派议会前行政副总裁高磊先生（H. Cris Collie）在长途飞行时写的文章。

第三节　携带物品的艺术

有人说出门四件必备是“身手要钱”，意即身份证、手机、钥匙、钱包。商务出行不可能“空手套白狼”，贵重物品随身带，选用坚固的行李箱；如果是大热天，晚上又得应酬，每天最少得带两套衣服。这样，你会发觉你几天的行程需要带的东西一大摞。携带出行的东西，应以你一个人能处理为好，最常见的组合是一个随身的小包，能容纳重要文件和笔记本电脑，另加一个装衣服及其他杂物的箱子。好处是到达目的地后装文件、电脑的包可随身携带参加活动，装衣服杂物的箱子则留在酒店。

一、名片

“呀，抱歉，忘了带名片，下次补给您。”“不好意思，名片刚好用完了。”碰到这样的场合，只有遗憾。为什么不多带一点名片呢？掏名片时，要注意掏名片的速度。有的人须搜遍全身，翻出一堆别人的名片后，才能掏出一张自己的。处理较佳的会把名片夹放在身体固定位置，所收到的集中放在名片夹的一边，另一边是自己的名片。万一真的用完或忘带了，应表示歉意，并立即答应补寄给对方或以电邮传上联络资料，事后别忘记自己的诺言。每晚返回酒店后检查名片夹，补充自己的名片，默记一下收到的名片；有的更把针对某人的事项用笔写在名片上，以便记忆。

二、现金

尽量不要带许多现金，风险太大。出发前估算一下要花的现金，哪些可以用信用卡结账，哪些不可以。不可以的就要事前准备好现钞，再加适当数额的急用金。如果是出国，则在家居地的银行或机场、酒店等地方兑换所需外币；尽可能出发前已处理好兑换。有信用卡的，也要查询你的信用卡在出差地点是否通用，以及是否能用你的银行卡在该地提款。

中国海关规定，中国公民出入境、外国人入出境每人每次携带的货币限额为人民币 20 000 元，外币现钞折合 5 000 美元，超过这一限额要填写《海关申报单》，并选择海关红色通道进行申报。如果超量携带货币出入境又未向海关申报的，海关查获后将按有关规定进行处理。

每个地方都有特定的规例，比如一些国家只流通法定货币，出差者无法拿着人民币进行消费，人家有权拒收。有些地方则例外，例如澳门的法定货币是澳门元，但个别商店也接受港元或人民币。据报道，中国北京某电视台节目主持人及编导等一行四人，在捷克首都布拉格兑换外币时，因疑兑换店没有把兑换价格说清楚，这四人也没有细问，结果导致这四人不满并谩骂对方，还把店铺的计算器摔坏，最后警方将一干人等带回警署。经中国领事馆方面的调停，这四人赔偿了摔坏的计算器，事件才算告一段落。这类事件的教训是，多问一句或几句有益。最好是提前自备足够的外币零花钱，无须临时兑换，避免浪费时间、精力，甚至金钱。

深圳皇岗口岸 2013 年上半年共查获超过 3 600 万元“超额”携带现金入境。在 141 宗案例中，最大的一笔是一名男子将 400 万港元藏在小行李箱子内；他说那是在澳门赢的钱，同时他也不知道超过两万元便要走红色通道申报。在个人物品方面，海关总署授权边防检查人员向国民带回物品价值超过 5 000 元，或非国民带物品超过 2 000 元的抽税。

三、医疗药品、保健用品

如果须长期服药（如高血压、糖尿病患者），应准备足够分量的药品，出差不应停药。属于临时性吃药，如感冒、咳嗽尚未康复的，遵从医生嘱咐，出差期间按时吃药。有突发性病史和病患者如羊痫疯等，随身带备医生处方药、个人血型、医疗病史，还包括紧急联系亲人及公司 24 小时电话等，并保存在身上容易找到的地方。需要带着药物上路并要跨境的出差者要注意，在自己国家公开发售的药物可能在另一些国家被禁止。如果是定时服用不可或缺的药，除了准备充足剂量，出发前还应带备正规医院开具的医生证明信或药方，以防万一。

如果你是容易受伤的人，可按世界卫生组织的建议，随身携带基本药箱。基本药箱应有的物品包括止血贴、处理伤口的消毒液、绷带、眼药水、昆虫咬除痒剂、昆虫咬预防剂、通鼻塞、口服加湿盐、剪刀和安全别针、诊所用温度计。假如抱着有任何意外即去附近医院治理也很方便的心态的，带上数张止血贴和一支昆虫除痒剂也就足够了，但最好先了解当地医院的位置。此外，出差者也应针对自己的需要而增加携带的种类；如经常胃痛有吃药习惯的，可带胃药；晕车的，带晕浪丸等。

机舱中空气的湿度比正常低10%～20%，干燥的空气会使得口腔、喉咙、眼睛和皮肤干涩。在飞机上吃些润喉糖可舒缓喉咙干涩的感觉。擦上润肤乳可以保持皮肤滋润。配戴隐形眼镜的人士应多滴眼药水。这样，润喉糖、润肤乳、眼药水要带一些。此外，考虑个人需要，选择携带湿纸巾、洗手液、口罩、帽子、防静脉曲张袜、眼罩、耳塞、零食（如话梅、橘皮、巧克力）等。

反恐相关规定已作出明确要求，所有液体如洗手液等和半流质用品如牙膏、发乳之类产品，需要放入100毫升的瓶子，然后将瓶子放入透明的拉链袋子内，通过安检，方可带上飞机。

四、遵守各国不得带入境物品规定

出差属跨境的，需注意通关事项。外国特别是欧美等国家禁止干货、腐乳、咸鱼等入境。香港特区对盗版光盘入境管制特别严格，私人携带的原则上不管数量多少，被发现即没收并进行处罚。法国对携带冒牌货进出口也一样非常严格。一般旅客入境可免税携带价值人民币5 000元的自用物品。各地方对免税携带入境的烟酒（含雪茄、烟草）数量都不大相同，需要送礼、自用的，得及早打听，以免被扣留处理。中国内地禁止携带生鲜的动植物入境（含水果）；也禁止携带淫秽、反动的书刊及音像制品入境；如携带文物出境，须持省级文物管理单位证明。回国时注意携带人民币现钞以2万元为限，携带外币现钞不超过折合5 000美元为限。有冒险带数十万元人民币或其他等值外币现金闯关的，除了冒被充公之险，也会触犯海关规定的法律。总之，出差者一般通关没有问题，只有在同时携带货物、货物样本、贵重礼品，或帮助别人购买或携带物品时，务必注意出发地与目的地的海关规定，避免违法。

五、出差的穿着

商务会议和一些会议外的活动等如果都穿得恰如其分，那对出差之行的成功肯定是有帮助的。

外出公干时，不可能带太多的衣服，选择诸如压织布面料做的衣服，容易折叠又不会起皱纹，加一两条颜色合适的围巾或披肩便可灵活搭配，也适合进出有空调的地方。出门带备一套质量好的睡衣裤或睡袍，令你晚上睡得好，第二天精神饱满地应付工作。质量好的意思是轻便舒适、手感好、快干、防皱、防静电、吸收湿气、柔软、抗菌，可适应房间温度尤其炎热的季节。一些睡衣面料比传统化纤或棉织品抽湿及保持干爽速度快三倍。如果把室温调高或干脆关掉空调，这种睡衣依然令你凉爽；如果开着空调睡，这种睡衣也很舒适，有冬暖夏凉之感。

行李箱有足够位置的时候，还可添腰垫、脖子垫、柔软拖鞋等。不过，很多人至出差最后一刻钟才开始往行李箱扔东西，最后发现自己那个行李箱“太小”而煞费思量。网络中有潮人支着儿，原理是将衣物卷曲便可节省地方。潮人 Poole 所需装下的衣物包括三条短裤、三条正装长裤、一条裙子、三条休闲裤、三件睡衣、三件泳衣、一件布裙、三件轻毛衫、四件连衣裙、十件休闲衫、六件正装衬衣、一个手包、化妆品若干和两双鞋。用上述卷曲手法，一个正常大小的箱子全部容纳以上物品是没有问题的。

六、礼物

如果拜访海外的客户或同事，有深交的需要表达衷心谢意的，可考虑赠送礼品。不应买昂贵的礼物，首先可能不知对方的喜好，但最重要的是以免误会（有事相求）。心思花得好，效果自然佳。礼物应当从出发地，即在你的老家买的最好。例如你居住在香港，那你可以在香港买一些时令食品如粽子、月饼、年糕等，那是最稳妥的，同时也普遍受欢迎。当然你也可以考虑其他的如香港风景画册、景点模型等。同时要注意的是，携带是否方便及通过海关有没有问题。

送礼也包括乘海外或外地出差之便，买手信回来“慰劳”一下亲戚好友、同事等。例如在台北、伦敦的博物馆买些复制文物，在日本、新加坡买些当地的食物，其他的包括音乐光盘、节日时令纪念品等。送书的要考虑对方的爱好。中国人则避免送钟，有人会嫌不吉利。20 年前笔者在印尼接受培训，同时接受培训的泰国酒店人事经理送笔者一只精致的小瓷杯，至今仍保存。很可惜，当时笔者没有准备任何礼物，受之有愧。

有些企业容许出差者报销价值不超过若干元的礼物，也有明令不得报销的。我们应该记着，送礼是件开心的事，特别是为了感谢对方的好意或帮忙，自己掏腰包又何干。最后还要附带一句忠告，你送这个礼会否招来任何行贿的怀疑，没有的话，才能放心去做。

七、数码用品

现今不少出差者不管到哪里，都会把数码相机放入公文包，随身携带。既然出差需要成本，也可能发生有些无法预计的事情，适当拍摄一些出差过程也是应该的，那小小的一台相机是很好的助手。当然，如果我们对照片要求不高，那附带摄像头的手机也足够用了。

假如我们发生了意外或危急事情，不省人事，第三者找到你的手机，手机里储存着数百个名字和电话号码，但除了你自己外，他人无法知道这些号码中哪一个号码属于你的至亲好友。伦敦的一件灾难后，某救护部门便发起一个全国性的“假如发生紧急状况”（ICE 即 In Case of Emergency）活动。在紧急状况下，紧急部门人员及医院员工，只要拨打以“ICE”为名储存的电话号码，将可以很快速地联络上你的至亲。既然大多数人都携带手机，就把紧急联络人的电话号码用“ICE”为代号储存起来。如果有超过一个以上的紧急联络人，很简单，只要备注手机号为 ICE1、ICE2 和 ICE3 即可。

喜欢看书的有新的选择，那就是电子书。出差者可通过服务商将文件下载到你的电子书，不用连接电脑，便可在旅途中阅读，减轻携带厚重文件的负担，又可利用在路上的时间。电子书的字体可放大，出差者可以看得舒服。电子书可以随时购买，随时阅读。电子书充满电池可用上起码一周，一般可满足整个旅途使用。

还有，记得准备电脑、手机的充电器。因外国制式不同，有两脚、三脚的，有圆、有方的，自己准备好总比临时向别人或酒店借用方便。

八、特殊需要用品

现今电子科技发达，我们也可按需要购买一些新商品使用。如某品牌四合一小型报警器，挂在酒店房门口，如果感应到有人推开门进来便立即发出警报。这在浴室洗澡而房内没有同伴的情况下很有用，遇到危险情况也可发出警报信号吓跑坏人；这款报警器附有强光手电筒功能，可用于黑暗中找钥匙，还有闹钟功能。外国某行李箱品牌也有新产品，将个人手提电脑或其他电子产品等放置在特别的箱子里，箱子附带蓝牙技术，一旦箱子与主人失散，如在出租车或地铁丢失，可通过蓝牙信号重新找回。

某商人说："不是不喜欢看书，但工作繁忙，白天没一刻安静，晚上很累，只有在飞机上可享受数小时的看书时间。"如果你视力不佳，需要眼镜帮助的，应带后备眼镜；多一副眼镜所占空间有限，平常那副眼镜出了什么意外，也无须担心。酒店的洗衣袋如果是塑料的可以装脏衣服，但要注意一些洗衣袋尤其用布做的是不能拿走的。最好自己出发前准备两个超市袋或垃圾袋。皮革大王、慈善家田家炳先生捐助校舍一掷千金，但自己出门住酒店，不用一次性物品，用盒子把肥皂牙刷等东西整齐放好，不浪费地球资源。自 2011 年 6 月起，山东省境内的酒店业正式取消免费提供一次性日用品。现今很多酒店已相继仿效，自己出门，带备个人日用品套装（牙刷、牙膏、梳子、剃须刨、洗发露等），不要再依赖酒店提供。这样有利于出差者养成良好习惯。

综上所述：

（1）出发前预备好要商谈的合同、要发表的稿件等，不奢望在路途中或抵达后才准备完成。

(2) 准备足够的名片，比预计需要的多带50%。

(3) 对于将要拜访、会见及曾经交换名片又有可能再次碰到的人，找出他们的名片随身携带。

(4) 检查照相机、数码相机、手机相机是否处于正常状态（电池、胶卷、充电等）；准备充电器及适当的变压器和插头。

(5) 避免或减少私人活动以保持最佳精神状态去完成出差任务。

第四节　行李箱与行李寄存

一、行李箱注意事项

有些公司给人员配备行李箱，本意是好的，可帮助企业打广告；缺点是一帮同事同时出行时，要费点时间识别（其实也不难，在行李牌的颜色、种类做些标记就可以）。另外，容易让陌生人一眼看出出差者代表哪家公司也不一定是好事，太容易被竞争对手发现，并给对方找机会偷听你的业务机密。个人需要不同，员工一般喜欢选择符合自己爱好、风格的箱包，除非公司有硬性规定。

行李箱一般要选择结实一点的。出差到治安较差的地方最好选择硬壳的，因为软的容易被割开。女性应该选择有轮子的，最好是有万向转轮的箱子，这样就算很重，推起来也省力。入闸后，没有轮子的行李箱会十分笨重，好在现在很多大的机场内都开设了高尔夫式电动车，接送乘客往返登机口，花点钱便可以省力，但到了飞机上找地方安放你的宝贝物件可能仍是待解决的问题。

常出差的人一定注意到大部分旅客都选择黑色长方形的拉杆箱子，因为耐脏，却容易误认。就算知名品牌的流行款式的箱包，同一班机往往就有好几个相同的出现，稍不留神就会认错行李。但是，避免也是很容易的，第一是挂行李牌，避免使用原装的或航空公司赠送的行李牌。自己另外购买的有特色的行李牌，写上与护照相同的姓名、联络地址（英文为佳）和手提电话号码，也可留下电邮地址。不想泄露太多隐私的，可写上公司地址而不写家庭地址。另外，有些人会绑一条红丝带

（当然可以是紫兰、米黄、金铜等特别颜色的）在自己的行李箱上，方便识别。

二、托运行李须知

行李托运需要注意的是，有关大小和总重量的托运规定。虽然托运大象也可以，只要给钱就行；有时候，超重的行李需要即时支付的费用还是蛮高的。一般免费托运的行李，长、宽、高三边之和不超过 158 厘米。重量方面各航空公司要求不一，比如南方航空规定每件行李不可超过 23 公斤，国泰航空则是 20 公斤。国泰声称处理太重的行李令他们的工作人员身体容易受到伤害。托运的行李一般可以是两个箱包，总重量没有超标就可以。但个别航线比如部分往欧洲的航空公司，则要求旅客只能托运一件行李。所以，出发前还是要向旅行社或航空公司了解清楚。以上资料针对经济舱的旅客，如果乘搭商务舱或头等舱应该会得到较好的待遇。

在国内，有航空公司建议行李上锁，以保安全。但如果前往美国，切记不要上锁。根据美国交通安全管理局的规定，旅客“不许给行李箱上锁”。若将行李上锁，则行李箱会被强行打开，一切损失后果自负。

三、选择不托运行李须知

通常短途出行、停留两三天的，用标准型的箱包或拉杆箱，可以考虑全程随身携带。坐飞机的，任何随身携带的行李物品必须符合国际机场的规定，箱包的体积限定在 56 厘米长、23 厘米宽、36 厘米高的范围内（尺寸包括轮子、把手和侧袋）；箱包的重量要求在 7 公斤以内，而且在数量方面只容许携带一件上飞机。在携带上飞机的物品方面，由于对恐怖分子的忧虑，所有刀具、液体不能带入机舱。个人卫生和化妆用品，要求数量合理，而每种、每瓶的含量也有限制。此外，个别跨境长途车站、码头也可能有特别的规定，出差者应预先打听，避免临时费周折。

选择托运或不托运要考虑以下因素：

（1）时间是否紧张。

因为每个机场处理托运行李的效率不一样，有些小机场一天没有几班飞机，等候行李时间较短。有些机场较繁忙的，等候时间较长，不过像新加坡和香港机场的效率还是比较高的，但如果拿护照到香港，很多时候在机场检查入境证件的柜台前大排长龙，检查完毕出来，行李早已在行李带转了几十个圈。所以，如果一下飞机就得往会议或会面场地赶的话，建议不要托运行李，这意味着你的行装需要精简。更为重要的是，很多航空公司为没有托运行李的设立特别柜台或通过互联网或现场自助办理登机手续，一般都比需要托运行李的快很多，对时间不太充裕的出发者来说，不托运行李对节省时间绝对有大帮助。

（2）携带的东西是否容易破损。

SAMSONITE 的一则获奖广告很经典，在一幅画有模仿古希腊神话浮雕的画中，画面分两层，上层“天堂”，布置成类似飞机客舱，乘客享受着身穿白袍背长白翅膀的天使们的殷勤服务。下层“地狱”，描绘成类似行李搬运过程，一班獠牙长角满身通红的魔鬼们正在对行李箱百般摧残。现实中机场的行李搬运工也有他们的难处，要在最快的时间处理所有的行李，难免需要扔、抛、压、塞，在此过程中难免出现某些箱包承受不了而受损。箱包破损可以在目的地或回家后买个新的，但如果里面是一些容易损坏的货物样板或纪念品，那轻则箱子里面被弄得一塌糊涂，重则搞砸了出差任务，代价可小可大。所以著名的大提琴家出门，宁可为其大提琴多买一张机票。

（3）携带的东西是否贵重。

承上所说，如果箱包破损了，里面的东西虽没有损坏，但有可能从箱包破损的地方漏出，造成丢失，后果也是堪舆的。还有，去一些经济落后国家要当心机场行李搬运中让盗贼有机可乘（其实经济发达国家也有可能出现坏分子，只是概率较低而已）。当然，作为乘客那是当心不了的事情，避免丢失的唯一方法就只能是随身携带。要注意的是买了保险也不一定能补偿损失，比如说丢失的是价值连城的古董。

（4）身体的条件。

有些机场有五六个足球场那么大，像洛杉矶 LAX 或伦敦希斯鲁机场，从拿到登机证那一刻到机舱内，你大有可能要拖着、背着、拿着几十公斤的行李走上 30 分钟（包括你受不住机场内五光十色的商品的诱惑而流连忘返），身体负荷很大。不要忘记下了飞机也可能走那么远的路！这时可能想起托运的好。虽然，机场内有放行李的轻便手推车，但那也只能放一件很轻的手提行李，而且通常求过于供，或者你要走好远才能找到一辆，而且轮子可能是坏了的。此外，也有些机场提供高尔夫球车运送服务，但那是收费的，而且感觉那是给老弱病残孕等有需要的人士服务的，一般出差者感觉不好意思使用。

（5）追求的舒适度。

如果需要在机场内用餐和购物的，拖着大包小包的也不方便，甚至会增加遗失的风险，还需时刻警惕身边的情况，造成精神紧张。还有，将随身行李带到飞机上，因为座位上方的行李架位置有限，也没有对号预留，有可能因为登机较晚而自己座位上方的行李架已满，行李被放到遥远的地方，例如机舱下层的行李舱。如果把行李放在脚底下吧，又会坐得不舒服。如果你不想被自己的行李影响你的舒适度，那就选择托运。

以上选择的大前提，是你的行李符合上述随身携带行李体积重量及物品种类等规定；不然的话，就算在办理登机手续时隐瞒过去，之后每走一步都有可能被发现及要求办理行李托运手续，哪怕你已经到达了登机闸口。

很多人喜欢把行李放到自己座位上方的行李架上，因为容易取物。但保安专家的意见，是把行李放到通道的另一边，即你的肉眼可以看到行李（行李架门打开的时候），这在很大程度上给不法分子增加犯罪难度，防止行李内的东西被盗走。

四、轻松过境须知

各国国际机场的安检程序不尽相同，例如有些不用脱鞋，有些必须脱鞋。有些规定是大致相同的，如不能带过量液体上机，但合理数量的药水、婴儿奶水除外。由于机场保安检查需要一些时间，如果想要更快更顺利地通过安检，可以使用以下一些小窍门：

（1）在准备进入机场边检禁区前或者出发到机场前，将口袋里的所有东西，如钥匙、手机、零钱及其他零碎东西，一律清理出来放进手提包或手提行李内。

（2）每位乘客只限带不超过100毫升的液体3瓶，所有液体必须装入一个符合尺码的拉链透明袋子内。

（3）任何打火机、刀具、易燃易爆物品都不准带上飞机。

（4）尽量穿着容易脱掉的鞋子，避免穿着需要俯身或蹲下并费劲解开鞋带的鞋子或靴子。

（5）穿上清洁无破洞的袜子，避免尴尬。

（6）衣服上不要有金属纽扣、别针或装饰物；否则可能要当众脱衣，要不然会被送到密室里慢慢检查。

（7）金属制的戒指、手镯、项链、头饰、首饰、袖口纽扣、手表、别针等都会在你通过金属探测门时触动警报；最好把它们放进手提行李包，待完全通过安检后才拿出来打扮。

（8）有金属线的胸罩也可能触动警报。为了避免安检人员仔细检查你的敏感部位，建议出入境那天避免使用上述胸罩。

（9）金属皮带扣也可能被要求脱下，当天穿着的裤子最好合身，否则需要用手挽着裤头。

据《南方日报》报道，深圳海关人员于2011年7月16日在罗湖口岸，在一名入境的香港男子行李内，检获96个没报关的无线路由器。他声称，是受雇带这批货品，若顺利过境，可获取100元的酬劳。海关调查又发现，这名男子早在5月1日及7月9日，分别从深圳湾口岸及罗湖口岸入境，走私两台手提电脑及45部手机，并已被海关行政处罚。海关随即根据《刑法修正案》规定，对该走私案刑事立案，并刑事拘留该男子。2011年5月1日起实施的《刑法修正案》规定，一年内走私两次，遭行政处罚后再走私，可被刑事立案及拘留，最高惩罚可被判监3年，以及应缴税额的五倍罚款。

第五节　警觉性加倍

一、安全责任在己

出差人士最怕的事情有疾病、意外、盗窃等。如果出差者警觉性加倍，自然可以减少那些倒霉事情发生在自己身上的概率。

出差者应该有足够的安全意识，如：飞机起飞前留心机舱内播放的安全注意事项和逃生方法，用心阅读救生衣穿着方法的卡片；坐船时注意救生衣位置，住酒店时看看房门后的逃生通道示意图，甚至出房外尝试走一下。以上都占用不了我们多少时间，却能大大提高遇险时逃生的概率。

某日本年轻人第一次到北京，看见马路上车辆不断换线、抢线感觉惊讶。车辆在国内习惯靠右行，而英国、中国香港靠左行，到陌生地方的行人要即时适应，横过马路时要加倍小心，多看两边；在国内，逆行至今还不少见，守法遵章意识较低，行人不得不打起十二分精神。

你的身份证跟护照最好分开存放，现金也不要全放在同一地方，如商家投资之道，“不要把所有鸡蛋放在同一个篮子里”。发送你的个人身份证及护照副本到电子邮箱，或保存至U盘内随身携带；当个人证件丢失时，可随时调出副本使用。

出差途中，由于语言或方言口音的关系，加上行色匆匆，地址、电话号码、时间、人名、金额等都可能会出现搞错、听错的问题，而且后果可能很严重。要注意尽量通过写下来的方法传递重要信息。

不知你是否注意到你买的手机有个飞行模式，你便认为在飞机上可以借助这个模式拍拍照、玩玩游戏？在美国，一名说唱歌手因涉嫌不按要求关闭手机而被赶下了飞机，这引起一些乘客关注。手机发射的无线电波可能会对地空通信产生干扰，坐飞机要关机，是民航局的规定，没有得到民航局认可，开飞行模式也是不行的。所以，还是要听空中服务员的意见。

酒店大堂人员分配给你的房间，倘若不满意，你是有权要求更换的。因为你最少有8个小时在那个房间内活动。进入酒店第一件事是检查一下安全设施，门锁、防盗眼、防盗链、电话、手电筒、走火通道图等；走出房门尝试寻找走火门方向及走火楼梯是否畅顺。如有不妥当的地方，酒店会说马上派人修理，但更换另一房间更为方便快捷。

二、慎防偷窃强盗

经常出差的人有可能有这样的错觉，以为在机场候机室、火车车厢等地方相对较安全，因为有监控摄像头、当值警察等，也以为在列车高速行驶和万里高空中，盗贼无处可逃。问题是，那些惯犯是异常狡猾的，只要旅客稍稍松懈，他们就有机会得逞。因为在旅客知道东西不见了的时候，坏人早已逃之夭夭。所以，自己保持警惕是有必要的，包括一路上将行李上锁，即使这样有些麻烦，当然还要把钥匙放好和把密码记住。还有，在旅途中睡着是很常见的，但如果随身带着贵重物品，千万要打起精神，哪怕要多喝几杯咖啡，因为精明的惯犯，能看出哪些人的包里或身上携带了值钱的东西。一名女子乘和谐号列车从广州到深圳，中途打了个瞌睡，醒来发现身边的行李箱已不翼而飞，她的行李箱内有总价值400万元人民币的黄金和纯银制品。

犯罪分子大多穿着端正，跟普通人一样买飞机票，但目的却是为了在飞机上作案。例如有犯罪分子专门在飞往香港的航班内，万里高空中，趁乘客去洗手间或打盹的时候，打开座椅上方行李架偷窃财物。犯罪分子通常在登机前已经瞄准猎物，并故意把自己手提包放到目标人物的手提包旁，有乘客因此损失一批钻石和现金，总值25万港元。2012年前五个月香港接到的空中失窃案件有39宗，而2011年全年有24宗，以上数字只计算抵港航班，还未包括从香港离境航班的失窃案。由于中国游客喜欢将大量现金和贵重物品放在托运行李中，令匪徒有机可乘。如11名乘搭由巴黎飞回广州航班的乘客，在行李仓提取行李时，发现行李箱遭人撬开，箱内手表和首饰等贵重物品不翼而飞，损失几百元至近万元不等。根据有关规定，航空公司只按行李损失的重量赔偿。奉劝一句，贵重的东西一定要随身携带，风险必定比交给别人来管要小得多。

纽约及新泽西海关提示旅客通告

避免行李在机场被盗窃：不要让行李无人看管。就算打电话或上洗手间也一定将行李一同带上。不要将贵重物品、必需药物打包到寄存行李。不要随意相信任何陌生人替你看管行李，除非他是机场当值制服人员。留心机场突发的事故，因为有可能是有心人制造出来的。留心你身上的贵重财物和看管好你的行李。留心有些问题汽车，一些心怀不轨的经营者跑到行李区招揽生意，可是，当客人被送到目的地后，发现被“宰”了；还有他们的行李，有些被刻意遗留在汽车上。

出差者无论是去一些偏僻的地方，还是去一些热闹的都市，都应有良好的安全意识。比如在香港尖沙咀一家豪华酒店内，一名韩国女游客在晚上十一时报警，她早前在房里打开房门，突然有一名男子闯入，持刀威胁，掠去7 000元港币现金和一部手机。那名男子可能“凑巧”跟她一起乘坐电梯，到达同一层楼；无论如何，出差者应时刻提高警惕。一名比利时的公司顾问准备去欧洲公干，在办理登机手续时，他将电脑包放在一旁，没有理会，怎知办完手续回头一看，包已没了。有些人无论身在何方，总是下意识地将手提包放到两脚之间或者夹在腋下。当有些天真无邪的小孩们在你附近玩耍时，或突然身边冒出一些人时，最好远离他们。笔者友人和他的同事在南非时，时近傍晚，市区街道人来人往，他们正开心闲逛时，被孔武有力的人士从身后勒住脖子，身上财物一下被抢。幸好友人把部分财物分散藏在身上，损失不算惨重。他同事则拿一个皮包把所有信用卡、现金收纳在内，贪图方便，结果是方便了歹徒。

“从巴塞罗那抵达马德里的阿托查火车站后，我提着箱子走出站台，立刻有一群肤色各异的人围拢上来。黑色的是非洲黑人，棕色的来自加勒比地区和南美洲，白色的是来自北部非洲的阿拉伯人。这群‘热心’的人争着帮我提行李寻找出租车，但从他们的眼神中我已经读出了其中的不怀好意。”上面这段话摘录自一本旅游杂志。笔者认识一位澳大利亚籍男子，名叫Philip，他与同事到泰国出差，到达泰国机场，上了一部奔驰“的士”，发觉车内没有计费表，司机说暂不走高速公路，有朋友要接上车；不一会儿 Philip 的身旁坐了一名疑似本地大汉，身材健硕，背着一个袋子。Philip 的同事坐在前排本欲带路，看形势不对要求停车，未果。此时那名健硕男子正伸手入袋，Philip 说时迟那时快，突然用力一拳向他打去，然后推门跳车逃生，坐在前面的同事亦推门跳车，车没有停下来，而是飞奔而去，幸好两人没有大碍。以上两段故事，因为没有最终的伤害，所以你可能认为火车站的肤色各异的一群人和出租车内的人都可能不算坏人，但等到他们露出真正面目时，情况就如上述韩国女游客在酒店碰上的不幸，为时已晚。

明枪易挡，暗箭难防，小偷是也。小偷全世界都有，手法层出不穷。小偷惯用的招式，是三五一群结党，寻找到猎物，再将猎物围住，借机与事主发生身体碰撞，下手扒窃其财物。如在地铁，一伙人把你围在门口，一名女子突然假装有物件掉下，故意蹲下拾取，尾随其后的事主不虞有诈，注意力分散，另一同伙趁机以极快速度将事主的钱包扒去，并立即将赃物交给第三名同伙，然后尽快四散逃去。也有匪徒先行派人将铁栏杆、手推车等搬动，自己制造出“意外”效果，造成人群挤迫假象，再挑选猎物，予取予携。在人多的餐厅内，小偷特别留意客人挂在身后的手袋。某次上海两女子出差北京，晚上两人自行享受晚餐。一个坐在通道旁的女子把手袋放在邻座上，本以为手袋在对面的同事的视线范围内万无一失，结果埋单时才发觉手袋不翼而飞了。其实，只要将手袋放在自己大腿上或朋友旁的座椅（离通道较远）就可避免被盗。另外，小偷亦注意路上警觉性较低的行人，例如那些把钱包、手机等贵重物品放在后裤袋的行人。

部分偷窃案是由有组织的犯罪团伙所为，但也有普通市民，因一时贪念或受不住诱惑而犯案。国内很多长途巴士车内张贴提示，不要与陌生人打牌或购物。有的犯罪分子在路上假装拾到贵重财物，故意跟身旁的路人说，因为你也看见，所以“公平起见”与你分享，或者建议以低价转让给你。当然所谓贵重财物其实不那么贵重，转让的目标是你口袋里的钱。在俄罗斯，一名出差者被一名男子当街拦截，该男子说他捡到一个钱包，并强调按照当地习惯应与人分享。该出差者起初不肯，最后受不住纠缠接受了。当该出差者往前行不远，便被“失主”拦住，最后被逼赔偿高额款项。

深圳刚通地铁时，罗湖区一带曾经出现“带路党”，以交通受地铁影响为名，义务为不熟悉的外地人带路，其实是带往偏僻处打劫。

这世界总不能到处是“灰太狼”，但出门在外，自己就变成一头“喜羊羊”，总是要多一点危机意识，才能保护好自己。

2013 年，意大利国营航空公司数十名行李搬运工人，涉嫌在国内多个机场偷窃旅客行李内的财物，其中 29 人在罗马的达文西机场被捕，另外 57 人接受调查。这些工人专门从旅客的行李内偷取现金、名酒、相机及名牌时装等，单是罗马的一个主要机场，被偷窃的财物总值便达到数以十万计欧罗。其他机场如罗马费乌米奇诺机场、米兰林纳特机场，及拿坡里、巴勒莫、维罗纳等地的机场也有类似案例。同年，一名中国籍妇女将一对价值九万多元的钻石耳环和一只钻石戒指放在行李内，在香港机场托运，返抵国内认领行李时，才发现那两件首饰不翼而飞。次日，一名机场处理行李托运人员将那耳环和戒指典当时，因行为可疑被报警，最后他承认是在机场处理行李时偷窃，把物件藏在身上直至下班。

三、携带物品过境

一名香港妇人，受人所托，携带一批价值 60 多万元人民币的钻石及宝石饰物过境，没有申报被查获，被送上深圳法院受审。如果有人要求你帮他拿一下行李，或把物件带过海关，千万小心。做好事也得先保护自己。如果行李里面是炸弹或毒品，那将有非常严重的后果。

去澳大利亚和新西兰，任何可能带有动植物寄生虫病的物品都不可携带入境，包括水果、药材、种子、泥土、木制品，如果被海关查获，将被罚款甚至监禁。去其他国家，特别是发达国家都有不同程度的要求，例如加拿大禁止腐乳、酸菜之类的腌制品入境，新加坡禁止口香糖入境，回教国家禁止色情刊物入境等。当然，一般商务旅客不应带有以上物品，但不排除个人为顺道送礼给亲友而惹上官司。

在香港国际机场，有俄罗斯乘客登机前喝了大量伏特加，在机舱内因其背包阻碍通道，又不肯放到行李架，与空姐及机舱人员发生争执，然后在下机时向地勤人员说他的背包里有炸弹。地勤人员马上通知控制中心，多名机场特警赶到，检查事主背囊，没发现炸弹，但事主被警方列为刑事恐吓而拘捕。在机场，“炸弹”属于非常敏感词汇，2010 年一名香港男子在台湾办理登机手续，地勤人员例行地问有没有违禁品，港客开玩笑说行李有炸弹，虽证实虚报，但仍被航空警察局拘留检控。在此奉劝出差者，这样的玩笑开不得。此外，香港国际机场多次发现有些旅客行李藏有电枪。在香港，没有批准私藏电枪的最高可判刑十四年，罚款十万港元。被发现的电枪有许多不同形状，如手机、电筒等，但性能一样，可发出比正常电压（220 伏特）高出 10 倍、20 倍或更高的电流，对人体造成危险。也许我们以为配备电枪是用来自卫，使自己安心，但是不同国家对电枪有不同的法规。出差者如不清楚，不带为上。

在过去 15 个月，加拿大温哥华国际机场查获未申报现金总值 1 500 万元加币，其中 1 010 万元是来自中国的犯案者，占了三分之二。(2011 年 4 月至 2012 年 6 月初统计数字，加拿大温哥华国际机场)

四、保护机密

公司机密指那些资料只应公司指定人士可以知晓，不应让公司以外人士知道，包括一些顾客交易记录、价格、投标内容等。保护公司机密财产是理所当然的事，但一些公司由于规模较小或经验不够，当员工的就要凭良心办事。

出差者在使用户外免费 WiFi 时要特别小心。无论在咖啡厅、机场，还是其他公共场所使用智能手机、笔记本电脑上网，一般都需要使用密码才能登录。一些不法分子会利用用户怕麻烦的心理，用鱼目混珠的手法自建 WiFi 热点，名称与该咖啡厅等公众地方提供的免费 WiFi 名称很相似，并且不设密码，用户可以轻松接入。一旦接入，这些不法分子便可收集你的信息。提防的方法是，向现场工作人员询问正确的 WiFi 名称和密码，坚决不接入名称可疑的 WiFi。另外，在公众 WiFi 连接下千万不要进行银行交易、转账及上传、下载机密材料等活动。假如你独自一人在公共场所要使用电脑，最好是先去厕所方便一下，然后才把电脑拿出来工作。即使中途有上洗手间需要，也应该把电脑随身携带，养成和物品形影不离的习惯。因为公共场所服务人员没有义务替你看管电脑。要知道在你进入洗手间的几分钟内就有可能发生令你意想不到的事情。

笔者曾去九寨沟酒店开会，酒店房内有个人台式电脑，打开后竟发现桌面有某世界著名波鞋运动服装公司的档案，及该品牌与另一著名品牌的销售对比资料，包括各大百货公司的销量统计。如果碰巧我是他们的竞争对手，或把文件抄送给他们的竞争对手的话，也许能收获一笔意外之财。当然，我将文件放入了回收站，但又在回收站内发现那公司有4个档案未彻底销毁！在酒店办公无可厚非，但使用别人的电脑则千万要谨慎，尤其要注意彻底销毁文件，以免发生意外。

出差者的个人资料也是隐私，自己也应注意保护，包括身份证、家庭住址、信用卡等资料。例如信用卡签账后的单据要小心保存，不单是为了报销，也是保护你的签名式样和卡号等不会泄露出去。

五、卫生与健康

以前有这么一句话形容记者：“铁脚马眼神仙肚。”意思是记者奔走四方，眼看八方，食无定时。或许这句话也可以用来形容经常出差的人。出门在外，因为交通、会议等时间都没有规律，地方又不是很熟悉的，接触的人还可能是初次见面的，难免精神紧张，引发身体不适的机会增加。

水土不服是最容易发生的事。中国人到美国，发觉酒店房间没有热水，直接饮用洗手间水龙头的水很不习惯甚至不适。美国人来香港，喝了洗手间的自来水会拉肚子，因为香港的自来水要煮开才能喝。现在很多酒店房间内备有煮开水的电热水瓶，免费使用，我们东方人习惯喝热开水的就不要嫌麻烦，自己动手烧就是了。

政府卫生处经常教导我们，保持双手清洁，用正确方法洗手，避免接触口、鼻及眼睛；只进食完全熟透的食物、煮沸的水和瓶装饮品。当你身在卫生条件欠佳的地方，不要吃生冷食品，如沙拉、雪糕；不要吃未熟的菜，喝蒸过的奶等。注意用来漱口的水最好也是煮开过的。削水果皮的刀，要事先进行消毒，怕麻烦的话，少吃为妙。深圳市一名 34 岁男士，过去六年在贸易公司工作，由于经常全国出差，他在巴士及火车车厢内食用大量盒饭，可能因盒饭不符合卫生标准，他被查出肝脏及胰脏存在寄生虫。

出差应该没有太多机会接触流浪或野生动物，如狗、猫、蝙蝠、狐狸和猴子，但被蚊虫叮咬的机会还是有的，最好穿长袖衣物，选用含避蚊胺（DEET）成分的驱蚊剂。例如南非一类的地方疟疾的发生十分频繁，预防方法如下：

（1）清晨与黄昏时尽量留在户内。

（2）晚上外出的话，穿上长袖衣服、长裤和袜子。

（3）入夜后关上门窗或拉上窗帘。

（4）将防虫驱蚊喷雾涂在暴露的皮肤上，按使用说明连续使用。

（5）睡觉时需要放下蚊帐，并注意每个角落，勿有空隙。

长时间屈膝而坐令血液滞留在双脚静脉里，这使很多人坐完长途飞机或火车、客车后都有脚肿现象。脚肿好像没有什么大不了，但是当血液在双脚停留时间太久，会形成血块，而当血块脱落慢慢送到肺部时，便会引致十分严重的后果。防止脚肿的方法有穿紧身袜子、穿宽松的内衣、多饮水、多走动、常运动双脚、不要叠脚而坐。

我们还要注意经常与出差者为伴的三大职业病：

（1）长期面对电脑，坐姿往往令肌肉紧张，而且在旅途颠簸中，一旦发生颈肩痛将持续数日。治疗方法包括按摩、针灸、热敷、热水浸浴痛部位及多做伸展运动。问题严重者须照 X 光片看是否有骨骼移位。预防的方法是保持正确的姿势。

（2）因为坐姿不端、拿重行李，或坐长途飞机十几小时引致的腰痛，没有其他办法，只能每小时在机舱或车厢内走动一下。

（3）脚痛、脚伤。穿高跟鞋的女士更容易发生此事，唯一办法是换平底鞋或是舒服的鞋。

六、女性出差更应提高警惕

随着社会发展，现今女性的地位与男性的差距已很小，在工作上，由女性担任重要职务的越来越多，因此，女性独自外出洽谈和开发业务的机会也越来越多。但是，大部分女性的体质和力气方面毕竟比不上男性，在旅途中必须时刻注意安全。

如果女性出差者在户外单独走动，衣着尽量保守一点，不要打扮得太耀眼奢华，一切以安全为重。以下是一些提示，不能包括全部情况，提高警惕最重要。

如果客人想在客房用早餐，按照酒店的传统规矩，是将填写好的客房点餐卡挂在房门外，凌晨时分酒店派人集中回收，待天亮后按住客要求时间将早餐送到房间。问题是，餐卡上有客人姓名、房号等资料。而房门外走廊通道也是公众地方。曾经发生过这样的案例，一名歹徒记下住客资料，到前台自称是房客的丈夫，因不想吵醒太太，要求领取后备钥匙，而饭店人员竟然未经确认便满足他的要求。幸好那位女房客已拴好防盗链子，那男子企图撞开防盗链不遂，听到女子大声呼救后才离开。无论如何，女性出差者独自在房间内，必须扣好房门防盗链。有人敲门，哪怕对方自称酒店工作人员，也必须先查问清楚，有怀疑时打电话给大堂经理确认。女性出差者还应留意窗门是否能关紧，能否让外面的人爬进来。在酒店登记时，特别留意身边晃来晃去的陌生人。在公共场合不要大声说出自己的房号。留意自己的包包、行李上有没有外露姓名、电话或住址的行李牌。在国外搭地铁，在人流较稀疏时，尽量选择人较多的车厢，或进入配有乘务员的车厢。在月台上候车时，应挑选较光亮、看得见摄像头的地方。如果晚上想独自一人去酒吧，最好先打听清楚，避开那些不适合单身女性独自前往的地区。在酒吧中，要留意自己的饮料，防止去洗手间时，捕猎者在杯中下迷药。晚上不要一个人走回酒店，假如真的发现被人跟踪，附近又比较安静，可踢打路旁的汽车，触动警报器，希望能吓跑坏人。

七、避免遗失物品

英国有官员在火车上遗落了机密文件，这种事情的后果往往会很严重。某日本企业高层人员访华，离开时忘记取回放在出租车车尾箱的一件行李，行李内有公司机密文件与个人电脑。幸好他保留了一张出租车收据，结果通过深圳的同事，与出租车司机取得联系，最后取回行李，且物件无损。在国内坐出租车都有自动打印的收据，下车前不要忘记领取。因为小小的一张纸记载了出租车所属单位，车牌号码，还有司机注册号，万一下车后发现漏了东西在车上，凭该收据有望把失物找回。在外国则不一定，如在美国，司机给你一张空白小条，叫你自己填，上面也没有印好的车牌号，追查起来就无从入手。无论国内国外，坐出租车时，遗落物品的情况是最多的，出差者应好好注意。

另一个容易遗忘物件的地方是酒店。退房前心情紧张，时间紧迫，十分容易遗漏物品。有些跟酒店房间设计有关，如太多抽屉，有隐蔽的角落等。出差者为避免遗漏物品，尽量不要把私人物件放在抽屉内，或者集中放一个抽屉。另外，尽可能在退房前一晚收拾好行李，并检查有无遗漏。最好养成住酒店的个人习惯，例如保险箱是否使用，把护照及当地不适用的信用卡、银行卡留在房间保险箱内是否稳妥，是否有送洗的衣服未领回等。

丢了东西的确很苦恼，除非忘记了的是雨伞等价值小的东西，否则我们都应办理报失，无论在酒店、车站还是警察局。因为有人拾到的，有可能会交到那些地方，等候失主认领。我们要相信这个社会好人还是比坏人多。出差前，把挂失信用卡的紧急电话号码写在一个本子上，与信用卡和钱包分开放，并发送一份电子版到自己的邮箱，以备不时之需。

八、意外情况的处理

如果在旅行途中生病，身体实在支撑不了，出差者应立即与上司、人力资源部门同事、商旅部门汇报，更换机票或商量其他缩短行程的方法，速回家就医。如果出差者的身体无大碍，仍可照原定计划完成旅程的话，也要好好照顾自己的身体，及时吃药。一般接待外宾的酒店都有可能提供介绍医生的服务，不然也可介绍你到就近的医院看病。如有咽喉痛、咳嗽、发烧等症状，应尽量避免与其他人接触。如果真的免不了与其他人面对面接触，也要坦诚告诉对方自己的病况，需要时戴上口罩，避免传染别人。这里有一个真实案例：某港人出差广西，突发高烧，飞回广州入院，当时身上有三千元，却不够押金；情急之下，坐出租车赶到深圳，同时召香港救护车在罗湖边境等候。事主抵达香港时已休克，最后幸运地捡回性命。

丢了手机，又害怕资料泄露的，现在也有方法可以补救。某香港电讯供应商声称，出差途中丢手机，可用别的手机遥距发指令，将丢失手机内所有内容马上删掉。如果在指定城市如北京、上海等地，更可于次日派人送上新 SIM 卡及手机。途中丢失贵重东西，可尝试找运输单位，任何一线希望也不要放过，因为有很多失而复得的案例。当然，留住车票等证明也很重要。

一名日本出差者到深圳，晚上 11 点半左右，由蛇口走路返回南海酒店时遇到劫匪，损失信用卡和手机，人没有受伤。他原以为从餐厅走路回酒店很近，也没要求主人陪他，没想到竟会出事。要记住，晚上不要一个人独自走路，尽量坐出租车。遇到劫匪时不要反抗，事后打电话报失信用卡和手机；最好第一时间报案，这样警方应该会加强那处地方的巡逻。

出差途中，倘若行李被航空公司弄丢了，先不要慌张。既然事已发生，出差者应与航空公司等保持交涉；回忆行李中是否有贵重的东西。香港一名海关官员到比利时开会就遇上一回行李丢失，结果他的行李找到了，但要晚一天才能送到他的酒店；面对衣服替换问题，他只好到就近的商店购买一套应急。有些时候，航空公司可提供给你一套日用套装急用，一问无妨。

网上有人向经常出差的香港人支着儿，如果香港人在国内除深圳以外的地方丢了身份证，不要到就近的派出所报案，因为报了案也找不回证件，因他们不熟悉处理港人证件的程序，会浪费你很多时间。最好立即赶到深圳。到深圳的派出所以后，无论你的证件在哪里遗失，一定要讲是在深圳市内不见。否则，他们会要求你返回遗失的城市报案，因为他们是不会跨区处理的。这虽然是个解决问题的方法，但无论怎样，说谎是不对的。东西在哪里丢的，应尽快在当地附近的派出所报失才对。

出差过程中信用卡一旦丢失，应立即作出正确的应对措施。危急关头，出差者应在外地用长途电话拨打原居住地的信用卡报失电话号码去报失信用卡，这是最直接、快速、可靠的方法。

出差者如遇上交通意外，应保持冷静。严重事故在自己能力范围可以做到的情况下，尽量记下所有有用资料及拍下照片，这对警方调查、保险索赔十分重要。

第六节　时间管理

你本来有个早会，听见闹钟响，立即起床，直奔浴室，开始梳洗，吹头发时瞄一下钟，才4点30分，比原定起床时间早了2个小时。原来刚才那个闹铃声是隔壁房间发出的。酒店在装修期间为了节约成本，通常都会省略了隔音设备。隔壁挂墙电视及音响是最易传入邻居耳中的。入住了这样的酒店即便换房间也于事无补，唯一可做的是佩戴耳塞之类的东西。如果身体能接受的，可以一边听音乐一边睡觉。好像以上的例子，你损失了两个小时的睡眠时间，余下来的时间不能再返梦乡。以最快的速度完成任务不一定就是时间管理最好的做法。

一、行程紧密而有序

出差到国外的，下飞机后需要立刻会面或开电话会议、视频会议的，要注意时差问题。有些地方还实行“节省日光时间”（daylight saving time，DST），即在每年夏天和冬天将时钟拨快或慢一小时。调好手表到准确的当地时间，这个动作最好在到达前在飞机或其他交通工具上完成。笔者有一块双面表，出差国外时大多数时间会戴上。上面一个表面是看当地时间，下面的是家乡时间。比如在伦敦，时为上午9时，一看下面的表面便知道北京时间是下午4时，不用加减计算。专家认为这样会使你更难适应时差，但如果你的工作需要兼顾两地不停沟通，这是最简单直接的方法。要注意，搞错时间的话误差往往是以小时计，若是这样，你的印象分被打折扣或导致更严重后果。所以，到达目的地之后第一件事情就是核对当地时间，调对手表及其他时间工具。更稳妥的是询问可靠人士，当地这个时间在你逗留期间会否有预期的变动，如因为夏令时间开始或结束需要拨快或拨慢一个小时；如果有变动，自己记得作出适当步骤对应。

一名女同事独自前往日本出差，需要在东京的新宿车站转车，新宿车站是个大车站，她不懂日语，看不懂指路标示，又不敢问人，结果在车站大哭起来。我们去某个地方出差，活动多早已安排，但活动之间预留的交通时间，还是宽松点好。大城市通常有地铁，只要摸清几个车站，那几天内乘坐地铁，时间更容易掌握。万一知道自己会迟到，应先给对方打电话或发信息，说明预计到达的时间并为迟到道歉。

要让时间受你控制，就必须事先做好安排，出发前已经确认所有细节为最好。一个方法是将所有行程安排列在一张“一览表”上，出发前打印一份，与钱包一样小心放好，到达目的地后取出“一览表”逐个项目落实。

二、自备宽裕时间

法国某顾问公司执行董事祥羿夫跨洲出差（比如从欧洲飞到亚洲），他会提前三天到达，充分休息以降低身体的时差反应，保证在执行出差任务时保持最佳精神状态。虽然好像是多花了时间，但以最佳状态完成任务他认为值得。

跟很多产品不一样，乘搭飞机的消费者大部分情况都别无选择，而航空公司并非一定会为每次航班延误或取消作出赔偿。美国交通部编印的《飞行权益：航空交通消费者指南》劝喻：“如果你的旅程涉及一笔可能非常重要的生意，演讲或授课……您可能需要考虑把时间预计得宽松一点，比如乘搭早一趟航班。”换句话说，航班延误甚至取消并非不常遇到，当时间是您行程最关键因素的时候，预早部署对应方案不失为一个好方法。

世界各地机场规模大小不一样，设计、手续、管理也并非完全一样。买了电影院门票的观众在放映时间前一分钟进场也来得及，买了飞机票的乘客一般都要求比预计起飞时间提前 90 分钟到 3 小时到达机场办理登机手续。有些国际机场巨大如小镇，抵达后找到办理手续的柜台也得花点时间，到达航空公司柜台后很可能又是大排长龙，领到登机牌后赶往办理出境的闸口又得走一段路，然后又得排一条长龙。不要以为手续办完可以松一口气，当安检突然变得严格的时候，检查过程非常仔细和缓慢，那又是一个等。安检办完后，还得看看你乘搭的飞机停在哪个登机口，大机场有上百个登机口，如果是最远的一个，那可能需要用跑的；有时候跑也没办法，因为登机口在另外的候机楼，需要等候接驳穿梭巴士或单轨电车什么的，会把人急死。为避免狼狈，想要轻松登机，方法只有一个，尽量提前到达机场。

假如你经常从某个机场出发，可打听该机场有没有一些优惠政策。比如香港国际机场设有惯常旅客通道，在过去12个月内有三次或以上使用香港国际机场的出入境服务，可申请“惯常旅客卡”（Frequent Visitor Card），凭卡便可使用快速通道。该卡在相关网站上也可申请。

在机场航空柜台排队领取登机牌从来都费时，如果你可网上订票、付款、管理行程和网上领取登机牌，这将节省很多时间。例如国泰与港龙航空联合推出网上自助手续，在家中或任何地方，只要联网，便可轻松办妥。这甚至不用打印登机牌，因为它已在你的手机内。只要注意那些不适合使用的条款，便大可安心到机场，拿着手机上机。这一系列的网上自助服务其他航空公司也有，只要稍加留意便可使用。

三、利用边角碎料时间

季羡林说：“当然，在飞机上、火车上、汽车上，甚至自行车上，特别是在步行的时候，我脑海里更是思考不停。这就是我所说的利用时间的‘边角废料’。”①

一位必须在机场花很多时间的业务员说：“每次在下飞机去领行李的路上，我就停下来给我的客户打电话，等我结束通话时，行李也已经出来了。只要你用心，任何时间都不会被浪费掉的。”

在车上或飞机上，如果你想阅读或书写，选择靠窗的位置比靠走廊通道的好，因为可以避开人来人往的打扰。在车厢内，一旦看书、工作入了神，往往会因坐过站而耽误时间。如果一直想着下车的时间，那就没法集中精神阅读。此时只需要将手机“闹钟”做好设定，便可集中

---

① 季羡林：《读书与做人》，北京：国际文化出版公司2009年版。

精神阅读，甚至在疲倦时小睡片刻。一家顾问公司的创办人，业务繁忙，她的大部分时间都在飞机上度过。由于该创办人坚信与客户保持紧密沟通至为重要，因此，她会经常利用在飞机上的时间给客户们写信。她说："我已经不能自拔了，因为这样做，可以让我感到非常快乐。"

在空闲、排队、等候时可以做的事情其实很多，以下可供你参考：

（1）观窗外，放松并将眼睛的视力范围放远。

（2）运动：面部、颈部、手部、脚部（如在飞机上）。

（3）冥想（不是睡着）。

（4）休息（不等于冥想，也并非睡着，而是闭目养神）。

（5）构思（通常没有打扰，思考更敏捷）。

（6）呼吸练习（瑜伽养生）。

（7）手机收发电邮（在飞机上则不行）。

（8）记事（如记录见闻、提醒事务）。

（9）写微博、上传照片。

（10）看书、电子书（注意眼睛疲劳）。

（11）听音乐（注意耳朵承受度）。

（12）学习语言（手机、电脑也有语言学习程序、软件）。

（13）吃喝（真的有需要，为了争取时间）。

（14）织毛衣（据外国统计有10%男士也会做这件事情）。

（15）补妆（去洗手间）。

（16）玩游戏、看电影（真的没有其他事可做）。

灵格风在选定的航班上提供学习外国语言机会，比如学习西班牙语和日语。学习过程轻松，找到自己最适合的时间，随时开始，随时结束。下机后活学活用。

知识管理专家 David Gurteen 周游世界，介绍及主持知识咖啡讲座（Knowledge Café），日间工作时间紧密，他就经常利用在酒店房间的时间写稿，例如他的电子月报和微博。

四、学会松弛

时至今日，几乎每栋商业大楼都设有像星巴克的咖啡馆。而喝咖啡及相约在咖啡厅会面变成一种日常生活及商务往来的风气。在紧张的旅途中到咖啡厅去，可松弛一下神经，感受一下当地的气息，充电后继续征途。一个人到咖啡厅有调整步伐（change of pace）的作用，配合咖啡因或茶香的作用，头脑可以平静和转趋清醒，甚至启发思维和创意。罗琳（Rowling）女士就是在苏格兰首府爱丁堡的咖啡厅写下她第一本小说《哈利·波特》。写作是一份孤独的工作，她认为有很多人陪伴她写作是令人欣慰的。

国际管理饭店都有上午11点或中午12点退房的规定，但都可以在入住不满的情况下延长至下午1点或2点，酒店对VIP客户这个时限还可以放得更宽一些。但三星级以下的酒店对普通客人大多不会给予较大的弹性。超过正常退房时间又没有提前通知的，酒店可以按章加收半天房费，出差者一定要注意。如果因为飞机、火车等出发时间较晚而想在酒店房间内多待两个小时又不想负担额外费用的，就要提早说明，并得到酒店方面的同意。倘若酒店不同意，争执是没有用的，可以把行李寄存，通常是免费的，然后出外走走，或在酒店内或附近的咖啡厅坐坐，稍后回酒店前台取回行李再到机场或车站。最新公布的《中国旅游饭店行业规范》删去了“12点退房规定”。有律师声称：“如果明示12点之前必须退房，是侵犯消费者合法权益的，因为不是钟点房，而是相当于包一天的房间，强迫消费者接受12点退房，是违反消费者权益保护法的，即使大堂告示了，告示也不具有约束力，消费者可以拒绝支付相关费用，如果非得要收取可以向消费者协会投诉，也可以通过诉讼途径来解决。”出差者视情况自己灵活处理吧。毕竟酒店有免费短暂寄存行李的服务，把行李安顿好，还可多安排一个会面或多办一件事情，时间不会浪费，无须动不动就争执甚至诉讼。

晚上返回酒店，独自一人若觉得无聊，可以使用酒店的设施，如游泳池、水疗等。一名女经理出差必备泳衣，一有空闲便在酒店游泳。我们可以在酒店房间内做的还有吃饭（送餐到房或在外面打包）、做公事（永远有做不完的工作）、收发电邮与短信或看电视等。有网站鼓励会员把自己行程放在该网站上，有缘人士可相约会面。寻找同性伙伴对女性出差者更重要，尤其是美国籍女性，因她们的男性上司或同事通常避免与她们一起，因为害怕受到性骚扰指责。中国人比较保守，这样的陌生人安排不知是否敢于尝试。

因任何原因被困机场较长时间的，可考虑机场休息廊，他们提供理发修甲、酒廊、按摩、氧疗、淋浴、无线上网、私人休息空间、自助餐、行李安排等服务。需要工作的，也可借用他们的商务中心。如果在一个城市逗留时间较短，也可以在到达后，借用机场的地方开会，之后继续行程。航班延误可能是最使人厌恶的经历。其实不然。与其仰天长啸或低头饮泣，倒不如做好准备，积极应对。第一还是在时间预算上预留充足；第二是机票是可以转换的；第三是在机场等候的时间，可用来做一些有意义的事（如做要完成的工作，看要看的书）；第四，如果有需要，将晚点若干的消息通知目的地的客人或接待方。2013 年的一项统计调查，世界主要航班正点降落的（不超过 15 分钟）比率为 80%。经常出差的人，平均有五分之一的机会要在机场超时守候，把延误的时间好好利用起来吧。

某女士出差去德国展会，那边酒店不好找，只好住郊区旅馆，还好有专车送往会场，原本还不错。可晚饭的时候那位女士被人拉着去附近小镇的唐人餐馆，那餐馆上菜特慢，离开时，已晚上 10 时。全镇只有三部出租车，当时都去了展会。那位女士找不到车回旅馆了。结果附近一个加油站的工作人员好心，开车送她回旅馆。所谓船到桥头自然直。笔者的一次经验，在印度机场搭出租车，按是否需要空调、是否有行李先预付车资，然后拿着发票到停车场按车牌号找出租车。师傅是个白头白须、看似 50 多岁的中年人。他的驾驶技术恰到好处，老练、应快则快，跟车很贴，“寸土必争”。见到一座庙，闪电般双手合十，闭目祈祷，方向盘没人操控；数秒间，双手又搭上方向盘，还是那么地老练，气定神闲。我们出差者又能否像他一样，该快时快，该放松时气定神闲呢？

第七节　尊重文化差异

任何出差人员在外地都应守法，无须多言。但基于文化不同，有些事情或行为你在祖国做了不算违法，但到了别的国家，却忽然变得不礼貌甚至违法。雇主管理部门应向出差人员提供协助，如收集有关资料、提供出发前讲解或培训等。无论何时，雇员对待文化差异应多加小心。

一、一般礼仪，四海皆准

现今世界语言应当以英语为主，将来有一天可能普通话成为主要商业用语，那应是稍远的事。语言背景不同的人交谈，采取一个双方都可以理解的语言是很自然的。无论怎样精通，中国人说外语怎样也不及母语流畅，但我们不应因此胆怯，不敢对话。字字计较文法，聚会时就会慎言；不如不拘文法，勇于交流。当然，留意对方的反应，看人家是否理解，自己相应放慢速度，重要的片段则重复一遍，以保证沟通无误。

出差者与客户初次见面时，应双手递上自己的名片。收到对方名片时，应仔细看一遍才小心地收藏。对陌生人一律称呼其姓，以示尊重。出差者和女性客户初次见面时，如果女士没有把手伸出来，也记得不要先伸手要求握手。如果对方是站着跟你打招呼的，而你当时正好坐着，应站起来谈话为佳。

出差者送礼给对方在某些国家是平常事，并且意味着期待回馈。送给对方礼物时，如果分别送给几个人，应注意对方的职位级别，每件礼物最好价值不同，而职位最高的应得到价值最高的礼物。送什么礼好，各适其适，只需考虑是否太过昂贵，超过公司预算或引起遐想。反过来说，当自己收到的礼物过于昂贵，超过公司规定或有行贿成分，就应坚决不收，但拒绝时用的语气要尽量委婉。

出差到哪一个国家，都不能先入为主，认为哪边的行为可以套上一个模式。我们要抱着客观心态待人接物，但基本上不可能为了出差几天而去研究一个国家的风俗文化，那究竟有没有一个世界文化呢？这就要讲包容。比如无论自己是什么宗教，对别人的宗教都应抱着尊敬的心。星云大师说过，他对什么宗教都有兴趣。笔者在美国加州圣地亚哥市遇见一个教士，说不知道香港回归中国大陆，时为 1997 年 7 月。你自己认为重要的事情，对方居然不知道，尽管如此，对方的话匣子还是打开了。

到国外出差，最大的考验是文化不同，因为东方与西方的做事方法和态度都很不一样，这些文化差异是不容易适应的。如果员工被派驻外地，也得花一年时间重新学习沟通和管理的方法。比如在中国，很多工作任务和过程都没有记录下来，而外国习惯把工序清楚分工，不论哪个员工来做都有所依归。在国内事无大小都需要上级或老板决定，国外会按职级把责任下放员工。西方国家企业派员工到亚洲地区工作的，必须注意人际关系的重要性。反过来，国人与西方国家人士打交道，要注意对方对谈生意前期或当中的应酬活动不热衷，对时间的看法也较严谨和计较。我们与南亚、中东等地方做生意，则文化距离较近，我们可以与他们先熟络和建立友谊关系，不要单刀直入，往签合同上死缠。而签合同的权利，西方企业来谈判的无论职衔如何，有可能直接做决定和签署合同。如果属于东方和拉丁美洲企业，则与中国情况一样，公司高层才能说了算。

二、平常心

在海外，出差者因对对方文化的不熟悉而犯错误的，应衷心致歉。在国内，如看见可爱的小孩我们会摸摸他的头，而在某些国家这是不吉利的行为，也许碍于礼节，主人家没有什么反应，假如我们日后知道犯忌，也应尽可能打个电话或发封电邮道歉。出差者应记住无分种族国界四海通行的有亲切、微笑、轻声、诚恳、感谢。特别是笑容，它可以缩短人与人之间的距离。

某些经常出差海外的人喜欢把外国人归类，比如意大利人是“易变的”，德国是“勤奋的”，瑞士人是“整洁的”，英国人是“保守的”，法国人是“浪漫的”。当中必然包括以偏概全及个人的成见。其实，这种归类没有必要。我们可以客观地说，泰国人以米饭为主食，日本人见面弯腰幅度比较大等，不同地方有不同的文化和生活习惯，基本上可以大致归类，但没有证据证明人的性格随地域或国家而呈现规律性。哪个国家都有勤奋的人和保守的人。重要的是，不能因为在A城市碰到一次故意拐路多收车费的不好经验便把这个城市的出租车司机都看成骗子，在B城市向两个人问路不被理睬便认为这个国家的人都较冷漠。那样会令自己不自觉地戴上了“有色眼镜”，对当地人士产生抗拒感，也可能错过结识到友善人士的机会。

一些长期在国内工作的外国人，有约一半因为始终不能适应中国生活而提前返国。*Think Like Chinese* 作者张海伦（译音）认为，中国人与西方人有不同的沟通方式，“中国可以用多种不同方式说‘不’，说‘是’也一样。我们的思维方式完全不同”。在外国，尤其美国，很多城市都有唐人街，是华人聚居的地方，在那里，是可以不说英文也能生活的地方。时至今日，到西方移民、工作、念书的中国人，外语程度普遍良好，没有非要往唐人街去打转不可的现象。多接触、多沟通、多了解、多包容，比不接触、不沟通、不了解、不包容好上千百倍。

三、消费者权益

在国外，很多法律的保障是不分任何国籍的，例如消费者权益。到达那个国家，遭遇那种事情，出差者是可以遵从有关法律得到应有的赔偿的，不必那么“包容”。美国有法律明示，如果航空公司因为超额接受预订到最后拒绝部分已预订乘客时，需要赔偿因客满被拒绝登机的乘客200美元，如果超过两小时仍未能为那些乘客安排其他航班的，赔偿额增加到400美元。① 如果当地航空公司、酒店提出或给予补偿而旅客拒绝了，日后回家向国内保险公司索赔是有困难的。

到有购物退税制度的国家，应注意条例对自己是否适用。例如，在意大利购物满150欧罗，而消费者又非欧盟成员国的居民，就可以有免税优惠。罗马、米兰、威尼斯等地的大商铺均设有退税服务。填退税表时通常要查看护照，所以购物时记得随身携带护照。离境（离开欧洲）时，在机场相关办理乘机手续柜台前把填好的退税表给机场的海关盖

---

① *Fly-Rights*: *A Consumer Guide to Air Travel*, published by the U. S. Department of Transportation.

印，海关有时需要查看货品，所以最好将退税的货品放在手提行李内。之后，你可以在禁区内的退税办事处退回现金或将钱退回至信用卡之中。

除了航班和购物产生的消费外，出差者需要消费的还有酒店、餐厅和交通，其实可能遭到受气或受骗的对待。我国同胞投诉、咆哮的法子有很多，也很厉害；作为出差者，除了要保持文明态度，守礼法，也要顾及时间等因素，我们还得表现出最大的包容。遇到很大的委屈，包容不了时，找当地的朋友帮忙摆平；没有当地朋友的，在可能的情况下拍些照片保留证据，之后找机会理论，讨回公道。

话说回来，出差途中遇到非常良好的接待，使你大呼物超所值或服务顶呱呱时，是否可以学一下老外，给相关单位服务人员一个赞，或不厌其烦地写封感谢信呢？

2013 年初，一名 61 岁中国籍男子，在香港准备搭乘飞机前往上海，因机舱内的行李摆放问题与乘务员发生争执，他一拳击中该乘务员致其倒地，最后该名男子被拘留，并要上法庭面临刑事控诉。同年中，另一名准备乘搭香港飞往上海客机的 31 岁中国男乘客，在机场候机室等候时烟瘾发作，趁工作人员看不见，偷偷推门走进停机坪，随即点烟享受。一名保安员发现有旅客在停机坪上徘徊和抽烟，马上制止，但其间该乘客感到不满，挥拳直打那名保安员胸口，最终其他工作人员上前制止，并报警求助；该乘客行程被取消，并面临被公诉。[①] 其实机场几乎所有地方都是禁烟的，但也准备了吸烟室给烟民们。有需要的乘客可移步到吸烟室，无须伤害别人身体。

四、外国文化冲击、禁忌

有这样一个笑话："在国际会议上最难的事，是如何让印度人闭嘴，如何让日本人张嘴。"

广州一家律师事务所招待一欧洲朋友在外用餐，离开时，外国女士用餐巾把水杯上的唇膏印抹掉，广州律师们感觉不解。其后他们上了一

---

① 《香港晴报》，2013 年 6 月 25 日。

课西餐礼仪，学到了大学没有学过的东西。以下介绍的一些别国的事情，虽然只是凤毛麟角，出差者看一下或许有裨益。

在韩国做生意，人际关系很重要，最好由第三者把你介绍给客户或同事，这是韩国商界正式的介绍方式。通常，在与韩国进口商做生意时，个人历史情况将起到重要作用。要有思想准备会被问及个人生活情况如婚姻、年龄、家庭背景、收入等，因为韩国人不把这些问题当作隐私，对了解别人的背景常常很有兴趣。伴有尊重和信任的私人关系是韩国商业道德的基础。第一次会面非常重要，韩国人很重视初次见面的印象，所以记着穿正式套装。首次会面也不要直接谈生意，因为那种场合是提供双方互相认识，以建立信任感而不是确定交易的机会。尊重对方十分重要，在会谈中与韩国人保持一定距离以示尊重。年轻一代的韩国人接受西方教育，行商风格也倾向于西式；但由于民族单一，民族凝聚力和自豪感非常强烈。业务会议结束后，和在中国一样，会去饭店或酒吧喝酒、唱歌，出差者要努力融入这种氛围，因为韩国人判断人品不单要看工作，也要看社交活动的表现。送礼不用昂贵，应不超过100美元，用红色包装纸，不要包装成三角形，三角形在韩国有不好的含义。①

在迪拜，一对英国情侣因在公共场所接吻被拘捕。这是在伊斯兰教国家发生的一起文化冲突的案例。在阿联酋，85%的人口由境外雇员所组成；穿传统长袍每天祈祷五次的当地人，与在沙滩上赤身露体的外地人一向相处融洽。当地一位文化差异培训顾问提出忠告："外地人士需要知道，无论如何现代化和开明，这里始终是个伊斯兰国家。这里是两个世界。我们要尊重当地文化。"迪拜最高法院表示根据本地法律，官方有权递解出境任何使用粗俗手势的外国人，包括竖起中指。就算性格开放的国人，到达中东，也应遵守当地法规，自我"收敛"一下。阿拉伯人，尽管同性，也喜欢彼此很近地站在一起或紧挨地坐在一块儿，这么亲近通常超出了外来者所认为的正常范围；但最好不要挪开，否则对方认为你并不真心实意地想和他建立私人关系。由于想避免冲突，他们可能不会直接地跟你说"不"，而用弹舌头来表示否定回答。顺带提

---

① 《到韩国商务不可忽视文化习惯》，《中国出口商》，2000年12月号。

醒，千万不要将自己鞋底向着阿拉伯人，因为他们认为鞋底是非常肮脏的。

出差到印度也有一些注意事项，比如开会，有认为印度人倾向于提供丰富内容，所以做演讲时可提供大量资料并详细说明步骤和流程会更受欢迎。与东方人一样，会议中与印度人谈些私人话题可以令双方更快熟络。问对方的教育和出身等在印度是常遇到的；由于阶级观念浓厚，事无大小都得上级说了算。相较于中国人，印度人对面子的讲究可能有过之而无不及，所以应注意保持一贯的礼貌而切忌太粗犷直接。

有一次，与从德国回来的一位“海龟”朋友聊天时，我自然问起了他在德国的感受，并问他对德国人印象最深的是什么。他说：“印象最深的是德国人的严谨，及对任何工作细节的关注。德国人爽直，喜欢直截了当说明来意，进入正题，讨厌过多的客套。一开始便清楚地表达你的意愿，这样将使德国人感到舒服。与德国人合作报价一旦宣布，便不容易作出较大改动，这也是一般德国人的作风。”

在英国，不要打带条纹的领带，传统的保守式的较好。不要说有关王室的笑话，因为他们都很热爱王室。不要将英国人统称英格兰人(English)，除非你确定他是个英格兰原居民，因为他们可能是苏格兰人、北爱尔兰人、威尔士人。

“当地人注重与合作伙伴的友谊多于生意，所以开会前可以先跟他们喝杯茶、聊聊家常，从而建立起长远的合作关系。现在公司每年都接获多张来自土耳其的重要订单，算是成功打入了这个新兴市场！”香港商人陈悦明分享其与土耳其人成功合作的经验。

在日本，遇到有人向你鞠躬，你应如何反应？尝试握手、稍微点头、微笑一下都不够好，应该鞠躬回礼。当一家美国公司工程师在会上单独表扬一个日本雇员而没有同时表扬其他日本雇员的时候，其他日本雇员会感到很不舒服，因为日本人是很重视团队合作精神的。

在巴西，生意做成功的因素，需要人脉关系、持久友谊、照顾对方的感受和需要，一件都不能少。巴西的工作气氛极具挑战性，因为那里将业务和社交混合了，有时候友谊比生意更重要。不少南美洲国家曾经被葡萄牙和西班牙统治，而他们一个口头禅是：“朋友代表一切，守法留给敌人。”

骆家辉成为美国驻华大使后，最吸引人眼球的是他的平民化作风，比如亲自拿行李，坐经济舱，在景点守规矩排队，与学生轻松交谈，与拜登副总统一起去普通餐厅用餐等。其实平民化也就是美国的一般作风。面对美国人，也不一定非握手不可，点头微笑也是礼貌的打招呼方式。他们喜欢别人直呼他们的名字，以示亲切友好。爱说笑话，穿衣随意，也喜欢早餐、午餐约会谈判。如何与美国人谈判，一名跨国文化管理顾问给予我们五个窍门：①第一次见面不应用太私人的方式，保持友善但保守的态度；②通过书面或电话接触时，采用比较简短、直接、快速到点子上的技巧；③可以没有顾虑地与美国上司坦诚沟通，你的美国上司会珍视你的建议；④在美国人面前做完演示后，留意对方的现场反应，积极回答他们的问题；⑤美国人有多种不同的友谊，了解清楚你与美国人之间的友好程度。

在芬兰，买卖做成之后，如主人家邀请你洗蒸汽浴，是你受欢迎的标志，这种邀请是一项重要的礼节，如果拒绝是需要再三考虑的。这等于你被邀在千里达西班牙港口参加殡仪巡游，或在墨西哥被司机请回家吃饭一样难得。

印尼人比较客气，衣着和行为较保守，他们的阶级观念浓厚。你应控制负面情绪，不应当众表现出不高兴，或在公众场合高声吆喝。个人仪表很重要，男士穿白色长袖衬衣，打庄重的领带，重要场合可穿西装；女士则穿着保守。印尼人喜欢和熟人一起工作，为了在印尼市场取得成功，应多参加当地的商业和私人应酬。简单的身体语言也很重要，不要用食指指向别人，不要将手放在大腿上或在胸前交叉双手与人交谈。与其他东南亚国家一样，不要谈及政治和宗教。因为印尼人多信奉回教，不要供应他们猪肉或酒。用右手进食、传递东西或触摸别人。在生意谈判中，主动邀请印尼人参与发言，否则他们只会保持礼貌和沉默。除非得到最高层的承诺，否则任何交易都不算完成。最后，印尼人将关系、团队和谐、合作性看得比价格或先进技术更重要。

世界各地不同人种大都有其较突出的交流方式，会面时需要注意。如日本人一向守时，衣着以深色套装为主，不会打断别人的说话，但会问及私人（如年龄）及家庭状况等；德国人讲求效率，直截了当而不拐弯抹角，保持严肃有礼；巴西人则热情开朗，可以先谈谈天气、足球才转入正题；与澳大利亚人交谈时无论开口说话或聆听，都应保持目光接触，保持谦虚谨慎；英国人则喜欢跟人保持一定程度的距离，不喜欢过多的身体接触，说话时过度情绪化、拉高嗓门、手舞足蹈等都不受英国人欢迎。一个德国顾问去非洲参加研讨会，回来后她认为人人说非洲危险，但她只遇到很友善的人。市面上有很多书籍及 DVD 等对文化差异有详细介绍，网上也有很多资料。如果不想考究得那么细致，重复一下放诸四海皆准的待人方式：亲切、微笑、轻声、诚恳、感谢。

五、知己知彼

孙子兵法有云：知己知彼，百战百胜。外国人怎样看待我们呢？DUMMY 傻瓜系列把外国人在中国永不应做的十件事情列出：①永不认真接受赞赏；②永不给某人丢脸；③永不在大庭广众发怒；④永不用别人的名（不是姓）称呼他；⑤永不用筷子头取食物；⑥永不在有人敬酒前自己先喝酒；⑦永不没有经过“争斗”就让别人埋单；⑧见面时永不两手空空；⑨永不先行几回拒绝便接受食物、饮品或礼物；⑩永不简单接受对方第一次说“不要了，谢谢”。[①] 而有老外认为他们在中国常犯的错误有：要求快速完成交易、将晚饭或宴会视为可有可无、说话速度太快、随意发出投诉电邮或最后通牒、没有进行亲身拜访等。[②] 上述是老外对中国人的普遍观感，但事实上并不完全正确。十项不应做的事情和那些常犯错误，有东西方文化不同作用的结果，也有矫枉过正的原因。我们在与老外会面时，碰到误解时，可坦白说出自己的想法，让误会平息于初起时。

跨国公司通常扮演文化传播人的角色，将新技术、新产品、新管理方式和新营销策略带进东道国。在许多情况下，引入新做法，改变传统的东西可能遭到当地民众的抵制。我们出差者，到了人家的地方，应对当地的文化多做了解，先进行配合，而并非将我国的东西“硬塞”给对方。

---

① http：//www. dummies. com/how-to/content/ten-things-never-to-do-in-china. html.

② http：//www. simonandsimon. co. uk/blog/businessinchinamistakes.

第八节　礼仪之邦的代表

星云大师说过：“中国文化博大精深，我们有什么可自卑的呢？倘若不能重视自己的文化，我们不就是那个守着万贯家财还喊饿的孩子吗？”①

一、宣传中华文化

我们这些风尘仆仆的出差者的言行、举止、穿着代表着个人和企业的价值观，还有中国人的形象。我们的言谈、举止、态度都显现出个人的修养和习惯。我们在尊重对方的文化风俗的同时，也不应忘记我们的根，更应展示我们优良的本土文化。

出差者穿着得体，表示对场合的尊重，也表示对主人家的尊重。西方人对人的外表也是有一定要求的。他们觉得个人卫生、基本的穿着得体你都做不好，其他的也好不到哪里去。其实专业形象和个人卫生习惯不分中外，一般卫生保健如浸浴或淋浴、除体味、护理头发、刮胡子、面部毛发护理、修指甲、刷牙及使用口气清新剂等，这些大家基本上都可以做到。衣装讲求合身，有条件的，可以对颜色、布料和款式多加注意；非正式场合可以随意些，穿什么都可以，但还是不要太过火。

日本公司总部过来的高层理事，在北京公司开会时脱鞋擦脚，甚不雅观。同样地，穿上一身昂贵名牌的中国富豪到纽约一家律师事务所，对翻译大吼：“你叫他给我起诉那狗娘养的史密斯！我限他半年内给我打赢这场官司，否则我可不养这群废物！”这些行为都是给自己和公司，还有国家蒙羞的举动。

哈尔滨工业大学深圳学院的王教授，有时需要到欧洲讲学，他在讲学时必然介绍深圳，欢迎大家有机会来访，他觉得有责任推介他工作的地方，纵使不是学院的任务。我们经常说中华文化博大精深，偶尔也碰

---

① 刘长乐（星云大师）：《包容的智慧》，武汉：湖北人民出版社2007年版。

到对中国文化很不以为然的人，但我们的身份是代表着公司和中国人的，说话要当心，起码要能做到和而不同。无论如何，中国是礼仪之邦，自己作为其代表，就应要时常抱着“己所不欲，勿施于人”的态度。

己所不欲的案例，随手可拾。相传曹操外出作战，也带着许多书籍，尽量挤出一部分时间来看书和写作，留下来一些颇有水平的诗歌和文章。现在不是每个人都喜欢看书，看手机的人比看书的要多。但要注意的是，开会时还有人的手机铃声没关，而且声音很大，接电话那些人更是旁若无人地讲电话。出差者在外参会时，必须养成把手机调到振动或静音状态的良好习惯。回到酒店，因房间隔音设备差劲，遇到晚上12 点还在高谈阔论或狂玩扑克牌的邻居，只能自叹倒霉，自己不应也肆无忌惮地制造噪音发泄，以暴易暴，非君子所为也。

在国内或是国外，不要以为别人听不懂你的母语，便肆无忌惮地用家乡话对陌生人评头论足或随意批评、谩骂。就算到了国外，连一个黄皮肤的人都看不到，也应保持适当的言行举止。现在学习普通话及会讲普通话的外籍人士已不少，尤其是出差者，言辞稍一不慎便可能遭遇尴尬，甚至有可能侮辱了人家。孔子说过：“君子慎其独也。”

某香港教育界组团去四川考察，途中在旅游巴士内，一名导游正兴高采烈地介绍当地的历史故事，当中有半数团友根本没有听，其中某校长更是呼呼大睡。突然间，该名校长惊醒，大叫：“不要吵！我要睡觉！”吓得导游小姐立即住口，而正在听得津津有味的其他校长和老师们则感到十分尴尬。这件事可能只作为当地茶余饭后的笑料，就此过去，但还有一个案例，在香港金融管理局某高级经理准备乘机往吉隆坡，因迟到在闸口被拒登机，该高级经理用粗言秽语辱骂地勤人员，甚至动手拍打该人员，结果事件不但闹上法庭，还成为媒体追踪访问和报道的焦点。最后裁判官判他守行为三年，自签担保 5 000 元，赔偿事主500 元，付 1 000 元官司费。根据香港法例，如果情况再严重点，是有可能被重罚，甚至留案底的。这事件说明，作为大机构的雇员，其行为会引起媒体和公众的关注。如果只是一名路人甲，也许媒体报道篇幅会小些，但法庭处罚的结果都是一样的。[①]

为避免误己误人，由自己的行李开始就应好好注意。第一是遵规守法，明白与遵守出入境及使用各种交通工具相关携带物品和行李的规定；第二是自己上心，对自己行李多加留意，不让不法分子有机可乘，也不因为自己的大意疏忽，造成时间上的损失，耽误了自己的任务，或给同行的人添麻烦；第三是做好预防措施，例如选择坚固的行李箱包，附加容易识别的标志和行李牌，避免太多大大小小的购物袋，不带不必要的用品等。除了上述三点外，拿笨重行李的，除了要注意自己安全，也要注意别人的安全。比如拖拉时避免碰到别人；从机舱或火车座位上把行李拿下来时，注意防止东西掉下来伤及其他乘客；携带大件行李的最好坐升降机而不是扶手电梯，没有办法要走楼梯的需量力而为；实在搬不动可找人帮忙，因为力不从心的话行李会滚下楼梯伤人，就算伤不到别人，也可能弄伤自己。

有些人有收集各地火柴盒、牙签、酒店贴纸、杯垫、可乐罐的习惯，这类东西基本上都可以随意拿走；但是飞机上用的不锈钢刀叉、酒店的浴巾等是不能拿走的。有人不问清楚便拿走当作留念，其实不可。要注意，你要取走的东西，如有怀疑，应问清楚当值人员，必要时需要付款购买。一名越南出差者，在香港机场大楼办理过境手续，行李过X光机检查时发现来历不明的救生衣，乘客没有解释，机场职员只好报警。还有一名乘搭港龙航空公司的女乘客，也涉嫌偷走一件飞机救生衣。不说不知，航空公司每年失去6 000件救生衣，每件价值港币400元。旅客借口千奇百怪，有说误以为是纪念品的，有辩称救生衣是准备给儿子游泳时使用的，理由不同，贪念则是他们共通的。[②]

二、饮食习惯

西方的卫生习惯和穿着打扮，也许难不倒你；但是，西方人正式用餐的礼仪，对于初次吃西餐的出差者来说，还是会摸不着头脑，心有戚戚焉。中国人用餐一般是圆桌，主人坐在面向门口及离门口最远的座

---

① 《香港新闻》，2011年1月1日。

② 《头条日报》，2011年12月20日。

位，贵宾坐主人侧，然后论资排辈。西方人正餐一般用长方形台，主人一人坐中央，贵宾坐他对面，尽量做到男女“配对”。我们做客人的，听从安排就是，但要提点一下，就是个人餐具的摆放。中餐的话每人一双筷子，从开场用到结尾。西餐是根据不同食物准备不同餐具的，开胃菜吃完，人家就会把你的碟子和使用过的刀叉拿走。所以用一份正餐，你面前就会摆满各种刀叉和勺子，简直让人眼花缭乱。说白了，右手拿刀左手拿叉是平常标准，从放在最外的餐具用起，如不明白还可以偷看老外怎样用，有样学样。放在面包碟上的刀是用来对付牛油果酱的，放在茶杯碟上的小勺子不是用来喝饮料的，是用来调和咖啡或茶的。中餐有时候连上数道菜，我们各取所需，西餐则要等大家吃完一样食物才能端上下一道菜。你可能对那道菜不感兴趣，吃得很慢，那就要连累大家等你。如果你对某类食物敏感或不能吃完，把刀叉合并放在碟上就可以了，熟练的侍应生会把你的食物及早移走的。其实老外也喜欢提前预告个人饮食习惯，如不喜欢吃动物内脏等，方便主人家提前安排。

对于不喜欢吃西餐的出差者，就把这顿饭变成应酬，食物不重要，珍惜和客户的相聚时刻，和对方适当地交谈；时刻留意对方的食物是否还未吃完，要让人家有时间用完他的分量。同时注意自己咀嚼食物时有没有发出声响，进食速度有否过急，嘴角是否留有秽迹。有事要离开座位的话，无论是上洗手间还是接听电话，不要自行离开，要跟主人家或对距离你最近的主方人士说声对不起，之后才离开，这是礼貌。不能不提的还有餐巾，很多人将它放在大腿上，一些人往脖子上挂，像小孩子一样，但都是正确的。最后离座前，用餐巾稍稍擦一下嘴角，然后叠好餐巾是最礼貌的做法。最后，不要咬着牙签大摇大摆地离开餐厅，甚不雅观。

有人问：“出差为何喝酒？”答案有：“喝酒后容易入睡，一觉无梦。”“可以‘乱’说话，高兴说什么就说什么。”“可以达成交易，不喝不行。”“可以满足排场。”但喝酒也得量力而为。很多出差者晚上都有应酬活动，有些是迫不得已的，有些是自发的；而许多应酬活动又离不开喝酒。日本财相中川昭一在海外出席七大同业国会议记者会时，神志不清，发言出错，丑态被全球媒体发布，不得已要下台。他辩称是在飞往会议场地时喝了一点酒，而前首相森喜朗证实曾劝过他节制饮酒。如果同样的事情发生在商业会议上，也许公司的形象就会受影响。反过来说，自己是宴会的主人，那就不应该劝人喝酒，更不应将公事拉扯到酒会上。如果真的是“我就喜欢喝酒”，可以在应酬完毕后，私下约同好者，共同去另一地方，消耗一瓶好酒，没有公事，只谈风月，岂不快哉？当然喝酒也要节制，不要醉倒，因为明日还有公务。结账款项当然不能算入公费，花自己的钱喝自己喜欢的酒，那是真正的快活。

与饮食相关的还有小费。在日本，账单多少付多少就是；在美国，还要增加小费。如果你是主人，要打听清楚小费的额度，避免临场结账时尴尬。一名去拉斯维加斯参观电子产品展览的中国经理，在当地乘坐出租车，按表付费，索取收据时被司机破口大骂，“没有小费，就没有收据”。在美国，遇上不好的服务，的确不给小费也情有可原，但一般司机没过失的，我们也应入乡随俗才是。

一名香港培训公司主管回忆初次去内地出差，与国内合作伙伴共进午餐，主客4个人，却点了6支红酒，他觉得很不好受。事实上，有些派驻国内的外国人，受不了利用公款暴饮暴食的恶习而离开在中国的工作。无论如何，这样的暴饮暴食实在不应该。拨乱反正，得从我们做起。

三、做理智的乘客

笔者在网上看到这则报道。美国沃顿大学某位教授搭乘飞机从费城前往达拉斯。由于天气恶劣，飞机在达拉斯上空盘旋了一个钟头，然后转飞圣安东尼奥，飞机停在那里的机场跑道几分钟，等候达拉斯的天气转好。当时他的午餐只有一袋子花生。最后他抵达达拉斯，比原定时间迟了5个小时，已经错过了一些已约定的会面，只好重新编排余下的行程。他自以为成功地预订了当晚返回费城的航班，后来发觉航班因超额接受预订而上不了飞机。在没有其他选择的情况下他只能在次日返回，而当晚入住机场酒店仅余的房间又额外花了400美元。[①] 文中没有透露

① July 25, 2007 in Knowledge@ Wharton.

当事人或其他乘客是否投诉、要求赔偿、找机场工作人员理论等，看来外国人对于这等事情不好接受，但大多是理解的。

在我国，大部分乘客也可能是这样，但也不难碰上乘客与执勤人员为行李问题而争吵的情况，大多是乘客不明白规矩或要求人家破例不逞而引起的，比如行李超重要付费，或某些物件必须托运。无论如何，出差者代表单位，也代表个人的品德操守。出差者在保持单位和个人形象的同时，如果遭遇上执勤的失误，造成行李物品的损失，按照规定要求及时处理及索取合理赔偿是对消费者权益的维护。要做到和平理性地去提出要求，互谅互让，不要“泼妇骂街”，动不动就喊打，那不是我们想要的中国消费者形象。

2012 年 8 月 6 日凌晨，在昆明机场的 8 号登机口，超过 150 名乘客将一米多宽的登机口围了个水泄不通。这些乘客乘坐的是两个不同的航班：一班飞重庆，一班飞西双版纳。当时，登机口外只停着一架飞机，两批旅客却同时要求登机。两批旅客各不相让。起初，大伙要让“领导出来给个说法”，可“领导”迟迟不出现，大伙便要求：“把你领导手机号码给我，我们自己打!”事件平息后，有人统计，这场持续了 14 个小时的“维权”，让至少 4 个航班取消、6 个航班延误。而这些“维权”的乘客始终觉得理直气壮；有乘客告诉前往采访的记者，自己所做的一切，都是想要逼迫机场或航空公司的领导“出来给个说法”。还有人用更直白的言辞解释说：“既然我们走不了，那其他飞机也不能走。”[①] 两周后的一个早上，广州机场一班乘客已登机完毕，这个航班原本应在前晚起飞，但因天气原因航班被改为第二天早上。结果这个航班有两名乘客在向航空公司提出航班延误补偿要求遭拒绝后，气愤不平，趁机舱服务人员讲解安全提示后，其中一人扳动了客舱安全门的把手，令门开了一道缝。所幸紧急滑梯并未启动放下，飞机也未开始滑行。该乘客被客舱人员喝止时还态度强硬，最后只能报警处理。那一个月内发生的两起事件，反映出机场及航空公司的管理需要改进，同时还应增强乘客的法律意识。

---

① 《中国青年报》，2012 年 8 月 15 日。

还有一宗两名国人在国际航班上打架的事件在网络上火了一阵子。打架事件发生在从塞班岛飞往上海的一架飞机上。机舱人员声称“一些中国乘客突然情绪失控，但四川航空一般不会因此折返原起飞机场”。当飞机抵达上海，参与打架事件的两名男子立刻被警察带走，他们可能被刑事检控。类似这样的事件远不止那几件。一架载有200名乘客飞往北京途中的瑞士航空公司的班机内，就因为两名中国男子打架而折返苏黎世。打架的原因基本上都是“小问题”，比如用餐时坐在前面的人没有顾及后面的人的需要。说到这里，笔者认为，要成为礼仪之邦的合格国民，最基本的就是做到“不要丢中国人的脸”。

四、以德服人

出差有花不完的外币零钱，可以参加像国泰航空公司客机零钱募捐活动。乘客有花不完的外币，哪怕几个硬币，都可以交给空中服务人员收集捐献。据报道，这项有约20年历史的“change for good”（小钱做好事）公益活动，于2008年为联合国国际儿童基金（UNICEF）筹得善款超过一千万元港币。话说回来，把花不完的钱带回家，下次有机会出差再用也是完全可以的。

西方国家对服务很重视，也比较喜欢直接表达对服务的评价，对好的服务表示赞赏甚至花时间写感谢信。中国人则较保守，一般对好的服务夸两句也较吝啬，对不好的服务则大部分忍气吞声，小部分则采取野蛮方式，动不动就叫嚷让领导出来、跑出机场停机坪禁区、冲击火车站闸口等。事件的背后，中外也有不同因素，如对错误的态度、补救的行动、时间的观念，最终归咎于管理的技巧。外国人多数懂得维护自己的权益及相应的投诉，不采取以力服人的方式。当然，这是社会服务经济发展的过程，中国正在快速学习。作为出差者，抱着宽容的态度，遇事切记不可冲动。像星云大师说的“探戈”原理，你进两步的时候，我就退两步；我进一步的时候，你也退一步。彼此都能进能退，就能和谐相处了。出差者要记住，世界跟着微笑的人而微笑（Smile and the world smile at you）。

在一列深圳开往广州的火车车厢内，笔者看见一名中国籍男子脱掉上衣，用衣服拍打全身。当那男子站起来，还赤裸着上身的时候，忽然见到两名金发女士坐在他后面。男子挤起笑容，用英文向她们说“sit anywhere”（随意坐）。他虽然笑对其他乘客，但其举止不文明，把车厢变更衣室的行为，可能会被拍到并放在互联网上给万人“景仰”。不要以为人在外地，做些自己平时不敢做的事，可以满足私欲。手机偷拍风行，出差者所遇到的机会总比别人多。自己可能觉得不是什么名人明星，不穿着惹火，不在公共场合与异性、同性有过分亲热行为，便掉以轻心。美国《国家地理》杂志作家大卫·施恩科（David Shenk）发现，每个伦敦市中心内的访客平均在一天之内被闭路电视拍摄300次，有意无意被手机拍到的尚未包括在内。中央电视台有个节目叫《今日说法》，介绍多种多样的案件，路边的、银行柜员机前的摄像头往往成了破案的关键。以往，一些中国籍旅客在机场、飞机上的不文明举止被人拍下放上网，顿时天下皆知。俗语“举头三尺有神明”，现在则是“举头三尺有监察”。说不准某天你在机场“撒野”的时候，移动电话接收信息的铃声响起，原来是你的朋友想告诉你，在互联网上发现你的现场照片，你的行为丑态已经迅速散播，其速度比禽流感更厉害。

元代诗人王恭说得好：“莫怪春来便归去，江南虽好是他乡。”我们以身为中华儿女而骄傲；而能引以为傲的是中国数千年的文化精华，它们保留至今天，并仍然适用于生活的方方面面，如仁、义、礼、信等。随着我们出差各地，恪守中国传统美德，让国人、外国人感受到美德，传播这些美德，这是我们出差者给予自己的神圣任务。

中国公民出境旅游文明行为指南

中国公民，出境旅游，注重礼仪，保持尊严。
讲究卫生，爱护环境；衣着得体，请勿喧哗。
尊老爱幼，助人为乐；女士优先，礼貌谦让。
出行办事，遵守时间；排队有序，不越黄线。
文明住宿，不损用品；安静用餐，请勿浪费。
健康娱乐，有益身心；赌博色情，坚决拒绝。
参观游览，遵守规定；习俗禁忌，切勿冒犯。

遇有疑难，咨询领馆；文明出行，一路平安。

（资料来源：中国文明办、铁道部文明办、铁道部运输局）

第九节　爱护地球，关心社会

一、可持续发展

出差者外出用餐时，要注意不要浪费食物。在餐厅用自助餐时，一次不要取过量的食物，因为自助餐可以再出去添，肯定能吃饱。另外，一次性取太多食物，吃不完也不能打包带走，只能浪费掉。新加坡不少提供自助餐的餐馆就挂出海报，提醒食客，吃不完的食物按重量加收费用，也可叫罚款。想想现今世界上有数以亿计的人们还挨饿，我们怎能安心去浪费食物。

津巴布韦官方媒体《先驱报》引述一家动物权益保护组织的话称，4 名中国籍男子因食用 40 多只野生乌龟而被津巴布韦警察逮捕，并有可能被驱逐出境。报道称，据当地村民举报，津巴布韦警方和官方野生动物保护组织对该国东南部一座村庄突袭检查，发现了 13 只活的野生乌龟，以及 40 只乌龟遗骸，随后将这 4 名中国籍男子逮捕。按照《濒危物种国际贸易公约》，野生乌龟属于世界濒危动物，这对于除了桌椅之外的“凡是四条腿的东西都能吃”的中国人来说是否小事一桩，“不值一提”？无论怎样，违反了相关法律就是大事。其实不论有没有那条法律，都应该主动保护濒临灭绝的动物。

我们还要支持绿色城市，例如支持城市管理对能源（酒店房间不浪费电）、用水（酒店房间节约使用）、废物处理（配合分类回收）、生物多样化（不吃濒临绝种的生物）、噪音（车船舱内关掉手机或将其调为震动）、空气质量（减开空调、减少抽烟、租用自行车）等的对应措施。一般来说，一部波音 747 – 400 飞机，满载乘客从纽约飞往伦敦，会消耗 57 000 公斤的汽油，释放 177 公吨的二氧化碳。单看这些数字，心理很受冲击。欧洲一项调查数据显示，从伦敦、巴黎乘航班出发，比坐火车多排出十倍温室气体（二氧化碳），在我们能力范围内的，可以舍飞机坐火车，为减低碳排放作出贡献。

单车是否对出差者吸引力更大？韩国教授利用研讨会空闲时间租单车游北京，德国女专家利用讲学空闲时间租单车游广州。2007 年 7 月，巴黎在市内建设 1 450 个租用站提供 2 万部单车供民众使用。如果出租单车有放置公文袋的地方，有自动导航系统，有充足的停泊空位，再配上城市便利的交通措施，那出差者肯定愿意利用它们于公事上，这样既给自己做运动的机会，也为减少当地空气污染作出贡献。

出差者出行时应优先选择碳排放量最低的途径，尽管有时候可能会要支付多一点差旅费。联合国环境保护中心（UNEP）认为，观光客有一定程度的意愿为当地环保和社区多付出一点。这个多付出，不一定是金钱，例如多走路也是一种付出。假如需要多付费用，单位是否愿意也是关键。如果单位表示愿意承担费用，但出差者可自由选择，则还要看出差者的最后选择。

二、融入社会

一项由关注旅游业的慈善团体在六个较落后地区所做的调查，发现本地居民与外来游客之间在水资源分配和使用方面出现很大差距。那里的酒店可以提供客人无限次淋浴，每天开放游泳池、维护高尔夫球场不愁用水的同时，当地小商贩和农民却要忍受严重缺水的情况。比如在非洲赞兹巴（ZANZIBAR）国内某度假酒店，平均每个房间日用水量为 3 195 立方米，而当地人民平均每人仅能消耗 93.2 立方米。这种现象，应该由政府与业界携手解决；而作为出差者，更应该做好自己本分，节约用水，与当地人民共渡困难。

羊毛出在羊身上，酒店内免费提供的牙膏、牙刷、拖鞋等一次性用品，其实早就包含在了房费内。但尽管如此，我们还是应该尽量不使用酒店提供的一次性用品，不携带一次性的日用品，自备本身家里常用的梳子、牙膏、牙刷、拖鞋等，做个绿色出差者。事实上，一些较廉价的旅馆如 7 天酒店已经没有免费牙刷、剃须刀等供应。养成这个习惯的一大好处是酒店提供这些一次性用品质量较次，用自己常用的清洁卫生用品最稳妥。近年外国有知名人士和艺人推动 LOHAS（Lifestyles of Health and Sustainability)，意思是健康和可持续发展的生活模式，这是作为现代有教养有文化和有社会责任感的消费者应有的责任，坚持反对皮草衣物，不用一次性抛弃的用品等。出差者应支持 LOHAS。

出差数日，来去匆匆，如何回馈社会？我们可以支持一些社会企业，比如购买某品牌睡衣产品，该公司把每年 20% 收入拨给保护妇女会及其他慈善机构作慈善用途。购买某品牌的鞋，因为该品牌每售出一双，便捐赠一双鞋给山区贫困儿童。在中国，可参加“多背一公斤”活动，把书送到偏远山区，援助山区学童。订阅过美国《国家地理》杂志的都知道，订阅费用的部分是拨作支持探索、环境保育、研究和教育之用。他们还与商界合作，生产有《国家地理》商标的旅行箱子，除了有质量保证和时尚款式设计外，部分收入也是用于很有意义的用途。我们是出差者，更是消费者，可以运用我们的消费者资本，选择有意思的采购，为社会作贡献。

从前的香港警察，贪污行为十分严重；自从成立廉政公署，一时雷厉风行，警察也有了新的形象，现在香港社会还是比较廉洁的。去过新加坡的人，都会感受到那个国家干净的地面和洁净的空气。有人说那是用重罚锻炼出来的，因为 Singapore is a “fine” city，即新加坡是个“罚款的”（也可解释为“很好的”，有些英文单词有两个不同意义）城市。事实上，当你走在新加坡的街道上，手上拿着废纸，你是会随地一扔，还是待会儿路过垃圾箱才扔呢？你选择后者，是因为你害怕受罚，还是觉得这么干净的地方不能被自己一张废纸破坏了？在深圳离蛇口不远处有块古迹，是纪念南宋末代皇帝落难的地方。那时候那个地方还有点儿破，地上垃圾、烟屁股不少。笔者招待一名日本客人，浏览那里的景色之余，客人抽了根烟。抽完了烟，这个日本老头用脚把烟屁股灭掉，弯腰把烟屁股捡起来，然后把它扔进最近的垃圾桶内，尽管最近的垃圾桶在 50 米远之外。这外国老头虽然身在他乡，也不会在布满垃圾、烟屁股的地上留下他到此一游的“纪念品”。我们应该养成良好的公民习惯，无论去哪里都循规蹈矩，不给那个地方增加负担，做个有社会责任感的出差者。

第十节　把握面对面沟通机会

李光耀某年在欧洲工商管理学院（INSEAD）演讲提到出行，他说："我并不热衷旅行，但我要经常出门，哪怕有时差的煎熬，原因是我需要与对我有重要意义的人们见面……与他们见面令我明白世界在发生什么事，与我上个月或一年前造访的时候相比，这里有什么样的变化。"

俗语说："在家靠父母，出门靠朋友。"怎样结交朋友又是一门学问。李光耀先生自有他的人际关系网络，你也有你的人际关系网络。人际关系网络是感情投资，人脉是投资和脉搏在互动。笔友、网友可以素未谋面靠书信或在虚拟空间接触，要是能见一次面，喝一回茶、酒、咖啡或吃一顿饭，这个朋友才算交成，才算有点深度。只靠出差才有碰头机会的朋友更应珍惜每一次的会面，加深友谊，例如酒会、宴会、座谈会等，那是很好的结交新朋友的机会，为公为私，不容错过。交朋友不能一厢情愿，为了让别人对你解除戒心，你先要做好本分。美国社交和演讲专家卡耐基在其70年前出版至今依然畅销的著作《如何赢得朋友和影响别人》中提到6个讨人好感的法则：记住姓名、细心聆听、真诚地对对方感兴趣、保持笑容、谈话时关注对方的兴趣、使对方感到被重视。以上法则适用于不同文化，放诸四海皆准。

中国人大多数人都不太愿意主动结识与会人员，他们更倾向于和自己的熟人交流，而不是拓宽自己的交际面。他们参加会议，通常都到得很晚，匆匆进场，拿杯饮料，会议便开始。会议结束又匆忙退场，实际上他们并没有给自己机会去建立潜在的社会关系。其实，在会议开始前两周左右，你可以邀请一些同样对该会议感兴趣的朋友一起参加，还可以上网搜索演讲人、演讲主题和小组讨论话题，事先做好准备，这样就能在会议中抒发己见。然后在茶点、会前、会后时间，主动走到自己想结交的几个人面前，尽量留足时间和他们接触。如果某人并不合你的胃口，或者和你的职业或兴趣关系不大，你可以礼貌地走开。

也许初次见面的几句交谈已决定能否深交，而做到有效交谈有很多窍门。每人每次最多说三分钟，便应该稍停让别人开口。不要打断别人说话，因为愉快的交谈就是有交替的谈话。当你发现别人的碟子上的食物已经差不多吃完，而你自己的碟子上还堆满食物，那就更要赶紧停止说话。诚实是好品德，但不要令别人尴尬，如对女士说“您脸上好多雀斑喔”，对男士说“您的领带不搭配”，看着别人小孩的照片说“他的耳朵有点大”等；言者无心，听者有意，话匣子便一下子关闭了。出差的社交场合言谈一般较庄重，如不要说“出门踩了狗屎”、“昨晚做梦见到你”等无意义、轻佻失礼的话；也避免谈论宗教、政治、金钱、物件的价值。最好做到随机应变，谈严肃事情时保持严肃，谈轻松话题时表现轻松。不要老谈自己，戒粗言秽语，暴跳如雷更要不得。谈话是艺术，代表了你的个性和品位，也间接影响别人对你所属单位的印象。谈话是人与人之间彼此加深了解的途径。17 世纪法国盛行社交礼仪，要求出席者做到端庄、机智、殷勤、体贴、活跃、客套，能做到以上各点，你便可相识满天下了。相识满天下没啥好处，相识满天下而又获得别人的信任才是关键。获得客人的信任，万事好商量；获得官员的信任，难关可疏通；获得同僚的信任，合作更无间。

人与人之间交谈可以是我们最有效的知识管理工具。它在沟通、学习、知识分享和建立关系方面非常关键。交谈的定义是口头的，没有框框的，带感情、观察力、意见、想法的，利用双方能懂的言语，你来我往的实时互动。面对面和透过电话、视像的沟通可以算交谈，电邮、书信、手机短信等不算交谈。知识管理专家 David Gurteen 认为，“最佳交谈是面对面的，你需要能够察觉其他人的全部：他们的穿着、身体语言、习惯、香水或古龙水；你或许需要伸手甚至触碰到他们，那是不可能通过电话或视像网络做到的”。

人与人之间通过交谈可以得到最新的信息，哪怕跟业务无关。比如在一个酒吧内，一名年轻日本经理人说自己已婚，但现今年轻一代跟老一辈不同，周末不用陪老板打高尔夫，平常不用陪老板喝酒。跟人交谈时要注意自己的言语。一名东北人到北京工作，在西单购物时无意说了句脏话，并非有意骂人，结果被服务员大吼；后来他到广东工作，开始听不懂广东脏话，听人解释后，才知道原来都是与性有关的，自己也就对说广东脏话的人很反感，不想与他们交谈。笔者曾有一个同事，是酒店高层管理人员，在公众场合彬彬有礼，私人见面则粗话横飞，看来控制得宜，实属难得。如果没有这个能耐，干脆戒说粗话比较好。

你在对方的心目中有多重要，看一起交谈时他对你的专注度如何便知一二。眼睛不停打量着手机，经常查看信息及接听来电的，看来你们缘分一般。现今手机成为我们不可或缺的伴侣，但在某些场合我们是否可以把它暂时打入“冷宫”呢？出差者与客人、初相识的人的会面更是应该注意手机的使用。美国有家餐厅推出九折优惠，条件是在进入该餐厅时客人需要把手机交出，结账后取回，目的是要顾客专心用餐或专心与同桌的人交谈，用心良苦，据说得到不少客人支持。

晚上回到酒店，别忘记做功课。重温一下当天与人见面交谈的内容，可以把他们的名片摆放在书桌前，一方面帮助记忆人名特征，另一方面用笔将有用的资料写在该人的名片上，如其个人爱好、特别近况等。例如对方刚收养一个小孩，下次见面时，不妨关心问候一下小孩的情况。当然最好出自真心，例如你也喜欢小孩或敬佩其收养行为。

说到底，见面沟通需要技巧。美国微软公司要求每个行政人员接受培训，学习与客户沟通技巧和如何聆听顾客的需要。你的公司有没有这样的培训呢？

积逊·雷特曼（Jason Reitman）是奥斯卡提名的影片 *Up in the Air* 的导演，对机场情有独钟。他家住在洛杉矶，自己更是商旅常客，对各地机场了如指掌，很多时候干脆在机场跟客人开会见面。“在机场每分钟就有一架飞机在头上飞过的感觉让人很激动。”雷特曼喜欢在机场尤其在酒吧跟陌生人聊天，由此可以知道天南地北的事情，也只有在机场有更多这样的机会。

第十一节　实战之道

会议目的多种多样，没有一次是相同的。要很好地完成每次任务，除了努力自我学习，就是向他人学习，接受启发。以下的介绍和案例，希望能给你们帮助。

一、商业会议

需要长途跋涉出差去参加的对外会议多为业务洽谈，也有周期性的如每年一次的全国性、全球性业务会议，无论什么类型的会议务必提前准备。会议即会合商议，应该是集思广益的场合；除非公司文化是奉行“一言堂”的极权主义，不然的话每个人都应该主动发言，献策出谋。在会议上需要发表的季度报告、统计数据、解决方案等文件应在出发前就准备好。假如想在旅途中或酒店内完成，可能因外在环境如上网中断、电源不足等无法如愿，而且需要同事提供帮忙亦难及时取得。总而言之，无论是商务会议还是内部会议，如果需要做演讲等要发表的文档，都不要等到抵达后当晚才完成。那样开会前为了赶好报告资料或演讲稿，晚上必然睡得很晚，次日精神状态明显不好，汇报和讨论也做不好。况且事情往往有变化，假如你的演讲时间突然被提前一天或半天，那你根本没时间做任何最后整理，只能硬着头皮上。所以，出发前哪怕通宵达旦也要完成该准备的所有文档，确是上策。同时与会的心情也会轻松愉快多了。不过通宵达旦只是无可奈何之计，有充足睡眠去应付出差的辛劳才是周全之策。

如有非常重要的机密文件要在会议中使用，这些文件可以不保存在手提电脑而保存在 U 盘中，随身携带，待去到开会地点才把 U 盘拿出来使用。也可以保存在网上的一个保密区域，届时上网下载便可，这种方法是避免在此之前丢失任何机密文件，但开会现场有没有网络或下载速度很慢是其缺点。如果没有文件资料可能连会也开不成，那就不能冒险，起码打印数份及准备 U 盘。如需要对方电脑的更要在出发前了解对方有没有能打开你的文件的电脑软件和符合的版本，比如你的是一般电脑而对方的是苹果机的话，要及早想好解决方法。

出差时，行李以轻便为主，当地有可借用、租用的就不随身携带，减轻负担之余，也避免运送途中物品遭到损失，如投影仪、麦克风等。轻便的可以自备，如激光笔，因为租用激光笔费用有高达每支 300 元人民币一天的。

会议举行地点多在客户的办公室内，但若要你来安排，你也可邀请对方到你住的酒店会面。如出差到某地是为了面试求职者，出发前计划好人数、人流，可租用酒店大小合适的会议室，也可租住酒店套房，套房的客厅可以用作会议室，有时这样会更划算和方便。如果时间实在匆忙，可以相约在机场见面，地点除了选择较幽静的餐厅外，也可以考虑机场的商务中心。例如在香港机场，每小时350港元便可使用6人座会议室，花700港元可使用三个小时，还可提供咖啡、茶水、餐饮和宴会服务。一名美国公司知识产权经理从香港到北京出差，在飞机上突然发病，他不慌不忙，下机便立刻通知将会议地点改在首都机场和他酒店房间内，最后把会议任务完成，顺利返回香港。

一名经理人从美国去日本参加内部会议。他从书本中学习日本商业习惯和文化，当中他学到地道日本人在做报告前多以道歉开头视为礼貌。在考虑后，他在汇报开始时，便先为要在午膳刚过后做一份冗长细致的报告而向大家道歉，可是令他不解的是，他的说话竟惹得现场哄堂大笑。事后他问日本当地某经理，那位经理说："我们大部分曾经接受美国风俗文化的培训，而我们每个人都知道美国人喜欢用一个笑话做开场白……"另一位美国女经理，她一向的观念是"时间就是金钱"。但到了以色列，跟其家乡相比，时间的态度就随意很多；为了等候某个技术人员可能要赔上数小时，而午饭时间是指在中午12时至下午5时，她只能调节适应。曾与巴西人一起工作的人都会觉得巴西人难以信任，在国际社区工作的巴西人艾力逊（Simone Costa Eriksson）认为，这是由于大部分巴西人很难说"不"。有时，他们给予跟语言无关的暗示，但非巴西人又难以掌握；所以只能这样认为，若对方没有明确的答复，只能一切按未被接纳继续进行。艾力逊认为，在国际交往场合，若有需要，想要避免误解或不尊重，最佳的做法是理清、明确对方的意欲和价值观。以上略举数例，自己的礼貌不被理解，时间被浪费，对方的意欲难以猜测，都是令人觉得很失意的。处理方法还是以平常心，做好自己的部分；例如这是我真心尊重你们文化而说的话，我不会浪费您的时间，我自己的立场明确、清晰。

专家认为，人与人沟通有超过一半时间不是靠语言的。人们通过身体语言注入姿势、面部表情、穿着打扮、沉默、抚摸和双方保持的距离等来达到沟通的目的。哈佛大学研究生院院长孟晓犁是复旦大学毕业生，这个职位首次由华人学者担任。孟院长说：“在哈佛，大家都习惯开圆桌会议，校领导和大家坐在一起，这样就没有明显的等级概念。”圆桌会议避免领导长篇大论，他建议领导要多听，“开会的目的是畅通对话渠道，让下面反映问题，方便领导解决。如果开会只是流于形式，这个会就失去意义了”。

二、研讨会议

参加研讨会的是否都是千篇一律：早上报到，拿一份讲义，坐在陌生人的旁边，听一个又一个的演讲，然后散会。首先，参加研讨会、公开会议等最重要是对会议的尊重；其次是学到东西，哪怕自己是演讲者。其实，每次研讨会都不乏要学习的东西，我们要把握每次研讨会与新旧朋友面对面交流的机会；回来后，看能否把所学到的新东西加以应用，并尽量与同事分享。尊重会议的表现在于准时到达，穿着得体，与主人寒暄，遵守关手机等会议规定，专心听讲。每个人应从每个研讨会取得一些意会心得，要用心聆听，积极思考，遇到不明之处勇于发问。当然，利用会议前后、茶点、聚餐等时间主动与其他参会者交流，除了能够结识新朋友外，对知识的充实也有帮助。

传统的研讨会上，演讲者使用大量预先做好的电脑幻灯片，一张一张机械式地讲，其间不回答问题；最后，通常又因超了时，只能缩短提问时间。于是有人提出“非一般会议”形式（unconferencing），包括世界咖啡座（world café）或知识咖啡座（knowledge café）方式，尽量少用幻灯片，尽量缩短个人的演讲时间，大部分时间留给互动，人人有机会发言。办法是将与会者分组，每组五六人，围绕一个题目讨论，经过十分钟后每组其中两人转到别的组，重新“洗牌”，这样可能产生新思维碰撞，使参会者获得更多启发。

参加研讨会的事前准备：

(1) 查看参加者名单，了解已认识的和不认识的但有机会想结识的人士。

（2）在开研讨会过程中，有没有可能与一些人单独约会早、午、晚餐，从而解决一些问题。

（3）如需自己演讲的，出发前能在同事、朋友、家人面前排练一下是很有好处的。

在研讨会上的注意事项：

（1）随时准备好，以“您好，我是×××公司的×××”先开头向别人打招呼。

（2）可先透露给对方你参加研讨会的目的，然后期待对方回话。

（3）与对方交谈时，尽量给予对方时间和空间；过程中不应东张西望，注意力不集中。

（4）要求交换名片。事后在对方名片上写上日后需要请教他的地方。

研讨会后的注意事项：

（1）将名片归类整理，可使用名片扫描整理机器。

（2）后续跟进；如果答应了别人的事，必须回复。

（3）与在研讨会上见过面的个别人保持联系。

外国有“梅菲”定律（Murphy's Law），即越不想发生的事越会发生，其概率比计算所得平均值偏高。无论准备如何充分，临场表现决定一切，但没有充足的演练和出岔子的预防那就更加危险，出岔子的机会更大。如演讲稿临时丢失、电脑突然无故死机、储存演讲文件资料的U盘不知何故与大会提供的电脑不兼容、原本好好的投影仪出现了乱码怪字符等。以上说及的只要提前接受“梅菲”定律，假设它会出现而做好应变准备，以保万无一失。电脑和投影仪不是万能工具，在任何会议中，应在会议开始前在大会的投影设备上测试一下你的演讲文稿是否顺畅能用。你还可以把讲稿提前打印一份，就算临场停电，也可现场安心发表。

三、展览会

今天，个别大城市充斥着大大小小的展览会，适用各行各业，从礼品到家电，从电子到服装，从食品到旅游等，数之不尽。只要按照你所属行业范围，便可以选择参加哪些展览会，然后做好预算，派人出差便是了。参与展览会可以分前期、中期和后期三个阶段，每个阶段都各有工作，工作的好坏影响成败。

决定是否参加展览会，必须先了解清楚，这是个怎样的展览会？去销售新产品还是库存产品，又或者是进行公司形象宣传？如何吸引参观者？如何应对展览会上出现的竞争？如何与客户有效地进行交流？展览商参加展览会的前期工作包括：费用预算、场地预订、展示产品选择、展示空间的设计、人员的配备、公司及产品资料的准备、会前目标客户的沟通与邀请、产品价格的厘定和方针、签约规范、合同权利义务、媒体广告与赞助等。其中会前目标客户的沟通与邀请也很重要，因为这样将被动地等待客户上门转为主动地接待他们光临现场；会前的邀请可采用电话、邮寄、电邮、传真、登门拜访等方式。如果获得回复答应到场的，也可在会前做好接待的准备和策略。展览会的展出时间一般为 4 天左右，但欧洲的一些展览会有时会长达 7 天以上。美国的贸易展通常不对公众开放，但欧洲的一些展览会往往在周四、周五面对专业人士，周六、周日面向普通民众，兼顾两方面的需求。中东国家的展览会则习惯于上午接待卖家，下午向普通民众开放。了解这些惯例，我们好分配人手。除此之外，展览会的历史、组织单位的能力、过往参观的人数、参展的商家等，都要费一番功夫去研究、分析，再结合本身企业的水平和意欲，决定参加哪个展览会。展览会可让出口商了解市场需求和竞争对手的产品及品质信息；商家可以独自参展，也可以加入中国贸易促进会、行业协会等组织的团体展。

我国企业参展常犯的毛病有参展人员搭配不当、专业知识缺乏、翻译的专业水平不高、现场“实时成交”意识差等。这些势必影响参展效果，出发前给予适当培训为佳。为了说明公司的产品或服务，而展品本身并不能说明全部情况的，需要适当的图表、资料、照片、模型、道具、模特或讲解员等真人实物，借助装饰、照明、布景、视听设备、信息技术等手段，加以说明、强调和渲染，才能收到让人驻足的效果。到外国参展还要注意知识产权的保护。除了经常提及的产品设计及工艺外，公司的办公软件、网站使用的图片文字、展览会公开播放的音乐等都可能是盗版、非法下载的；外国的知识产权保护意识很强，随时有被监控或被关闭摊位的危险。所以参展企业应在出发前检查清楚，保证万无一失。

如何在短时间内辨别客户，如何有针对性地回答问题，如何有效地介绍公司概况和产品特点，所有这些都要求参展人员必须具有相当高的素质。在接单方面，要向下了订单的客户说明销售政策，包括所订购的产品品名、数量、发货时间、缺货产品的替代、产品货款支付方式、运输费用和运输时间、产品的退换等，尽可能让对方明白和接受。此外，中国企业到外国参加展览比较不容易，因此记录好每个客户的经营背景，对产品的要求及其他具体特征对以后的联络相当重要。每天展览会结束后，参与人员集合总结当天的情况，并将潜在的商机及顾客资料发送回公司，如有需要则要核对买家的身份和可靠性，不能待展会结束后才一个一个地回忆和跟进。

展览会场开放时，人流拥挤，要特别注意小偷。在香港的电子产品、珠宝等展览会中都有展品失窃的报道，有公司代表的手提包在自己的摊位范围内被人顺手牵羊，某公司价值万元的投影仪在展览馆内连番被盗。贼人手法高明，防不胜防，我们只有提高警觉，不能掉以轻心。

去展览会的除了卖家和买家外，还有“观察人员”。这类人员有记者、市场分析员、行业研究员、知识产权调查员、竞争对手情报搜集员等。有些调查人员知道自己不受欢迎，于是使用假名、印制假名片，以隐藏身份。问题是，在场当值的员工能否识破伪装？如果伪装者是个高手，我们应怎样应对？尽管作为一般参展商，参展目的是为了找到客户，没有其他复杂的想法，也应在展出前针对各种观察人员可能来到自己摊位时的情况制定出相应的措施，以及简单辨别他们的方法。对于有高端的、知识产权尚未确认的产品参展，当中又需要适当保密手段的参展商，这样的出发前培训是十分必要的。对于明显来打听情报的，参展人员应礼貌地婉拒。

公司方面应做好安排，在官方网站及时发布展览会的各种相关信息，比如公司摊位现场情况、照片、公司代表的博客等。不然的话，也应安排摊位后续报道，在公司网站刊登参展信息、成果汇报等。无论实时的还是后续的，都需要人员的参与，共同收集和提供材料。参展后所要做的工作包括销售数量和发货时间统计、客户名片和登记表的整理、展览经验总结等；不涉及机密的部分资料可交记者或发给展览主办单位汇总。参加香港电脑展的印度、韩国等公司摊位人员，没有客人时仍站立在通道旁等候客人路过；中国一些公司的摊位人员呢？有玩手机的，有伏案打盹的，有玩电脑的，有与伙伴聊天的，更有一名男子居然坐在台后，同时把他穿着鞋的一条腿放在台上。这样没有积极性的执勤员工，很难有好成绩。中国企业赴海外参展常常是轮番上阵，每年换人；参展人员回国后往往没有及时地总结交流，企业花费大量外汇换来的实战经验就这样白白流失。参展企业应该要求有关人员将参展的内容、收获、体会、经验及教训写成书面报告，供公司内部参考，及作为培训材料，使这类活动不断改善。

有些参展人员在参观展览会时，竟然花时间排队领礼品、纪念品，如 U 盘、记事簿、免费咖啡饮料等；在一个稍具规模的展览会可以拿到的免费圆珠笔纪念品，可以够你在办公室用上一年。但是对找客户、了解市场的工作却不够积极。某电子品牌中国总代理王副总经理慨叹，他年轻时去展览会，最早一个进场，最后一个离场；可是，现在的年轻人，包括他的下属们，抵达会场比他晚，离开展览会比他早，问他们看到什么商机，他们也说不出来。

展览会的时间非常固定，而且很多是提前半年甚至一年已经开始筹备，一般情况下不会轻易改期或改地点，对出差日程安排最为容易。参加展览会的同时，考虑如何更好地利用这个机会，安排在当地或在当地附近与展览或业务相关的访问和考察，合理地延长出差一两天，还可以节约短时间内再来一次的交通费用。

参展者应记住美国展览业界流行的 5S 原则：令顾客驻足（stop prospect）、与顾客浅谈（speak to prospect）、让顾客坐下深入交流（sit with prospect）、约顾客下次碰头时间（set appointment）、充满自信地销售（sell with confidence）。

四、考察

考察即考查观察。在展览会现场的单位，考察者借考究和查问获得事前意图获取的知识和信息，观察者用眼睛留意四周一切，发现和记住值得学习、借鉴、关注的地方。有时候出差只为了实地考察工厂、实验室、当地样板工作流程等，有时候是为了打发空余时间的有益活动，应该在出发前查找一些图片文字，了解一下参观的场所。参展者应根据考察的目的，确定重点要注意观察细看的地方。与旅行团一样，考察的时间应该也有限制，亦不可能随意再来，那么双方都要加倍地抓紧时间和重点。介绍现场不得拍照的要尊重规定不要偷拍，现场可以拍照的，注意不要摄入他人。没有规定可以或不可以拍照的，应礼貌地征询主人的意见，才进行摄影。人家安排好考察路径的，不要离群或擅自闯入。因为现场很多标志提示等可能是用你看不懂的文字或符号标示的，所以考察者更加要听从安排，不要随意触摸物品、按钮等。随手拿着笔记本和笔，沿途记下重点，不要以为自己过目不忘。

现在世界扁平化，你的下属可能在千里之外，你很想知道他是每天埋头苦干地工作，还是过一天算一天。汤姆·彼得斯（Tom Peters）与罗伯特·瓦特曼（Robert Waterman）在他们那本著名的《追求卓越》一书中，引用了亲到现场的管理方式（Management by Walking Around，MBWA）。后来有人提出亲到现场的领导方式（Lead by Walking Around，LBWA）、现场的管理和领导方式（MLBWA）。以上三种方式其实大同小异。你是一个领导，一年去视察一次、两次也好，八次、十次也好，如果每次都有专人安排妥当，看到什么都是事前布置好的完善布局，那便失去了考察的意义。其实你可以有自己的方法，听听艾民信博士给予领导者考察的提示：①

（1）现场考察次数不定，也没有十分固定的日子。

（2）与任何生产产品或提供服务的人员沟通互动，包括那些并非直接向你汇报的人。

（3）轻松地、不经意地巡视，面带微笑，甚至可以说笑话。注意身体语言。

（4）不要被看成是监督者，不要令人产生任何压迫感。要求即场

---

① *Human Resources*，2010 年 11 月，第 20 ~ 21 页。

汇报，质问、批评、施压都不能达到激励员工的效果。

(5) 记住名字。尤其那些老员工和特别优秀的人员。

(6) 最好能在现场以一对一方式进行接触，不受其他人员的干扰。

(7) 亲切询问，关于个人方面的，如家庭、爱好；公司方面的，如感受、理想。询问他们对工作和公司的建议。

(8) 专心、认真地聆听；不打断。

(9) 找优点而不是缺点，找出改善的空间。对干得好的公开表示谢意，让其他人听到。现场不当面指出错误之处，回头跟主管讲，但要嘱咐主管不要作出事后处分某人的举动。

(10) 任何言行都是真诚的。

高鼎国接任华明行有限公司执行董事之后，营业额在6年间翻了10倍，获选为香港青年工业家。高氏接受访问时曾说："管理工作需要亲力亲为。我去中国内地跑市场，会5日跑5个省，代表接单的同事都会跟我这样做，我一日到沈阳，一天内会问很多细节。管理层亲力亲为，才能令员工勤奋工作。"

话说有买家要参观厂房，中介临时找了一家顶包者，门口换了新招牌，居然蒙骗过关，这是真人真事。所以，考察者如果是第一次到那个地方去的，要注意对方可能有浮夸、不真实的介绍；发现问题的，要问个明白，尽量做到心中有数；不能来也匆匆，去也匆匆，来也糊涂，去也糊涂。

五、学习、培训

培训是出差中较为轻松的任务，出差者往往无须提前准备。往外地接受培训，要么是学习的知识应是本地没法提供的，要么是要集中跨地区的人员培训以节约成本。无论怎样，机会是难得的，应注意集中精神，努力学习。而在学习过程中，应争取机会多与来自不同地区的同学们、导师们交流。回来后向同事或下属介绍所学到的新知识和心得体会，教学相长。

一些公司对派遣出国培训的人员要求签署保证书，保证培训完毕要回国，及在原单位连续工作若干年，不能辞职，离职的话要赔偿经济损失。这样的合同没有固定格式，作为员工的一方应小心细看合约的条款，含糊的条约要弄明白，不合理的要求应及时提出，要求公平对待自己。

第十二节　出差的后续工作

当你乘坐交通工具踏上归途的时候，一段出差旅程总算结束，但其实并未结束，我们还得做些善后工作。当公司员工从边境、机场返回公司上班时，应尽量使用公共交通工具，不要坐出租车，除非一个人扛着过多的行李。

一、报销

报销就是将自己出差的花费列个清单，附带发票收据，交公司指定部门核实，最后公司将该付的现金转入自己账号。有一个有趣的现象，就是如果我们向公司借款三千元，实际出差开支二千八百元，那我们便不急于办理报销。如果没有借款，那我们就会很快填妥报销表格，要求公司尽快处理。无论如何，公司有规定时限的，我们得在规定的时间内办理。时间一长，记性较差的时候，报销就不准确。如果误算多了，有关部门查出来，也就影响个人诚信；误算少了，通常就自己吃亏。因此报销的事，早办早好。

在国内，报销需要发票，在国外消费则要收据之类的证明。要记住消费尽可能拿正规的发票。出差多了，肯定会遇上对方发票不够、发票用完、收到假发票的事情。一方面我们不要弄虚作假；另一方面我们希望公司制度能够灵活，不要让员工受损失。一些人以为“将在外”，自己怎样消费自己清楚，回来把非公干的消费也随意搬个理由一并报销，实在要不得；一旦事败，会遭受轻则警告，重则被开除的处分。

二、跟进

返回办公室第一件要做的事情可能不是报销，而是跟进出差任务，如合同签名、答复查问，总之是答应对方回来办公室立即要办的事情。如果事情需要一点时间，就算对方或许了解，也应该发个电邮，让对方知道大概完成的日期，最重要的是让他知道那件工作你正在跟进。

如果没有特别需跟进的事情，可发个礼貌的答谢电邮，感谢出差时对方的热情招待。总之，别忘了向在出差期间给你提供接待、帮忙的每个人道谢，对你的疏漏给对方造成的不便道歉，并要求日后保持联系。

三、报告

出差是公司的一项投资。我们出差回来，应尽快写出差报告及后续行动计划。如果参加研讨会或考察的，将讲义或心得与同事分享。参加展览会的将展览会所见所闻，连同大会宣传资料、图片等整理好，方便同事查阅。布展的把相关图片梳理，将收集到的所有名片扫描或复印留存电子文档，并整理出参观摊位客人的常见问题。此外，也整理出差过程中所犯的任何错误，以便日后改进。

纵使很多公司还没有定下出差必须写报告的规定，为了方便自己和方便别人，可以由自己做起。试想一下，假如有这么一个海外行业研讨会，每年一度，过往公司都派员参加，今年派你参加，对你来说这是第一次参展。兴奋之余，你肯定也想翻阅一下过往数年的出差报告，知道这个会议的沿革、网络圈子、新的热点议题以及本公司的任务。没有报告的，则需要找到当年参加会议的同事查询，并且还得看你们之间的关系如何，甚至他们已经离开了单位。总之，公司没有要求写报告的，自己也可做个较详细记录，供自己参考。

四、注意健康

返回原居地后，要留意自己的身体状况；如果感到不适，如发热、发冷、腹泻、肚子痛等，应尽快看医生或到医院急诊，并说明近期曾经去过的所有国家和地区。这对于曾到过一个在近期发生疫病的地区，或曾经接触过正在患病的当地人的出差者来说是尤其重要的。

五、礼物、手信

出差过程中假如收到礼物，除非说明是送给公司的，否则一般都是给个人的。我们需要端视礼物是否贵重。如果不贵重，像日记本、小摆设、圆珠笔之类，符合自己公司规定的，可以放在自己办公室或自行处理。如果是食物类的，最好与同事分享。如果礼物有点贵重，比如价值超过五百元的，具体按公司指引处理。如公司规定是不能接受的，可与上司商量后用快递送回，以上情况最好在回到自己办公室后写答谢信时提及。当然，不接受该礼物的决定应该在外地即时当面去做，但如果主人家以各种原因拒绝收回礼物，事后退回是其中一个办法，但要做得有技巧些。第一，在接受礼物的当时已经表示过不能接受过于贵重的礼物，表现出的样子已经很是为难，事后送回主人也不会令其太过惊讶，还可以给主人在现场留面子。第二，一定要提一下原因，如公司规定不能接受价值超过五百元的礼物之类的托词或真实情况；强调不收礼的主要原因，跟双方会面目的没有关联，希望彼此关系不受影响。

至于买或送手信，没有任何标准，纯粹看个人意愿。如果是例行公事，日子长了，大家都不以为然，买手信变成负担。但也有例外。如深圳某电子零配件销售公司，同事常出差省外，他们出差回来，经常带回当地的零食，让没有出差的同事分享。这都是他们自愿、自费的。同事下午茶时间，边分享美食，边聊天，人与人之间感情就建立了。总之，买了手信便应尽快送出。手信不可能是珠宝、汽车，大多是小吃、文具等，甚至还有有效日期。出差回来好长一段日子后，才把手信送出，收礼人很可能会吃到过期无效的食物。

六、家人

有的人出国，行李箱里装满家乡的泡面、肉干与茶叶，住进旅馆甚至把全家福照片放在床头，目的是营造家的感觉。好不容易熬到回家时间，时近黄昏，心想晚上配偶会沏壶好茶陪他看电视；而此时在家的她却期待晚上可以一起去看一场罗曼蒂克的电影。我们出差回来，会先想想家人对我们的期望吗？我们回家第一件事情是冲入睡房休息，还是拖着疲倦的身躯陪家人聊天？没有标准答案，但出差者应先考虑家人的立场或要求，才决定对家人的态度。

对于送给亲人的手信，比较费心思。因为那些礼物要么不买，买回来的必须让人欢喜。幸好是你对亲人有足够了解，不然的话，你最好还是硬着头皮，出发前开口问去。笔者在印度买特色围巾，在日本买音乐光盘，在新西兰买植物护肤品，在伦敦买锡兰茶叶，在纽约买博物馆纪念领带等，这些都得到收礼人的喜爱。诚然，送礼的价值在送，其实它是什么不重要，重要的是你在出差忙碌下心里想着这个人而买了这件手信，把它从千里之外带回来，收礼人怎能不感谢？假如这也是他心中想拥有的东西，那是何等的成人之美。

当飞机师的父亲每次返回北京，必定带一份飞机餐给小女儿，因为她很喜欢吃。飞机餐一般不会很昂贵，亲情更可贵。

第四章　出差管理部门如何做得更好

有朋自远方来，不亦乐乎？

——《论语》

“四海之内，皆兄弟（姐妹）也。”服务之道，在于心。“己所不欲，勿施于人”还不够，由于存在文化差异，有些场合“己所欲”也要“勿施于人”。做到在邦无怨，疆外无怨；客户乘兴而来，尽兴而返。

第一节　东道主单位

一、项目管理

邀请外地客人到公司或当地见面、聚会的，作为东道主，就需要有准备，总不能等客人到了面前才应对。例如引用项目管理。原则上接待一位外地客人的是小项目，接待一百名来自五湖四海的客人的是大项目；但遇到集团总部老总来访，虽只一人也可当作大项目。项目的大小，涉及的是单位内配给的资源；但如果项目无分大小，首先应找出一个人负责统筹；这个人可以是任何职别的，而且只需一个，不能两个或两个以上，否则有问题时可能互相推搪。这个人需要对这次接待的目的比较熟悉，最好有点“江湖地位”，能调动公司内部人手。当然，邀请一名海外老总来访，会谈 2 小时加午餐的，跟邀请海内外各公司的销售主管来开两天战略会议的，都有不同做法，但项目管理原则一样，不外乎时间表、责任分配、跟踪进度、危机管理等几个重要单元。公司的老总不宜当项目的管理者，但他应该听取项目管理者的汇报，并及时作出决定。

项目管理者的首要任务是落实场地，这很重要。在公司内举行的，应选择适当地方（假如公司有多个会议厅、会客室等），及早预定或提早公布该场所在指定日子已经预留作什么用途。在公司外举行的，更要及早预约，及办好预付押金等手续。及早通知公司内需要参与会议的同事，届时做好准备，准时出席。另外，会议用什么方式进行，是否需要投影及音响设备，这都需要及早安排。有需要用餐的，用餐地点也要尽早思量。去外边的餐馆就餐的话，要注意餐厅的样式，要有足够材料在手，了解哪家餐厅最符合预订的标准；也可待客人到达后才点菜，但筵开十数席的则需要提前选择餐单。如果用餐地点是公司范围内的职工餐厅或办公大厦内的雇员饭堂，也要注意是否需要让饭堂管理方面知道当日参加用餐的额外人数，及早安排座位，并确定是否需要餐券或有其他付款方式。

在本公司开会的，可能会掉以轻心，以为万事俱备，到时候提前半个小时做准备便可以。要注意的是这个会议或活动的参与者可能来得不易，项目管理者最好在活动日期前一个工作日做一次彩排，隆重的大型项目至少彩排一次以上。如果开会地点在外面，例如酒店，他们较为专业，价格稍高，虽然酒店的帮助安排是比较让人放心的，但也要注意酒店也有不到位的时候，主人家需要不停沟通，尽可能在活动日前一天排练，心里才能踏实。有租用商业大厦会议室的，会议原定早上 9 点正式开始，大厦工作人员 8 点 50 分才回来，把会议室门打开，然后赶忙挂横额、摆桌椅、布置扩音系统等，忙作一团，最后让来宾站在门外等待多时，场面尴尬。项目负责人其实可以提前与商业大厦商议，要求他们交房时（如上午 9 时）已是所有布置设施齐备，如果有问题，可通知客人会议是 10 点（延后 60 分钟）开始，好让自己有充足时间布置。如果活动的举行地点是室外甚至露天的，防雨、防风的后备方案应及早筹备。

如果是国际性会议，参加者有不同国籍人士，那必须事前考虑翻译的问题。在其他场合里，如合约谈判、业务洽商、礼貌拜访等，双方是否言语隔膜，有没有需要聘请专业翻译员，哪方负责聘请翻译员等，都应该由主人家确认清楚。大型会议安排专业即时传译员，费用较昂贵，也可能需要一些仪器、耳机等。人数较少的场合，尽量在自己公司内部安排翻译员。要注意场合是否牵涉机密问题，招聘外间翻译员的话要注意签订保密协议合同。

中国外商协会优质品牌保护委员会在河南举行过一次年会，年会特意安排少林寺僧人武术表演，出席的中外嘉宾感到惊喜。150 名工作于英国、爱尔兰、中东、非洲和欧洲大陆的某国际酒店工程部主管们到巴黎参加 3 天会议，学习环保项目。除了不用桌布、无纸、使用本地生产物流外，大会还计算了此次会议共产出 110 吨二氧化碳，令人印象深刻。某 IT 公司安排各大代理商齐集三亚开一年一度动员大会，每个参加者到达后即获派发一套海南特色短袖上衣，在集体活动时全体穿上，凸显团队精神。这几个例子说明，正规场合可以增加附加活动，附加活动的形式是多样的，能配合活动主题，锦上添花，但需要主人家提前筹备，如上述例子中人数及身体尺码的估算、具体环保计算资料的收集、少林寺的联系与节目排练等。

有些东道主为了隆重其事，觉得要赠送纪念品给贵宾、演讲者或所有参加者。纪念品的内容可各适其适，牌匾、胸针、纪念币、邮票册、古物仿制品、记事本等，当然还有自己公司的产品。应该要注意的是纪念品的价值。一款纪念品满足所有人的口味很难，如果造价高昂更失去意义。另外，价值过高的纪念品会给人贪污的联想。身处一个应酬开支有指引的社会中，这是必须加以注意和谨慎的。

密歇根大学教授、前通用电力公司雇员狄驰（Noel Tichy）表示，公司在纽约的环球科研中心旁边建了一栋宾馆，本意是给前来考察学习的顾客和同事住宿方便的，想不到，研发人员、科学家与经理们通过一起参加晚饭和酒会建立了更深入的业务关系，至于那座宾馆是否五星级，晚饭有没有好酒都不重要了。而在中国，按照传统很多国营单位都在总写字楼旁边建有招待所，方便接待来宾，其实招待所有促进社交的功用，应好好加以利用。最起码要做到负责招待所管理的人员应该都是专业、待人以礼的，让我们的客人称心满意；有招待不周的，应虚心改善。

接到上级通知，委任你负责组织今年的大型会议，有全国各地及海外的姐妹机构同事参加，你会否认为那是个噩梦？其实工多艺熟，多做几次就好了，以下是一些技巧供参考。

（1）大会主题。当然《某某公司20××年商业计划启动大会》是没有错的，但单调了些。从个人对会议的了解及高层方面对会议的期望等方向去想，必定有更触动人心的口号。

（2）大会地点。五星级酒店是好选择，但不一定是最佳选择。某些度假村及营地也许更扣人心弦，要看场地是否适合准备的活动。

（3）活动设计。这是最花心思和需要充分准备，但也带来最多体验的环节。最好能知道前数届的活动内容，避免重复，要比上几届更创新，更有冲击力。

（4）预告通知。不能等客人或同事从老远地方过来后才告诉他们有水上活动。纵使有些活动可以保密，提早一个月发布草拟会议活动程序表，及提早一周确认会议活动时间表。制作一份《常见问题参考》(FAQ) 是好办法，但也须配备专人回答参加会议者各种问题。

(5) 应变方案。如果有太多的室外活动，必须考虑雨天时的情况，及临时更换活动的可能。准备简单的急救箱，了解邻近的医疗设施。

(6) 精英组合。公司只会委任一个部门主管负责该次会议。纵使你仍肩负最终责任，但你仍旧可以邀请其他部门同事，尤其是对某些项目有特别长处或关系的，参与组织活动。

二、接送之道

李白诗曰："李白乘舟将欲行，忽闻岸上踏歌声。桃花潭水深千尺，不及汪伦送我情。"出差来客，来者何人，何等关系，决定送客的礼仪。当然，接客之道也得同时考虑，而且同等或更加重要。"最令人感动是下飞机出闸时，看到大横幅欢迎我们来访，大批学生列队欢迎。"暨南大学某教授回忆当年到马来西亚访问的情景。

先说客人的身份和与本公司的关系。如果是总部高级领导来访，自然需要最高规格，公司派人员到机场或车站等候；安排车辆，先送往酒店放下东西，再返公司。如果是第一次来访的客户，按重视程度，主人家可以在见面地点等候，也可以安排车辆接送。安排车辆的话，要了解对方人数，并推测要放行李的位置是否足够，不要出现临时拥挤，座位不够的尴尬情况。公司有轿车的话，就地取材可以不用讲究；在外租车的话，则要考虑一下座客的身份，配以适当级别的轿车。

在机场接机的，务必提前通知确认。机场人头涌动，有时候站了两个小时也接不到，原来客人已到，双方就是互相看不见。最好是说明接机的具体情况，如××会在机场的什么地方等，找不到的话可以拨打对方的手机。但客人如果是从国外来的，手机不通也是有可能的，如果未曾相识的，接机者最好拿着牌子，上面写着"欢迎××/及××公司"字样，提前在机场入境大厅的乘客出口等候。如果接机是委托司机或服务公司人员，也要向客人提出说明是否拿着牌子或通过什么方式联系，避免接不到人的失礼事件的发生。女士喜欢收花，但也要出师有名，送花也有规矩，以什么名义送，谁去送，这些都是要注意的。如某机场到达的出口对面正是知名的咖啡厅、餐厅，接机者可以不用站在闸口，而在咖啡厅或餐厅内等候。当然，第一次见面的需要识别一下，有公司商标的帽子或袋子是最醒目的了。

接团体访客的，由于客人们乘搭不同航班，到达时间不同，需要某些客人在机场等候的，要提早明示，让客人有心理准备，及预备好打发时间的途径。尽可能让车子多跑几趟，也不要让客人等候太长时间。机场有 VIP 通道，但适合什么样身份的人士采用，需要向有关机场查询，一般人恐怕是用不上的。

主人家应该知道自己城市的交通情况，可以给客人充分的预备时间，这样才不会耽误航班或列车。离开的客人不一定立即回老家的，这不是主人家能管的范围，因此可以不负责送的，但应尽地主之谊，可提供为客人们电召出租车服务。团体的访客，可以的话，基本安排一车送走。有时候，某客人在活动还未结束需要提前离开的，主人家应询问是否需要提供交通的安排或协助。无论怎样，主办方提前知道客人离开的时间、航班号、车次等是有备无患的。

除了接送之外，帮忙购票也是需要花心思的。东京一家贸易公司有一位小姐专门负责为客商购买车票。她常给德国一家大公司的商务经理购买来往于东京、大阪之间的火车票。不久，这位经理发现一件趣事，每次去大阪时，座位总在右窗口，返回东京时又总在左窗边。经理询问小姐其中的缘故。小姐笑答道："车去大坂时，富士山在您右边；返回东京时，富士山已到了您的左边。我想外国人都喜欢富士山的壮丽景色，所以我替您买了不同的车票。"就是这种不起眼的细心事，使这位德国经理十分感动，促使他把对这家日本公司的贸易额由 400 万马克提高到 1 200 万马克。他认为，在这样一个微不足道的小事上，这家公司的职员都能够想得这么周到，那么，跟他们做生意还有什么不放心的呢？

三、饮食

“午餐会上，食物，缓和了话题的严肃；话题，也丰富了食物的简约。”[①] 从杂志看到这句话，觉得很有道理，而且用餐也确实可以简约。

国内很多时候安排食物总是多过实际需要的，我们会说恐怕客人吃不饱，并非为了排场或炫耀，但浪费始终不好。做到恰到好处需要费些心思和经验。有些酒家每道菜分量大，有些酒家则分量小，最好问酒家经理，多少人吃饭是否足够，正常情况酒家会拿捏得更准确些。虽然吃不完的食物可以给人带回公司分予写字楼同事或工厂加班人员享用，但始终没有必要。如果纯粹为了环保节约，则要求酒家将可能剩余的食物用作回收厨余更佳。

宴请客人的要留意客人的饮食习惯。比如，不少老外对野生动物食物敬而远之，中东来客在守斋月每天只能吃一顿饭等。总之，外国人来中国，邀请他们到中高档、有特色的餐厅应该不会错到哪里去。如客人坚持品尝平民百姓家常菜，一些面馆、港式茶餐厅等也能满足对方的要求。地道饮食集风土、族群、文化、历史、生活、记忆、品位等元素之大成，与其在中国吃泰国燕窝、澳大利亚龙虾等，不如就地取材，给来宾品尝正宗地道美食，比如在成都品尝陈麻婆豆腐，天津吃狗不理包子等。每个地方必然有它的美食，我们还是不要舍近求远，给客人尝尝当地的味道吧。

中国人认为“民以食为天”，但每个人的口味都不尽相同。如果能提前通知客户菜单内容，虽然减少了一分惊喜，但多了一分安心；菜单可以通过电邮、主办单位网页、会议报到处等方式提前通知。这种为大伙人安排的膳食改动机会虽然不大，但是遇到有特别饮食习惯的、需要戒口的和吃素的客人们，也可能发现菜谱内有不适合他们的品种；不然的话，主人家应该让他们主动提前提出饮食要求，并尽力给予帮助。例如有些场合可以让参与者在报名时选择清真、素食等。在北京举行的一个国际研讨会的晚宴中，一位纽约教授原来是素食者，希望能给他一份

---

① 《典范》，亚太台商联合总会 2012 年春季，第 14 页。

斋菜；主人虽立即安排，但也让教授等了半个小时。所以我们最好还是有备而来，预早知道个别需要，使得宴会安排顺利，人人满意。

某奥地利集团在东莞开内部会议，全球代表汇合，很多人还是头一次来中国。晚宴自助餐中有人指着荔枝问是什么水果，答道是中国特有第一美味水果，古时是上贡天子的佳果；他品尝后大赞好吃，随即继续吃。日本客人去浙江某公安局拜访，主人家在会议桌上放了许多新鲜水果招待，日本客人本来有点矜持，但看见主人先吃，便也放下矜持，尝了起来，结果是气氛融洽起来。有广州研讨会派发橘子，老外没尝过的，觉得很美味。橘子、荔枝、龙眼等水果价钱不贵，健康有益，实为佐餐、零食佳品，接待客人时可以考虑。

工作餐“四菜一汤”的规定其实是一纸空文，下级单位出钱接待上级单位人员特别是领导干部似乎也成当今公务往来中的“铁律”，无人敢破。2012 年，温家宝总理牵头，全国政协委员呼应，提交“关于禁止使用公款消费茅台酒的提案”，提出包括但不限于茅台酒的超标、浮夸的公费吃喝。真是实在喜事，歪风不可继续长也。全国人大代表丁立国在 2011 年全国人大会议上提出建议，通过立法手段，禁止鱼翅贸易，保护海洋生态平衡。国务院机关事务管理局后来发函给丁立国，对他在联合 30 多位人大代表提出《要求制定禁止公务和官方宴请消费鱼翅规定的建议》表示感谢和支持，并表示有望在三年内发文规定公务接待不得食用鱼翅。改变需要过程，但不吃鱼翅不喝酒的规定我们可以马上实施。

公务接待不上酒水在国际上很普遍。除非鸡尾酒会，一般午餐例会红酒、啤酒也欠奉。去日本出差，应酬时免不了喝酒，晚上在酒吧街（如新桥）见到不少醉醺醺的西装友，东倒西歪，摇摇晃晃的，还有些要同伴搀扶；在西方，晚宴也许有酒，例如红酒，一般人喜欢喝的，也只会喝到差不多要醉就停，因为觉得露出醉态不好意思。在我国有些地方却是不醉无归的。有日本经理出差东北时喝醉了，被人扛回酒店房间，他一个人独自在房间不知怎的一头栽到电视机角额头出血并昏倒，但人还是酒醉不醒；第二天醒来才发现自己受伤了，幸好没有失血过多，不然后果不堪设想。如果出了意外，接待方会有不可推卸的责任。

东北某国有企业与一家美国大公司商谈合作问题，这家企业花了大量工夫做前期准备工作。在一切准备就绪之后，公司邀请美国公司派代表来企业考察。前来考察的美国公司老板在这家企业领导的陪同下，参观了企业的生产车间、技术中心等一些场所，对中方的设备、技术水平以及工人操作水平等，都表示了相当程度的认可。中方工厂非常高兴，设宴招待美方老板。宴会选在一家十分豪华的大酒楼，有20多位企业中层领导及市政府的官员前来作陪。美方老板以为中方还有其他客人及活动，当知道只为招待他一人之后，感到不可理解，当即表示与中方的合作要进一步考虑。美国老板在回国之后，发来一份传真，拒绝了与这家中国企业的合作。中方认为企业的各种条件都能满足美方的要求，对老板的招待也热情周到，却莫名其妙地遭到美方拒绝，对此也相当不理解，便发回信函询问。美方老板回复说："你们吃一顿饭都如此浪费。要把大笔的资金投入进去，我们如何能放心呢?"对于这家东北企业来说，能得到一笔巨额投资对于其未来发展具有重要作用，所以这次合作是一件大事，但这件大事却因为一顿饭的"小细节"而毁于一旦。

四、文化活动

入住拥有数百年文明的天津利顺德酒店，可方便地参观那占地600平方米的地下博物馆。"这里有中国第一部电话机、第一台发报机、第一架留声机、第一部电梯……一百年前生产的西门子电扇，扇叶为铜质，至今依然能够使用……此外，梅兰芳先生当年住过的套房如今也被搬到了这里。"一旅游杂志读者茆小姐说。拥有这样的历史博物馆的酒店不多，许多接待外宾的，都会搞一些正常活动之外的集体休闲活动，但并非卡拉OK、夜总会之类，而是比如观赏新疆民族舞蹈、晚上乘轮船夜游珠江，乘坐香港电车市区游等。如果我们人手不足但预算比较充裕，我们可将这部分工作交给第三者承包。就算承包了，我们也应派公司人员陪伴客人，确保客人尽兴而归。除了文化活动，公司可以给员工报销健身房或游泳池费用以鼓励运动，减少员工出差时流连酒吧、卡拉OK等娱乐场所。接待的公司也可在商业活动后安排有益身心的活动，如体育友谊竞赛等。出差厦门的外商投资协会会员代表们在厦门海关会议结束后，主办方来一场篮球友谊赛，仿效乒乓外交，宾主共欢。某日本公司与国内商务代理会议后打保龄球交流，欢乐倍增，友谊更进一步。

一些国家人才外流严重的，如非洲津巴布韦有三百万人长期居住外地，很多人已经成为技术和专业人士，而那些专业技术正是国家所严重缺乏的。如果他们返回祖国度假、探亲、出差，不管时间长短，都可以为祖国作些贡献，特别是在医疗、教育方面。在非洲摩洛哥某论坛中，参与者强调摩洛哥女性派到海外工作的应该尽力帮助本国其他妇女，与她们分享外界知识。虽然，这些有幸身处发达国家的摩洛哥人可以通过社交网站达到知识分享的目的，但面对面接触始终是最有效的方式。一方面，国内应该有团体促成海外人才回到祖国，抽一两天时间做演讲培训、小组分享或与社交网站会员见面等；另一方面，该团体又可同时为到访本国的外籍人士安排类似活动，让国人开阔眼界，也增加不同国籍、种族、文化的了解和共融。我们当主人的，可与那些团体合作，起到推介和协助的作用。

五、为人生地不熟的客人提供帮助

做好主人家的角色，须委派一个或两个人负责充当紧急联系人，目的是让客人安心，他们在主人家的国家或地区遇上不可预测的或难以解决的事时，可以随时找到支援。公司在选择紧急联络人时，要考虑他们是否愿意在客人们停留时间内的任何时间段包括深夜都接听来电。他们应通过相关培训知晓所有可能发生在出差客人身上的任何事情的最佳应对方法，包括但不限于生病、失窃、迷路等。最重要还是同理心态，在收到这类援助请求时，接听电话的人应保持镇定，想想自己遭遇同样情况下的感受，哪些方法可以快速舒缓客人的情绪，要注意有些方法看似简单但有可能是客人没有想到的。有客人在酒店一觉醒来突然感觉身体严重不适，走动困难，他打电话告诉主人家不能参加会议，但想找人陪他去看病。主人家发现他住的酒店有医生到诊服务，便首先向酒店提出要求，结果不到一小时医生就上了客人房间，诊症，开药。当然不是每家酒店都有这样的服务，或许这上门服务收费很高报销不了，第一时间派人到酒店陪同客人到合适的医院或诊所是公司可以及必须做到的事情。

来客有宗教需要的，如基督教周末上教堂、回教徒每日做礼拜等习惯，就算在参加重要商业会议的过程中也不例外，我们应给予方便和协助。例如阿拉伯国家买家来广东顺德参加会议，会议中途突然叫暂停，买家拿出地毯，找对方向做礼拜，之后会谈继续。我们应尊重人家的信仰，不要作出任何破坏会谈气氛的反应。某些国际大型会议展览就特别安排有做礼拜的安静角落，方便参加者使用。如果来访者行程跨越周末的，本身有上教堂的习惯的，我们可留意市内附近的教堂，在需要时可以将信息提供给访客，甚至安排同事陪同、接送或指引。

科学研究说明，早餐对每一个人是很重要的。安排较大型的会议，建议加入集体早餐，比如说上午 8 时到 9 时，地点最好是离会场不远处，也可考虑采取到会形式。除了吃早餐外，还要腾出聊天的空间，让更多的人互相认识，充分利用会议等候时间。腾出另一块空间播放去年的活动花絮，重要或精彩的演讲，提前派发讲义可供阅读，或提供其他印刷品以促进话题。

某软件公司派员工到北京、上海、深圳出差，除向客户收取业务费用外，还需支付出差补贴每天 250 元（不含住宿）或 450 元（含住宿），其他城市均一律明码实价，绝不含糊。类似这些软件公司的人员到我们公司后出现紧急援助需要的，我们也应快速回应，拔刀相助，不要因为我们已付出差补贴便置身事外。

公司做好安排，也应知会参加者，让他们安心。办法是让他们出发前收到东道主的函件，参考该函件，便能更好地策划自己的行程。以下是一个虚拟电邮，你可从中看出主人家的精心策划和安排。

尊敬的嘉宾/同事：

您好！我们很高兴您答允前来香港参加 2013 年 7 月 16 日至 17 日的国际会议活动。我们公司将尽力使您在逗留期间得到需要的信息和过得愉快。请阅读以下参考提示。

1. 我们已经为您在光荣酒店预留标准单人客房一间，房间在不准吸烟楼层。酒店地址为香港湾仔区光荣大道东100号。如果您另有选择，请提前3天通知我们。

2. 从香港国际机场到上述酒店可以有如下选择：（a）乘搭机场快线到香港站，转乘免费接驳巴士到酒店门前下车；（b）乘搭××号巴士从机场公交车站到湾仔站下车，往东南方向走10分钟即到，车费港币30元，上车即付，不设找零；（c）乘搭正规出租车（三四人同行划得来），车资大概为港币300元。

3. 欢迎您参加我们在会议前一天安排的非正式晚饭。我们同事将在7月15日星期一晚上7时在光荣酒店大堂与大家一起集合。7点半离开酒店，到本地特色餐厅用膳，沿途一睹香港商业区繁华景色。此活动为自愿性质，无须提前确认，参加者只需7时到酒店大堂便可。

4. 国际会议在7月16日上午9时正式开始，请您提前15分钟到达。会议地点在我们公司办公室的孙武会议室。从酒店到公司步行约需15分钟，乘搭出租车则只需8分钟，费用大约30港元，但上下班高峰期可能需等候较长时间。

5. 第二天会议在同样的地点9时正开始。每天会议预定下午6时结束。

6. 请在到达会场前用早餐。酒店内设中、西餐厅供应各式早餐，并可提供送餐到房间服务。有兴趣尝试地道食品的，可参考附件地图标示的港式茶餐厅、快餐店位置图，那些餐厅都在酒店或公司步行15分钟范围内。

7. 每天会议统一安排午、晚餐。详细内容在会议中宣布。如果有素食、清真等特别要求的，可在出发前联系我们，我们将尽量满足您的需要。

8. 因为是公司内部会议，西装外套、领带或隆重礼服没有必要，但请不要穿牛仔裤、拖鞋、运动服、球鞋。会议期间气温估计最高30度，最低25度。

9. 当您在光荣酒店前台登记入住时，您应收到一份“欢迎礼包”，里面有两天会议议程、会议须知和您的胸牌。请随身带好胸牌，当您到达公司接待处时，出示胸牌便可免却登记手续，直接进入会议室。住其他酒店的或没有携带胸牌的，需要到保安室登记，取得访客证后方能进入公司范围。

10. 如果您在会议中发言或做报告的，务请于会议 3 天前把演讲稿或演示文档发送给我部门的陈大文先生。他的电子邮箱地址是 chendw@ abcdef. com。

11. 在您出发前、旅途中或参加会议期间有任何需要我们协助的，可随时与行政助理张青云女士联络，她的联络电话是（852）12345678，电子邮箱是 zhangqy@ abcdef. com。如果方便，请您把已确认来回飞机航班标号告诉张女士，让我们做好接待工作。

我们怀着兴奋的心情期待您的光临，并希望您旅途愉快。

Abcdef 公司国际会议召集人：李翱翔

2013 年 6 月 25 日

第二节　运输与住宿行业

一、航空公司

听说布兰森（Richard Branson）因为某次坐飞机遇上很差劲的服务，把心一横，成立自己的航空公司，能学他者世上恐怕没几个人。对很多出差者来讲，对航空公司是又爱又恨。

科特·斯维娜（Kathy Sweeney）任职航空空姐已经 12 年。她喜爱的工作很明显地围绕旅游、文化味道和不同语言，但机舱服务员工作的缺点是长工时和时差。“其中在我职业生涯中的一个重要的事情发生在‘9·11’后的两个星期，当时我们正在由奥兰多飞往凤凰城。可以想象，人们仍然非常恐惧。我们航班上有 25 名乘客。沿途上我不断与他们聊天，询问他们的情况。他们对我的殷勤服务十分感激。当他们离开机舱时，大家都来与我拥抱，有些更在我面颊上留下一吻，感谢我给予他们安全感。这是我永不忘记的。”有一次，航机落地尚未滑行到闸门口，一名男子便迫不及待站起来，打开头顶上的行李架门，准备把自己的行李拿下来。笔者急忙叫客人坐回座位上，他没有听，航机戛然停止，头顶上的行李刚好砸在另一个男子的头，结果害他缝了几针。商旅人员希望多一些像斯维娜那样尽忠职守、爱护旅客的乘务员，但有时候，遇到的航空公司的乘务员却是傲慢无礼的，这往往会让乘客心里不舒服。2003 年的某期《商旅杂志》头版有两封读者来信。一封是某外籍商人对中国某航空公司接连三次给他造成的不便感到“气愤”。飞机延误可能是不可避免的事，但该航空公司工作人员处理问题的方式很有问题，答应“领导马上回来”，结果是对方一个小时没有踪影，答应因延误到深夜才到达北京可以安排到市中心交通的，结果出发点航空人员写了可以安排的条子，北京那边的航空人员却回应“得请示上级”，最后还是没有下文，倒霉的只有乘客。杂志在付印这封信前曾联络该航空公司，没有得到及时的答复；而另一封信是对新加坡航空公司的投诉，新航却能及时公开回复，对航空公司服务上的疏忽表示歉意。这两个案例是否说明外国的月亮就比中国的圆？乘客准时抵达登记口并进入机舱内坐好，机舱门也关上了，但过了预计起飞时间，飞机仍原地不动，过了半小时后，才宣布“调动关系”之类的原因。其实每个乘客都有手表的啊！为什么就不能尽早宣布呢？飞机延误的原因很多，解决问题也许要多个部门甚至多家公司、单位携手合作；这些每天纠缠一起的单位、部门多长时间开一次解决问题的会议，以及会议的结果令人怀疑。尽管今后航班误点的因素仍然存在，航空公司能做到的，乘客希望看到的，是“诚”。把真相诚实地说出来，加上诚恳的态度，问题就解决了一大半。

据中国民航管理局研究，2010 年内共有 53.8 万宗航班延误事件发生，其中 37.1% 是航空公司原因，27.5% 是航空管制原因，20% 是天气原因，其他原因占 15.4%。天气是人力不可改变的，这样算来有八成延误是可能通过技术、管理等的改善而避免的。一般对延误的定义是飞机起飞时间比原定的晚了超过半小时。也有从机舱门关闭的时间计算，即预定 10 点起飞的，10：25 舱门关了，10：25 才起飞的也不算误点，那是值得商榷的。中国民航管理局公布 2011 年航班正点率是 77.2%，比 2010 年的 75.43% 有所提升，但顾客的要求是高的，航空公司应该正视他们的机件故障、飞机调动、机组服务人员不足等造成航班延误的问题，还要增加透明度。据说深圳航空有白纸黑字的赔偿计划，其他一些航空公司则采取弹性态度处理赔偿问题。无论怎样，解决纷争不能只是靠金钱力量，况且某些航空公司经营状况也不太好，态度则是较重要的。航空公司应当培训员工如何处理这类问题，进行危机管理培训时，并非只教导怎样处理已经爆发的危机和危机善后工作，怎样通过洞悉危机出现的前兆及运用适当手段把危机消灭才是更重要的。

航空公司不断推陈出新，提供增值服务，比如土耳其航空公司招聘了一批厨师，亲自在飞机上做佳肴给商业客座的乘客们享用。近日，航空公司也打起经济客位的主意。亚洲航空（AIR ASIA）从2013年2月起经济舱乘客加35马币和110马币便可升级至安静区。航空公司将第7至14行座位设为安静区，希望声浪和骚扰在此区内降到最低。另有航空公司推出超级经济客舱，乘客愿意多付一点，就可享受比一般经济客舱多一点但比一般商务客舱差一点的服务。不过，小小一架飞机，内里分开五六个“层次”的服务，是不是有点多，这还有待市场来证明。对大部分商务旅客来讲，公司负担的是经济客舱机票，这类“特级”经济客舱的机票，是否是公司负担的范围也不可知。一个方法是可以让乘客在机场或家中（上网）自费补充差额，或利用他们的积累里程积分，即可享受多一点的服务；之后乘客是否可以报销那不是航空公司管理的范围。

有一个现象是，随着中国乘客的增多，在飞机上“动手”的事件也在增多；还有一个隐忧，就是没有依法报警，及时把动手打人的旅客送出飞机。不论什么原因，动手打人是不应该、不文明、违反法规的行为。一篇乘客目击报道，一架准备起飞往香港的航班，在三亚市机场滞留，一名年长乘客在滞留约4小时后控制不住情绪，突然挥拳袭击一名空姐，其他一些乘客居然喝彩；坐在附近的外籍旅客急忙将该男子拉扯开。[①] 这样的事情，如果变得习以为常，那将会是可悲、可怕的。航空公司对公司职员也应尽到保护的责任，对明显不合理事件不应因为“顾客永远是对的”便息事宁人。否则，动手者不用承担任何责任，附和、

① 《南华早报》，2013年3月26日。

管理，而且机场管理局方面应该积极协调处理所有发生在其范围内的纠纷，协助航空公司平息事件，处理旅客交来的投诉。

还有一个现象也是中国机场特有的现象，即有踏入机场禁区后至登机前的促销活动。例如在中国广州机场候机楼有人招揽折扣机票会员，到北京机场还未出禁区范围即有人招揽乘客入住酒店，那么“禁区”的意义是什么？机场有些餐厅、商店都在禁区内，但你可以选择进去或是不进去，酒店、机票网站等促销员却是冲着你而来的。机场管理局可以而且应当管理一下这样的事情。

法国戛纳广告节是广告界的盛事。2011 年，年度平面类全年大奖首次由中国人夺得，作品是为某知名箱包品牌做的平面广告，利用电脑技术造成雕塑效果，广告宣传画的左边，一名西装笔挺的乘客拖着一个簇新的箱包，接受美丽的天使欢迎登机，行李则交给了头上长着角的满身通红的魔鬼处理。广告画面上半部分大幅面地描绘乘客们在客机机舱内，悠然享受着天使们提供的饮食和竖琴演奏；广告画面下半部分则大幅面地描绘乘客们一件件簇新的行李在类似客机的行李舱内如何被魔鬼们践踏、蹂躏。广告宣传画的右边则出现了一个同样西装笔挺的乘客愉快地走下飞机，拖着依然簇新的行李箱包。但事实上，笔者的遭遇很不一样，看到刚买的簇新大行李箱在机场行李输送带出来的脏样子，几乎把我弄哭。我的包包虽然不是那个广告的著名品牌，不过处理行李的都是同一伙人吧？机场当局能否在处理行李输送过程中，保证行李的“洁净”呢？

遗失行李是非常扫兴的事，商务旅行中，行李内可能有重要文件、产品说明书、货物样板等东西，需要开会及见客时使用，一旦遗失，即使快递送来也来不及。香港消费者委员会于 2011 年接获 30 宗相关航班行李处理投诉，对比 2010 年的 14 宗上升逾一倍。除了行李丢失，也有乘客投诉行李内贵重物品失窃，航空公司以乘客“未能提供购物清单”为理由而拒绝赔偿。2012 年发布 2011 年世界延误行李统计：53% 属中转过程中失误，15% 没有登机，5% 错误处理，4% 到达后失误，7% 因航空、海关、天气等原因造成，3% 行李标签错误，13% 机票错误、袋子调换、保安及其他原因。由此可见，改善需要中途转机的行李处理方法，已能减轻一半行李丢失，机场管理局有没有用心去做呢？

你有没有算过，从飞机到达机场再到你入住的酒店，需要多少时间？比较国际大都会的机场，新加坡应该是最快的！当天晚 8 时从香港乘机出发，抵达新加坡樟宜机场时是 11 时 40 分，从航机步行往边检，关口检查，轮候出租车，最后到达市区酒店大门口是 12 时 05 分。为什么那么快？首先移民局与检查防疫的为同一个人，旅客不用排两次队。其次，外国人与本国人等候时间差不多；不像许多地方，本地人可以不用排队，外国人则“打蛇饼”（当然，那时候不是旅客高峰时段）。再次，轮候出租车有人龙，但上车速度快，一次同时释放出 9 架出租车！这些都是软实力的代表，其他机场能学到多少呢？听过不少机场陌生人为旅客介绍服务或安排交通而出事端的；其实机场虽大，范围是可控的，只要有关当局下定决心，必定有方法治理这样的非法活动，保障旅客安全。

机场为滞留旅客提供更多方便，或可减低乘客暴躁或失控情绪的发生概率。在三藩市国际机场，旅客可在等候延误航班时，逛一下航空博览馆及图书馆。那里有一座 20 世纪 30 年代的候机楼模型。三角航空天空俱乐部在纽约甘乃迪国际机场刚完成了 14 亿美元的装修工程，乘客可以有充足的个人工作间、淋浴、休息的地方。假如真的需要延误4～8小时，但可以在个人工作间有隐私保护地工作，填饱肚子，甚至淋浴松弛神经，身心舒畅了，又何需抱怨？

三、酒店

扑普尔斯晚上到达酒店，前台职员正为他办理手续的时候，一名经理出现在他身旁，用他的姓名打招呼。“您好，扑普尔斯先生，欢迎光临敝酒店。”扑普尔斯回报以微笑。“如您不介意可否让我们为您拍照?”“嗯？为什么要拍照?”他问。“是这样的，”那经理回答道，“你已在我们酒店入住了好几次，我们想在您停留我们酒店期间把您的照片放在员工报告版上，好让我们各同事知道您的再次到来。”这招果然生效，下个星期当扑普尔斯到达酒店大门，门口的行李生一边帮忙提行李，一边说：“您好！扑普尔斯先生，欢迎再次光临。”前台职员、小卖部职员、早餐侍应生都记得他的姓名。自此，他每次出差到那个地方都入住该酒店。这不是一家很高档的酒店，但令他感到有点皇家气派。

美国纽约女银行家状告某酒店集团，因她入住该集团的芬兰酒店时，一名男子向酒店职员谎称是她丈夫，职员信以为真，把她的房门钥匙交给该名男子，最终该男子半夜闯进房间侵犯了她。事实上，国际级酒店应有专门的培训，光说出房间号码说不出名字的不能接驳电话；名字对得上的电话可转，但也不能随便告诉房间号码，更不用说交给陌生人钥匙。总之，没有经过房客同意或确认，他的房间号码、是否外出、逗留时间及其他个人资料一概保密，这种保护隐私政策适用于所有房客，并非只有 VIP 客户才能享受的服务。

事实上，酒店可推出专为女性服务的方案。如斯里兰卡科伦坡希尔顿饭店配备有女保安员的女士楼层。任何酒店能做到的，是预留靠近电梯的房间给女住客。洛杉矶的丽斯卡尔顿饭店更为单独吃饭的女性提供“合桌”服务，让不想给人盯住的女客人坐在一起。也可把某些楼层开辟为“女性专用楼层”，装修更取悦女性，细致、温柔、温馨、贴心。女性喜欢全身镜，使用浴室的时间较男性长，自己动手熨衣服，甚至洗衣等，都要在设计中加以考虑。香港九龙某五星酒店在女性行政商务旅客抵达客房时，会送上一朵鲜花、一本旅游指南、一个备有女性用品的精美锦囊等；锦囊内有洗指甲油用品、指甲锉、卫生巾、牛奶浴液、丝袜一双等。如果有需要，女性剃刀、发卷、体重磅、指甲夹、丝绸睡衣亦可送到。不过，上述安排只适用于女性和连续住宿两晚或以上者。也有专为女性而设的饭店，处处以女性方便为先，如设备完善的美容中心等。

每一家商务酒店应该设立商务中心，提供专业秘书服务，多种语言翻译，电脑化文字处理，激光打印，复印、装订及大批量文件油印，邮寄服务，为酒店住客接收传真，国内国际长途电话服务，移动电话、视听设备和手提电脑租赁，移动电话电池应急充电，国际国内报刊，会议室出租，会议综合服务（含视像网络会议），提供 WiFi 及互联网服务，订购、更改和确认机票，代售市内电话卡等。服务时间应该至晚上 12

点。考虑国际时差和酒店外宾需要，最好周日到周五实现24小时办公。因商务客人需要保守商业机密，酒店商务中心每个职员应在上岗前进行严格的保密纪律培训。凡是在商务中心复印、打印的文件副本、错件等，均有销毁程序。所有客人遗留的文件，应小心保管，想办法尽快交还物主，找不到物主的在一定时间后也应销毁。当年笔者入住吉隆坡某五星酒店，进入房间，电话机上亮着留言灯。查听一下，竟然是之前住客的电话信息还没有删除。

著名国际酒店集团都有一套巨细无遗的标准操作细则（standard operating procedures，SOPs），适用于任何事情，包括行李服务员必须按照标准向刚入住的客人介绍客房内设施；细则甚至包括如何表现友善，例如接听电话时一定要使用的礼貌用词。入住北京某五星酒店的日本学者投诉，在门外挂了“请勿打扰”的牌子不管用，服务员照样随意开门，可能令客人十分尴尬。在中国内地，“请勿打扰”牌子不管用的情况甚为普遍，从一星级到五星级酒店无一幸免。E龙的董事长唐越坦言，中国很多三、四星级酒店的硬件设备毫不逊色于国外，但服务上的差距显而易见，究其原因，从业人员培训的缺失或不足是症结之一。在国内很多中小城市，酒店在当地招聘的服务人员有很多从未住过酒店，又缺乏良好的培训机制，因此优秀的酒店难以产生。

2008年，威斯汀酒店度假集团做了一个创新举动，为了鼓励员工与客人之间建立更深入的沟通，酒店给所有员工换了新式样的工牌，在人名下方，还有一句话：“我最喜爱的是__________。”这个“我最喜爱”标签在5万名威斯汀员工与客人之间打开了一扇交流的窗户。一旦客人聊得开心，带着愉快回忆离开，对再次入住那家酒店就更有兴趣了。

纽约卡尔顿酒店对刊登在杂志上的住客投诉作出这样的回答，你是住客的话，是否感到释怀？

亲爱的赫穆尔：

感谢您花时间写的关于我们酒店的那么详细的分析报告，十分感谢。

就您在我饭店居住期间所遇到的不方便，请接受我真诚的道歉。

我店所有的房间已经全部检查完毕，我们十分重视您的意见，并已采取一切步骤将您房间的窗户修好。

我们很抱歉没能就此事给予阁下更快的回复；并确认我店因为此事造成阁下的不便，因此我们把当晚的房费退还给您。

欢迎阁下随时与本人联络，讨论您的尚余挂虑。请直接给我打电话或电邮（原文提供电话号码、电邮地址）。

我期待再次与您联系。

诚恳的

顾客经验总监

2010 年 2 月 3 日

酒店行业的软件就是人性化服务，硬件也是十分重要的。外国一家商务酒店，房内有明显办公区域，舒适的办公椅子，办公桌上的台灯有两个明显的电脑上网插口，电话适合会议使用，本地电话免费。这样的设施出差者来说不能挑出毛病来。不过客房的通病，就是房间内太暗，尤其对于年纪稍大、视力较差、爱好看书的人来说更觉得暗。年前入住北京朝阳区光华路一家新开的酒店，订的是标准间，给的是复式套房，说是升级体验，付费还是按标准间的标准。不过，对于一个早出晚归的商务旅人，用不完的 32 个电灯开关和 5 个电话，晚上来回楼下的行李箱和楼上的卧室，早上退房时多看很多地方，跑上跑下的累得够呛，确实无福消受。瑞典某学者来北京，安排入住某国营五星级酒店，发现房间内灯开关十几个，有些没有标示，有些按一下暗，多按几下明亮，再按又关掉，反正弄得头晕！美国侯斯顿大学一项有关酒店房间卫生程度的调查发现，除了洗手间和浴缸去水口外，遥控器和床头灯开关是含菌量最高的。酒店管理应时刻关注此类化学和生物危害。

绿色酒店的定义是：①从建造设计做起，不破坏景观和文化遗产，天然采光，尽量与自然环境和周围环境和谐协调；②采购物料方面尽量选用当地材料，减少运送。物料不含有毒有害物质，耗电低，耗水低，符合健康安全规定的，耐用的可降解回收的优先采用；选择符合质量、环保、道德标准的具认证资格的供应商；③施工中也在排污、废物处理、噪音、安全方面做好；④经营中注意，包括厨余回收，节能，节水，卫生，不售卖如野味、鱼翅等食物，选择碳排放最低的运输途径。绿色旅游全球指南在2010年显示超过八千间酒店、餐厅、酒吧通过“绿色证书计划”认证。其实酒店无论是否参加认证，在经营中都应支持绿色行动，并且让住客知道自己所做的努力，让住客加入你的绿色行动中。例如办理入住广州香格里拉大酒店时，通过智能手写板查看显示屏，核对个人资料及账单信息后，用电子笔在手写板上签名确认，账单就会以电子邮件形式发送到个人信箱，全程不需要浪费任何纸张。据说酒店700多个房间每年可节省40万张纸张，这是需要客人的理解和配合才能彻底做到的。

商务旅客想要什么样的酒店？

（1）床边有电源插座。

（2）房间内顶多两个而不是几十个电灯开关。

（3）不需要从床上爬起来只为了关掉写字台上的灯和坐地灯。

（4）大堂结账员不要机械地问：“房间冰箱的东西有用过吗？早上有早餐签账吗？”

（5）房间内上网时不用打电话问登录密码。

（6）浴帘长度不要过短，使洗手间变成泽国。

（7）花洒冷热水如何调节有清晰的和正确的使用说明。

（8）热水保持水温。

（9）靠近床边的是酒店提供的免费瓶装水，而不是那法国进口售价30元的高价水。

（10）酒店人员不要早上七八点就在客人房间外面的走廊大声喧哗或聊天。

7天酒店的成功，在于网上预订和取消容易，入住和退房手续简单快捷。其他优点，如房间没有多余设施（如冰箱、保险柜），甚至没有抽屉，不用担心会有东西遗留，地板没有地毯，浴巾用透明胶袋子密封，干净卫生、用得安心；上网免费，且大部分时间信号接收没问题；特大的单人床，提供健康床褥和枕头等。当然它的房间面积有点小，那是一分钱一分货而已。

住酒店可以不单是个住宿一宵的地方，也可以是一个体验和学习的场所。有些酒店已推出巧克力制作班、威士忌酒品尝班、唱片骑师班，还有时装、个人形象打造和音乐欣赏的简单课程。半岛酒店的生活品味学院提供美食、时装、高尔夫和礼仪课程，儿童餐桌课程。课程时长大致为90分钟，导师是非常专业的，而且有时候是一对一授课，有充分的时间提问和练习。有些课程专为富有人士提供，费用甚高。还有一些价格相宜的课程，可以小组参与，介绍本地文化特色，又可令房客互相认识。晚上空闲时间客人可以多一种有益身心的打发时间方式，而不是一味地喝酒或唱卡拉OK。

如果一个准许客人以手机进入房间的实验成功的话，钥匙卡可能成为历史。这项实验，从2010年6月在两家美国的假日酒店开始，意味着客人可以选择避开“讨厌”的前台登记手续，下载一个程序到手机上，而去到酒店可直接上客房将手机与房门的感应器对接，便可进入房间内。这对行程紧凑的商务旅客来说是一大喜讯，不过，在中国内地，由于公安条例及其他安全因素，这样的计划较难实现。[①]根据外国做的一份统计，透过移动方式订购旅游项目的数字从2008年的2 000万美元猛增至2010年的2亿美元，三年间增加10倍。（EyeforTravel，May 2011）谢夫·雷布特（Jeffrey Boyd），Priceline公司的CEO，在纽约Citi技术会议中认为，更多将来的旅客可能到达一个地方之后预备入住酒店之时才透过他们的手机执行预订工作。旅客知道只要通过手机便能找到住的地方，并且价格合理，便不介意没有预订酒店便上路。这样，一个优质的网站是酒店行业制胜的法宝。网站建设的秘诀应注意找到（find），因为有网站不等于有流量；喜欢（like），因为有流量不等于客户增加；爱上（love），因为有客户不等于销量上去；还有获利（profitize），因为销量上去不等于利润也上去。

为了迎合越来越多的中国旅客，希腊某酒店网站推出了以“龙”代替传统的“星”级评分制度，以显示酒店的中国元素，方便旅客选择。

一条龙：酒店网站有中文翻译，在该网站有登记。

---

① www. hotelmarketing. com.

两条龙：符合中国制式的电源插座，中文版本的酒店规则、登记表、菜单、欢迎信。

三条龙：房间内配备拖鞋、方便面、中国茶包，电视最少有一个中文电视频道。

四条龙：早餐在早上七点前供应，包括有粥、豆浆、煮蛋、白面包、中国茶、中国式点心、酱油等。

五条龙：酒店内最少有一名会说普通话的员工，酒店网上预订中文系统，中文版市内地图及指南，提供专为中国旅客设计的团体服务。

希腊经济处于低谷，想出这个方法以广招徕无可厚非；对于肠胃“娇滴滴”的中国旅客（包括出差者）来说，是好事一桩。三四十年前，日本游客兴旺，很多酒店都有类似迎合日本游客的措施，还鼓励员工学习日语。世事轮流转，如今是面向中国人了。那“龙”的评分，如果转交一个中国官方支持的不营利机构负责，转化成为一个世界标准，对酒店的软、硬件服务给予客观评分，然后发给类似“熊猫”标志给酒店使用，有需要的旅客按“熊猫”找到临时安身之所，岂不快哉！

四、铁路

多次乘坐两个半小时日本新干线之旅，车厢内总有个推着小卖车、穿着整齐制服的女服务员，但只会在你身边出现一次，顶多两次。进入一节车厢会鞠躬，离开时也鞠躬，动作温雅。尽管车厢内好像没人理会，但整个气氛犹如祥和天气。不久查票员来了，“对不起，要查票”、“谢谢”……声音是轻轻地恰到好处。火车有提示“使用手机者请到车厢外”；结果是从没听到电话响，偶尔看见有人离开座位到车厢外，也是为了讲电话不打扰他人。乘客得以享受宁静的旅程，你看这样的管理值几分？

高速铁路，简称高铁，作为现代社会的一种新的运输方式，中国的高铁速度代表了目前世界的高铁速度。我国铁路运营里程已达 8.6 万公里，至 2012 年，全国铁路运营里程将突破 11 万公里，新建铁路客站将超过 800 座。继续发展高速铁路将成为未来我国铁路建设的重点，基本建成以“四纵四横”为骨架的全国快速客运网。目前我国在高速铁路领域已占据六项世界第一：中国是世界上高速铁路发展最快、系统技术最全、集成能力最强、运营里程最长、运营速度最高、在建规模最大的国家。

笔者经常坐广深线和谐号列车，火车是快捷舒适的，但一些现象却是几十年没怎么变的：站台人员拿着手提扩音器向乘客大吼，无处不在的乱扔乱吐现象，负责监视行李检查机器屏幕的工作人员在岗位上闭目养神或聊天，车站总是在装修但月台破烂的地砖好像总没人理会，出站从月台扛着大包行李的旅客要走下几十级楼梯没有自动扶梯、电梯或升降机。上述情况不止上演一次两次。坐广深列车，经常在身边匆匆走过好几趟的有查票员、巡逻员、列车长、卖咖啡的服务员、卖盒饭的服务员、卖零食的服务员、清洁工等，有些乘客有被不断骚扰的感觉。一班火车的工作人员会有多少？是否需要那么多？是否需要在一个小时内来回走动多次？为什么人家 2 至 3 个小时的新干线列车就只有那几个工作人员？这些问题应该通过管理得到解决。

“一个自动洗面器 7.239 5 万元，一个感应水阀 1.28 万元，一个卫生间纸巾盒 1 125 元……这些令人咋舌的价格，不是来自北京、上海的某个高档别墅，而是我们乘坐的动车。”① 作者提出了“在这高昂的票价背后，有多少付给了背后利益人”，埋单的是使用动车的旅客，包括出差者的企业负责人，尤其是付 1 750 元乘坐京沪高铁商务座的行政人员。而在高于市场价格数倍的建造、装修、配置等费用之下，质量和维修也没有得到相应的保证。“这些人为的高价遗患无穷，不仅造成资金的浪费，也给后期维修带来麻烦。”18 000 元的高铁座椅，按铁道部要求的使用寿命是 20 年，但有记者在沪宁的 CRH2 动车上发现，一些座椅的面料已经破旧磨损。天价的水阀因冻裂、溢水造成控制部件损坏等问题出现。中国高铁网造福旅人，但我们希望坐到舒适和价格相宜的高铁，不需要这样的“奢侈移动”。在广州南站，看到有为旅客提供手机充电服务，据称充电 5 分钟，就恢复通话达半个小时，而且充电是免费的，值得一赞。

---

①《新世纪：财经新闻周刊》，2012 年第 7 期，第 34 页。

五、长途大巴

笔者出行靠大巴的机会也不少，比如台北到彰化、新加坡到吉隆坡、首尔到大邳、华盛顿到纽约等，基本上都感觉车厢内较为安静、整洁和惬意。但在国内乘坐长途大巴，却经常遇到不如意的事情。日本公共交通出名的准时，国内有些比日本更“先进”，就是提前出发。有一个时期，经常乘搭深圳到石龙的客运车，就发现他们经常提前几分钟出发，而客车尚未满载。客车内通常比较脏，窗帘和地毯看来像一年以上没清洗过，有时还有蟑螂出没，车厢内有异味，调节座椅倾斜度的按钮基本上是坏的。头顶上有阅读灯，但大多亮不起来，好像只是装饰用的。空调一般还可以，但不要投诉过热或过冷，因为司机通常不理睬。车内有个小电视机播放录像，通常是刚在电影院上映的电影，但电影的声音往往非常大，影响了需要休息的乘客。从深圳开出的长途巴士，开车前有人拿着摄相机，煞有介事地把车内每个人都照个遍。问题是，车行半小时后，在原二线关前有个站，上来几个乘客，但没有人给他们拍照，那长途巴士上的风险还是存在，站头拍照只是例行公事而已。

不用拿人家来比较，自己应该也觉得以上情况需要改善吧？

六、出租车

从前笔者在北京上班，坐出租车较多，感觉也较好。有在到达目的地提前几十米便拉起里程表打印收据，忍不住问为啥这样做，司机答：“为了方便客人。”笔者说“感谢您啦”，司机答“不用客气”。提早拉起里程表可能少收一元钱的车资，但打印收据一般较慢，这样做就可省了客人十来秒等候时间。北京出租车司机还有其他特色，比如有待客人上车走了十几米听清楚要去的地方才启动那个里程表的，甚至因为司机不太懂而走了冤枉路事后自动减收费用的。笔者在北京以外的其他中国城市、外国城市未有见到这样做的出租车司机。

出租车是服务行业，司机的责任就是用最短的路线安全地送客人到达目的地，不包括交谈。但出差者普遍对陌生城市好奇，也许路途上提出些问题，此时司机就应本着“城市代表”的态度认真回答。但对于政治、宗教、私人等问题可婉转回避。有些出差者舟车劳顿，在出租车内闭目养神，司机也就明白不要打扰。无论什么情况，出租车内不应播放收音机、歌曲等，或应礼貌地征求乘客的同意；同意了的，也应调到适度的音量。有些司机喜欢用手机聊天，不管什么时候，乘客什么反应，那都是不对的。司机值班应该穿着正装，例如衬衣领带长裤，颜色可以自由搭配，但以素色为主；学会简单外语，态度诚恳，和颜悦色。在东京坐出租车去往新宿车站，下车时司机用较标准的普通话说“谢谢”，是笔者第一次在国外场合听到，顿觉温馨。

朋友在上海公干，晚饭后打出租车回公寓，他因喝了些酒，上车后便睡着了；车开行了一会儿，他酒醉三分醒，猛然发觉自己的出租车还在刚才上车的地点徘徊！女同事在江西坐出租，司机要挟收高价，不然会在高速公路放下她；女同事即说打110报警，实行硬拼。笔者在马尼拉碰到出租车司机硬要带你去看购物店和红灯区，你再怎么说忙也没有用。出差多了，遇到的不顺心的事情也就多起来。公共出租车司机与乘客的地位不对等；乘客是付费的，但他的时间、安全、目的地如何到达全听司机的，几乎没得商量。每个城市都有投诉出租车电话，出差者往往因为赶时间用不上；还会考虑到投诉了也不管用，只好自认倒霉，不了了之。

有一次陪一位美国客人在北京办事，拦了一辆出租车，但沿路颇堵，的哥拐弯走小路，是捷径又不堵，美国人却拿着地图说司机肯定骗人。的哥见他模样，也猜得出，只有说“好心没好报”。无论如何，出租车司机群中确有些败类，无论在香港、北京还是纽约，哪里都有，靠投诉电话，甚至相关部门卧底侦查，效果有限。唯有靠经营出租车的公司搞好管理，出租车师傅自律，出差者坐车方能安心。

第三节　政府和社区

一、主动出击

中国工程院国际合作局咨询调研处处长易建向媒体称，国际组织在其总部频繁开展活动，给东道国带来大量的经济、技术资讯，为提高、改进相关行业创造极大的便利。此外，它给东道国的就业以及旅游、服务、交通、通信、商业的发展以极大的促进。部分国家如瑞士和新加坡，非常看重地区总部在国内成立，它们有专门的部门、人手协助尽量满足不同企业、团体建立地区总部的需求，甚至给予税务、租务优惠，就是看准了总部的无形资产，当中包括了大量的、频繁的地区性会议带来的经济效益。

布拉格市长帕傲·巴姆（Pavel Bem）为了想知道市内恶名昭著的的士司机怎样宰客，在2005年的一次“微服出巡”中，被最高5倍收费。他给旅客建议：开车前同意一个价钱。对当地完全陌生的访客来说，这显然并非上策。政府有责任给出差者提供一个方便的环境，并保障他们的安全。

卫生部中国疾病中心环境与健康相关产品安全所表示，灰霾天气对人体肯定有影响，PM2.5检测值的上升与人群患病率的上升成正比。情况稍轻的，对呼吸性疾病、心血管疾病患者和儿童、老年人，会出现轻度的影响。随着浓雾的加重，污染物不断增加，患者症状加剧，门诊量、急诊量增加；情况再严重的话，会影响到全体人群。如果出差者习惯生活于环境质素高的地方，一旦去到环境质素差的地方，身体是否出现不良反应，虽没有医学报告的证实，但心理预期等负面因素必然存在。例如香港，在很多关于设立总部、投资移民、居住质素、吸引人才的评比中都在空气质量上失分，导致世界排名下滑。各地城市领导应在空气质素方面多投入资源，作出实质性、持续性的改善。

政府在市中心空气污染严重地区，推行步行专区、停车转乘和发展地下车道、地下停车场等均是办法。停车转乘在国外很流行，就是驾车者先把车停泊在市中心临近地区，再转乘公共交通工具。如果可以，可以步行或租用自行车。一项调查发现，在亚洲工作的外地雇员感到最无奈的事情是堵车，还有空气污染，而两者又是共生的。空气污染还包括抽烟，虽然禁止抽烟的通告有了，但无人执法，等于无用。

二、打击不法之徒

在中国城市竞争力研究所排名中，香港仍居中国城市之首，虽然预计好景不长，被其他城市超过是早晚的事，但也不值得惊讶；不过，在

30个最安全城市名单中，重庆、天津、北京、深圳位居前四甲，香港居然没有入选，实属奇怪。有一篇关于“机舱老鼠”的报道，香港机场警区特遣队为了打击机舱偷窃案，派出便装人员，登上机舱内监控，终于有所收获；在一班准备离港的航机内，发现一名形迹可疑者打开行李，取出钱包内的现金，便上前查问，证实该件行李属于另一乘客，便将该男子拘捕。而另一篇关于酒店经理贪污个案，某酒店夜班经理收取假卡集团贿款，作为窃取客户信用卡资料之报酬。信用卡公司调查账目时，发现大量假卡资料只可能从某香港酒店获取，便通知廉政公署。香港廉政公署调查后，终将酒店夜班经理拘捕，当时他正与假卡集团的人会面。廉政公署人员在两人住所搜出大量从酒店窃取的信用卡资料。经理在法庭承认控罪，被判入狱三年及充公所收贿款。

举一反三，见微知著，政府为差旅人士多做实事，差旅人士就多一分安心。

广州坐巴士直通车到香港，一对夫妇硬要把婴儿车带上车厢，司机说按规定放行李舱，夫妇死活不肯，还把司机眼睛打肿，被扭送警察局，最终赔款了事。如在香港或海外，因打架伤人是刑事罪，可以判监禁，甚至留案底。

香港在2009年10月推出“外游警示制度”，协助港人掌握前往海外国家人身安全的风险。制度实现至今，广受旅游界及市民认识，制度覆盖的国家和地区由60个增至85个。香港入境处同时推出“外游提示登记服务”，让市民出发到外地前，登记他们的联络方法及行程，以便在旅游期间亦可通过手机及电邮，即时接收最新外地旅游警示及相关资讯，也方便入境处在紧急时提供协助。例如，2011年3月日本发生严重地震及海啸，香港保安局在两天内提升外游警示至黑色，随后更安排特别航班及支援队伍到东京协助滞留的香港人。2011年底，泰国发生严重水灾，入境处利用外游提示服务系统，呼吁身在当地的香港人采取保护措施及尽快离开灾区。

在韩国，早于2004年政府就设立24小时免费热线电话及网络服务，以预防韩国人在国外遇到风险或不测，如生命危险或盗窃。随着越来越多韩国人在国外，这条热线电话发挥的作用越来越大。这热线电话开始时有10人工作，而随着使用者增多将会增至60人提供服务。

长沙遭遇大风雪时，广州火车站目睹滞留长途车旅客，返乡心切。基于人道立场，政府送热水，借毛毡，划出老弱病婴儿区，安排流动厕所等，不另收费，值得一赞。另外，来自粤东汕头、汕尾、揭阳三市数十名人大代表，曾集体向大会提交三份内容完全相同的议案，批评深汕高速公路东段路况奇差，意外频发，被来往客商称为“死亡之路”。议案呼吁有关当局重视该段高速公路安全，并对公路进行彻底大修，提高建造标准，以保障来往车辆旅客的生命安全。①

三、出差者以身作则

新华社记者调查发现，广东汕尾市某局一个月招待费高达200多万元，一年中万元以上的招待超400次，就连本单位食堂一天的招待费竟然达到13万元。有群众反映，该局是那儿有名的“吃喝大户”。高昂的费用背后，存在许多猫腻。因为有发票是一天内反复吃喝八九次，显然违背了生理规律。所以，要么发票是虚报的，多出来的金钱已落入某些人的口袋去了；要么是吃喝费用还包括了一些高档礼品作为送礼或自用，但由国家埋单。《深圳商报》还刊登了该局财务开支一览表及官员经常公款吃喝的豪华酒楼包厢图片。国务院有关人士表示“有望在3年内发文规定公务接待不得食用鱼翅”是进步，但为何等3年？其实，应该把禁食鱼翅换成“公务接待中不得含有所有受国家保护、受国际约章保护、濒临绝种的动植物作为食物、礼品（源于受保护动植物的加工制成品）”。试想接待外宾时摆满鱼翅、穿山甲、老虎肉，礼品送象牙筷子、貂皮制品等，政府尚且如此，民间百姓是否更猖狂？

广东省省委书记黄先耀2012年提出“六个不准”：①省内举办会议、论坛、检查、评比等，一律不安排宴请；②驻在同一城（镇）的单位和部门之间，一律不准用公款互相宴请；③上级单位接待下级单位办事人员，或下级单位接待上级单位领导和工作人员，一律不准在内部食堂或定点接待场所以外安排用餐；④到农村、社区和企事业单位从事

① 《东方日报》，2005年1月28日。

公务活动，一律不接受宴请；⑤参加学习培训和外出考察期间，一律不准用公款互相宴请；⑥公务人员工作日午餐，一律不准饮酒。违反以上规定的，要给予通报批评，停职检查直至纪律处分，并由相关人员承担或支付相应费用。严格规管是好心，例如公务员工作日午餐一律不准饮酒值得提倡，其他很多不准公款宴请或需指定在内部食堂接待却难以执行。上有政策下有对策，有些公务员把内部食堂搞得与高档餐厅一样，或将某高档酒家作为定点接待场所，或改称私访，或单方非互相宴请都是可以蒙混过去的。其实有客从远方来，经过白天会议的劳累，晚宴有轻松气氛的目的；问题只在花费上习惯了大手大脚，极不规范。政府部门需要引导，逐步降低交际应酬费用，为大家树立榜样。

四、人性化社区

法国人傲慢，对讲英语不懂法语的人不理睬，很多人这样说。但《庶人浅尝漫记》的作者在法国的见闻中这么写："在塞纳河的岸边，一群群快乐的巴黎人，他们多么友善，多么包容，多么博大。有一个四口之家正向我们招手，我们也都回敬。他们显然是认出了我们是中国人，或者他们就没费神分辨，无论我们是中国人也好，亚洲人也好，反正都是这个城市的客人。一家人齐向我们作揖鞠躬，让我们有一种到亲朋好友家做客的感觉。"可是这种感觉，在中国各大城市中较难领略。

从2006年中非合作高峰会议在北京召开后，非洲商人来华的络绎不绝。据2009年统计，单广州就住了非洲来客2万人，还不包括非法居留的人。我们应该鼓励所有正当合法的业务往来，保障外国人的合法利益、生命和财产安全；无论黑人、白人或其他各色人种，应一视同仁。不过，广州某些居民对境内黑人仍有很大的意见。基本上，外地人如果不是来干坏事、搞破坏，而是来消费或促进投资和贸易往来，本地人应该表示欢迎。例如内地游客来香港消费次数与日俱增，肯定对香港的经济有贡献。由于某些地区和名店，国内游客比本地人消费得多，于是部分店员对国内客人殷勤备至，对本地客人反而冷淡不理睬，导致港人与国内同胞的矛盾。其实，只要那些服务人员在面对各地来客时，一律笑脸迎人，自然主客和睦。某航空公司培训机舱服务员如何辨别中国人，不用看护照就能分辨出中国内地人、中国台湾人、美籍华人，甚至从北京或上海来的乘客也能分得出来。这样的技能是否必要，有否有效用，实属存疑。其实一视同仁，不论国籍、肤色、宗教等而有一致的好服务才是真正的好服务。

2012年，法国调查机构PRESENCE访问全球30条购物街400间商店。香港以价廉物美、购物天堂著称，结果排名倒数第二。这项调查评分以无形竞争能力为主，即员工培训是否到位，接待是否热情和友善，街道卫生程度如何，漫步是否感到舒适，连服务人员是否面带笑容和表现友好也非常重要。其中，香港和日内瓦因有60%的服务人员没有帮助游客的意愿而失分；37%店员没有主动向顾客表示谢意及30%店员在顾客面前与同事聊天被扣分。而那些有举行文艺活动的则获加分。新加坡乌节路则排第一，实至名归，那里绿化和整体规划都是上乘的，停歇的地方较多，加上特色建筑和文化活动，令购物和观光者走大半天也不觉得疲累。其他方面，给伤残人士和行动不便者方便通行的设计也是十分人性化的考虑。

挪威正在进行一个重新设计火车车厢的项目，使乘客与携带的所有行李能尽量挨到一块。香港也有人创办残疾人计程车服务——“钻的”，方便坐轮椅人士出门。人性化设计并非只面向坐轮椅的，老弱、妇孺、失明者、语言障碍等也需列入机场车站、交通工具、建筑物、网页设计等考虑。办法可以很简单，比如跟随一个拿着拐杖的或不识本国文字的人在机场走一遭便可了解设计、管理和服务是否需要改善。

五、消费保障

中国外商投资协会优质品牌保护委员会（简称品保委或QBPC）于2005年推出“体验真实的中国，购买真货”（Experience the real China, buy the real thing）宣传活动。品保委印制了北京旅游街道图，在酒店免费派发。地图还介绍了假货的祸害。“当有人告诉您，假货是最好的手信，当心！”因为制造假货绝大多数在地下作坊，安全卫生条件差，在里面工作的工人甚至是童工每天工作16~20小时且没有任何安全保障。有证据显示，制假售假有集团式经营，背后甚至有贩毒等罪恶组织操控，利用售假所得进行洗黑钱、放高利贷等不法活动。所以，出差到任何地方，无论国内国外（就算纽约、香港、首尔也可找到卖假货的黑点），不要购买假货。没有一个地方，能高调地以“假货”招徕游客。今天的中国，已经从知识产权门外汉过渡为知识产权明白人，政府应该为让市民、游客安心购物而多做实事。

根据 McKinsey（2011）的调研报告，三个消费者中有两个将会为继续受到店内职员漠不关心的对待而感到失望。店员应对时尚潮流风格有所认识和对顾客的需求有所帮助，而非一味实施促销手段。要确保得到营业员的良好表现，他们的待遇最好不与营业额挂钩为佳。良好的培训在于教育有关服务者了解自己的品牌及发展深层次的、长远的顾客关系。友人出差到三亚，正当晚餐时间，在一家海鲜店驻足观看，指着一尾鱼正想问价，店员二话不说便把鱼从水缸捞出并往地上大力一摔，然后索价三千元；友人不忿，顿时有壮男围着他语带恐吓。三亚旅游局副局长也公开承认当地“宰客”严重，随便点三道菜就要四千元！笔者与同事在三亚吃晚饭，价格谈好了，怎知啤酒居然淡如无味，怀疑假冒的，却又找不到老板出来解释，结果啤酒退了不收费。做生意赚得其所，但用以上手段的，难以长久。不正当经营生意的人，理应受到法律严惩，政府责无旁贷。

六、积极培养外语人才

在上海工作的外籍人员普遍认为在公共交通、购物方面存在英语障碍。上海外国语大学访问统计得出结论：其中一半受访者认为会说英语的出租车司机不多，公交车也有类似情况；部分人士认为各大商场的英语指示足够，可惜店员英语水平大多较低，不能满足帮助消费者购物的需要；15%对医疗方面的英语服务感到不够。① 作为中国大陆第一大都市的上海尚且如此，其他可想而知。为迎接越来越多的海外来客，上海市成立专案小组，招揽各路英语专家，为市内每个公众地方都确立一个正确的英文名称。在考虑英语国际化的同时，美国式注音应获优先考

---

①《上海日报》，2009 年 12 月 8 日。

虑。这个项目很好，应在全国推广。

新加坡政府负责人力资源的部门，要求所有在酒店、饮食、零售业任职的外籍员工，需要在听和讲英语方面取得合格以便取得技术征税资格。雇主雇用已取得英语合格的外籍员工，可交付较低税款150坡元，否则需要交付240坡元。政府此举并非纯粹为了提高员工的英文水平，而是为了让那些员工能更好地接待游客和当地人士。

在新建的广州博物馆，很多指示牌有中文和英文，但个别特殊标示如“危险有电”和“可回收垃圾”等均没有英文翻译，也没有一看就明白的图案。在广州某台式餐厅看到楼底特矮，服务员和顾客都不得不低头而过，横梁有标语，上款“小心碰头”，下款“xiao xin peng tou”。不懂中文的老外看了一头雾水，结果还是额头遭殃。大连市甘井子区一家公园内，绿油油的草地上竖立双语告示牌，中文写着“踏入想一想，小草也在长”，英文却是“INTO THE THINK，GRASS IS LONG”。[①] 在珠海一个游乐场内，很多地方都有中英文标示，而英文标示却错漏百出。以上问题可能是翻译水平差，甚至利用翻译软件，没有考究“信、达、雅”。问题也可能是手工制作粗心大意，手工制作者只要完全按照指示的英文字母制作，他们无须懂得英文，但抄也会抄错。主要问题还在于过程的监督，工作完成，应有人好好验收。

七、宣传社区精神面貌

有人指出中国从来只有家、国两个观念，对“社会”缺乏认知概念；出差有助填补家与国之间的空隙，为人民提供一个社会的演练场，在那里磨炼社会规则。

香港旅游发展局在推动会议展览的活动中，包括为前来香港参加会议展览者提供文化博物馆、历史博物馆等免费入场券，商旅者如果时间有宽裕可以利用。接待方则可利用此优惠组织活动，减轻财务负担之余，又为远道而来的朋友提供有益身心的文化活动。

我们离开家园到另一个地方，无论因公或因私，我们都被公式化的

---

① 《头条日报》，2013年6月19日。

安排雷同的酒店、连锁的餐厅、大众化口味的娱乐场所，购买千篇一律的纪念品等。但事实上，我们是否想同时看到当地真实的一面，是否想了解更多的当地文化，接触多些当地人。“环球社区旅游”（Global social tourism）很可能帮助我们达成这心愿。“环球社区旅游”指的是负有以下责任的社会企业：

（1）发展旅客与本地人民的沟通、学习和友谊关系，及寻求建立两者之间长远的社会联系。

（2）让旅客参与到一般旅游市场所没有提供的、当地深厚社会文化的接触活动；例如住宿于当地民居。

（3）为弱势社群提供接触外地旅客的机会，使之达到相得益彰的效果。

（4）鼓励旅客采购当地的产品，食用当地农作物等，增加当地人就业的机会。

（5）让旅客知晓所有产品和服务是以社会企业模式经营，基于商业道德标准，为经营者和当地社区作贡献。

MICE 中的奖励旅游是宣传社区旅游的好机会。就算是一般商旅，主人家也可考虑社区旅游，把自己老家的文化、特产推介出去。政府可以给予一些援助，正如韩国首尔市公关部门向居住在韩国的外国雇员，鼓励他们向亲友宣传居住在该市的优点。

广州南站是高铁停靠之所，建造宽敞，偌大的候车区，坐得舒服；可是找不到介绍广州市的旅游资讯服务中心。南站的设计十分安全，检查行李才能进入控制区，进入控制区后需要退票的话，必须退出控制区到外面的售票处办理。南站设计支持环保，多处地方放有标明可回收和不可回收的废物箱子。一名清洁工在南站内清理垃圾箱，却无视“可回收”和“不可回收”，两种箱子内的东西同一倾倒，统一处理。这些都是出差途中所见点滴，只要加强管理便可解决问题。

结语：对未来出差的憧憬

30 年前或 15 年前的管理理论在当今社会恐怕已不适用。从前一个大学学位可以让你找份好的安稳工作直到退休，现在讲的是终身学习。以前我们贩卖产品、提供服务的市场和工作场所都在同一座城市，现在我们要把产品和服务推向全世界任何一个角落，面对来自不同国家、种族和文化且素不相识的人们。电子商务引领新行业、新职位，并且发展迅速。据预测，65% 的在学小孩将来长大后会参加现在还没有发明出来的工作。

据称美国正在研究一种崭新的交通工具，速度比我国的高铁可快十倍以上。这个名为“高空管道运输”的项目，按设计师预想，它将达到每小时 6 500 公里的惊人速度，从美国东岸纽约到西岸洛杉矶仅需要 45 分钟，从纽约到北京只要 2 小时。这个运输系统造价低，比高速公路和高铁便宜，而且更节省能源，更清洁和环保。① 个人对这种崭新的交通工具固然期待，但未来 5 年出差的状况更应关注。据预测，未来 5 年亚洲太平洋区内出差花费将会持续加大，且有不俗的增幅（附图如下），作为中国人，身处地区发展的“龙头”，心中自有莫名的兴奋。今天，区内许多本地企业，仍没有把出差重视起来，这是一大隐忧。无论任何时候，企业应当把出差作为创造价值的业务活动的一部分，并认真做好企业内部各项出差管理工作。

---

① 《广州日报》，2013 年 7 月 17 日。

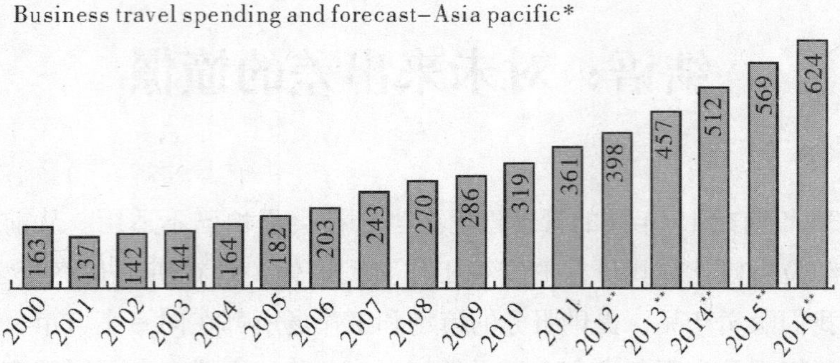

单位：十亿美元

亚太地区出差花费和预测

数字来源：2000—2011 年由环球商务旅行委员会在上述国家和地区综合调查所得。2012—2016 年香港《南华早报》提供。(上述国家和地区包括澳大利亚、孟加拉、中国、中国香港、印度尼西亚、印尼、日本、马来西亚、新西兰、巴基斯坦、菲律宾、新加坡、韩国、斯里兰卡、中国台湾、泰国、越南)

随着社会发展，今后出差将有以下特点：

(1) 对移动电话的依赖。计划行程、查阅航班、收取信息、作为登机证等，手机逐渐成为出差者不可或缺的物件。手机变成他们的灵魂，更多手机应用程式成功开发出来，出差者更多地自行安排行程，无须依赖外界帮忙。不过，不是每个出差者都是出差专家，尤其对价格的熟悉程度以至于选择的依据是需要援助的。为了规行矩步，公司透明的出差规章制度更为重要。

(2) 出差者的买家市场。由于互联网的发达，出差者几乎可以自己从网上得到任何酒店、航空公司的信息，如果他有足够的时间，完全可以自行找到满意的客房和机位。虽然卖家方面也很容易收集出差者差旅信息，可以更方便地作市场、营销决定，但购买的权利还是在出差者手里。问题是，购买者花的不是自己腰包里的钱，如何保证花得其所是关键。

(3) 出差预算越来越紧。出差者利用公款为个人消费的举动越来越少了，其实很多出差者即便在预算紧张的情况下，依然能感觉出差的乐趣。越来越多的企业把出差与人力资源培训和发展结合一起，并给予出差者更多的要求和规定。

（4）网络视像会议的利用程度更高，但对于出差是利多于弊。网络视像会议起源于20世纪90年代，现今有部分商业、经济、社交方面把视像会议作为代替出差的公司方针。这种方针将延续下去。尽管这种做法的确减少了部分出差，但企业还是倾向于将出差预算保留甚至没有减少，资金将用来让人员探索企业触角从前没有伸展过的世界角落。

（5）出差者可以带上自己惯用的电子设备。很多80后和90后人员反映在工作场所不适应，原因是他们的成长过程与企业办公室管理模式很不一样。他们没有了私隐，又不能在办公时间内上社交网络。他们有个人手机和电脑，但公司规定他们要使用公司提供的电脑和通信设备。出差时便要带多套电脑和通信设备。随着员工的流动性增加，包括在家工作和出差工作的比例增加，还有临时合同、项目性质员工的比例的增加，一些公司已实行“自用私伙”（bring your own device，BYOD），并且将有更多公司陆续加入BYOD行列。目前，大约只有2%的公司承担私人购置的电脑电信设备费用；另外，有一半左右可全部或部分报销服务月费。以美国某些公司为例，雇员每月可以获得30～40美元的补贴，达到账单的50%～60%。目前企业应用BYOD会碰到一定的难题，包括跨越最少三大系统（苹果、安卓、视窗）。就算员工没有BYOD补贴，也会增加公司的开支，如保安及管理工具、使用软件人头费用、IT部门要服务更多的人员和企业的系统更加复杂，但这些问题总会找到解决的方法。

科技与时并进，希望出差者很快可以得到以下的服务：①“人脸搜索”服务。只要你拥有某人的一张照片，便可通过互联网搜索到所有关于那人的照片和其他相关资料，例如他的微博、工作，甚至毕业院校和手机号等。而通过GPS服务，又可以知道那人的位置。这项科技令个人隐私毫无保留，并给不法分子提供了利用的机会。不过，出差者在会议室、展会等跟人初次见面，很难记得，可能看到照片，想不起那人的姓名和背景，“人脸搜索”大可帮忙。②对出差者的医疗保护。如果在任何一家医院，出差者都能及时调动出存放于其他就诊医院的医疗记录，这样就可以减少误诊和治疗的延误，避免重做检查，省钱也环保，当然，也给病人更好的信心和更舒服的治疗过程。能做到这样，必须要医疗档案电子化，及利用云技术和网络。科技已经有了，只待建设平台，保障隐私和规范经营。③像家的酒店房间。听说某智能手机安装了一种软件之后，手机便可与各种家电互动交流，包括以手机开关电灯、电视、健身单车、空调系统、汽车等。如这种科技广为流通，出差时就不用为每家酒店内各种遥控器而烦恼。④一张电子卡可以在主要不同城市使用，免去处理零散外币的麻烦。目前，广州“岭南通”和香港“八达通”刚实现“二合一”，两地人士手持一张二合一卡就可以在香港和广州、佛山、江门、肇庆、惠州、汕尾等地乘搭公交和进行零售刷卡消费。从此，珠三角地区流动的人们，可以不用烦琐地处理人民币、港币现金，手持一张卡便可畅通各市。何时可以一张卡通行全中国甚至全世界，我们热切期待。

荷兰皇家航空立下创举，可让乘客根据社交网络的资料配对座位。这个新措施属于自愿性质，成功与否尚待验证，不过，目前的情况，想结识陌生人的，届时看看邻座是否“合眼”才决定搭讪，话不投机的半句就停，一切随缘。经过配对的，便不好意思不多说几句，哪怕对方的目的是向你推销产品，或想知道你的一切，或滔滔不绝、自吹自擂。尽管据报有约一半空中乘客曾与邻座搭讪，部分甚至促成商业交易或浪漫约会，对出差来说，这样的“非诚勿扰”是令人分心的，不应鼓励。假若你是与同事一起出差的，有机会同住一个房间、同一酒店，见面机会多了，上天下地，无所不谈，便可增加彼此的了解，促进彼此的感情。不过，奉劝各位，与同事一起出差的时候，彼此以礼相待，过了分寸，便难以收拾。

经常出差的都变成了“世界公民”，看不过眼的事也比别人多。一方面我们希望每次出差都有所收获，另一方面，我们又希望每个人每次旅程都受到尊重，心情愉快。诚然我们希望旅途中碰到的所有工作人员都效率高、态度好，但在“鱼与熊掌不可得兼”的情况下，宁取后者。比如我国年轻漂亮的空姐，不乏带着小姐脾气上班的，但国外的空姐、海关边防大哥，查询窗口柜台人员，工作时不带个人情绪，对每一个客人都同样友善，无论你是哪个国家的、哪种肤色的人。中国还有许多硬件五星软件两星的国际酒店，服务水平特别跟不上。总而言之，效率不高的有望通过培训解决，服务态度差的问题则并非单靠培训就可以解决，那是包括人力资源系统及临场心理因素等较复杂的问题，需要专业地、用心地解决。

2013 年发布的《国务院工作规则》，比对上一次公开规则内容（2008 年），“廉政和作风建设”部分增加了较多描述，例如，除工作需要外，不去名胜古迹、风景区参观；严格控制差旅、会议经费等一般性支出。地方负责人不到机场、车站去接送；不得接受地方的送礼和宴请。① 这虽然是针对政府官员而定的规则，商界及其他人士也可认识到国家的处事态度和方向，自己更加需要检讨本身出差的规定、作为及操守，为建设廉洁商务旅行及相关活动争先。话说一名德国公司的高层慨叹现在欧洲企业做生意的模式已不像从前那样注重企业关系，而是和美国公司一样倾向于签订厚重的合约，然后在字里行间计较，“寸土不让”。他则把企业关系看得较重，而且意图把它融合到中国业务上去。看来他也想成为儒商。事实上，待客以礼，尽地主之谊是中国自古之道；只要戒奢华，凡事符合标准，奉客可以公开透明、开诚布公的，无往而不利。

不断增加的出差移动创造出 24 小时国际商业工作日，将工人送上征途并促进经济及社交的改变。便利的交通移动了人们和知识，也移动了疾病、恐吓，以至于公共卫生和社区不安。移动提供市场机会也给新竞争者提供了机会，但是移动也打破了保守者固有的地盘。一名美国人这样说：“……至少在 1750 年以前，中国几乎在社会安定和发展标准的所有方面都优于欧洲。经过详细考察人均寿命、科技发展、糖与布料的消耗、市场的复杂程度等方面的情况……中国在 18 世纪中期之前的工业发展也领先于欧洲最发达地区。”② 与其缅怀过去的辉煌，不如构筑美好的将来。《寻找他乡的故事》，是由香港亚视于香港回归祖国后斥

---

① 《香港文汇报》，2013 年 3 月 29 日。

② ［美］皮翠拉·瑞沃莉著，石建海译：《一件 T 恤的全球之旅》，北京：中信出版社 2011 年版。

巨资拍摄制作的，是一部反映当代中国人在世界各地拼搏奋斗经历的40集大型电视纪录片。令人惊讶的是，世界上一些极其偏远、人迹罕见的角落，竟然也有中国人居住，并且发挥着中国人坚毅勤奋、刻苦耐劳的民族精神，缔造一个个值得所有中国人骄傲的传奇故事。有人说："有水有太阳的地方就有中国人。"其实，很多华侨是因为贫困战祸，无奈远走他方，寻找安稳。所以，中国能脱贫、脱困，迈向小康的同时，建造一个和谐、安稳的社会是头等的大事。

一个出差者，便是一个"使者"；特别去到国外，在做好自己的角色，完成单位交予的任务的过程中，我们还要把优良的华人传统从本身发送出去，那是仁、义、礼、信、不欺诈和尊重别人文化的良好体现；我们也要把中国正确的信息发送出去。中国与一些发达国家相比，还存在差距，但我们会不断改善。再过30年，中国可以凭着快速火车头那样的势头继续冲刺，届时或可与发达国家水平靠近或持平。我国出差者任重道远。

附　录

附录一　给首次出差者的提示

（1）随行物品检查清单。

给客人的东西、自己物件的配件（如充电器及合适插头）等出门前清楚点齐，不要遗漏。

（2）在机场。

机场一般需要提前2个小时到达机场。登机手续办妥应立即到边防处办理出境或离开手续，不要延误。边防处检查身份证明文件以外，包括检查随身行李。注意不要带水或液体、流质物品上机；也不得带本国或目的地国家限制的物品或超过限额的货币。过了安检后，尽快到登机闸口。有些闸口就在附近，有些却要乘单轨车、大巴士等交通工具去，还需要等候时间。

（3）在飞机内。

飞机内对号入座。不要随意调换座位。将随身行李放在离自己座位最接近处，如有困难，可请乘务员帮忙。自己的钱包等贵重物品最好随身携带。全程听从机长和乘务员的安排，如客机人员有不当的决定或遭遇不礼貌待遇，可于着陆后投诉，不应在客机内吵闹。有些规定比如机舱内不得使用手提电话是为了保障安全，有法例规定，大家须遵守。机舱内有联系上安全带提示灯号，当飞机起飞及降落的过程中灯号亮着；飞行中遇上气流也会亮着，乘客必须扣上安全带。航班按起飞降落时间提供餐饮，一般有两款供选择。机舱内有独立洗手间，洗手间不分男女，如厕后请冲水。飞机上还有呼唤服务人员的按钮，乘客很容易按铃请求服务，不要大声叫嚷。

（4）飞机到达目的地。

入境检查，有时出入境管理人员抽中你，对你详细询问原因或详细检查行李，不用害怕，保持镇定。出境厅外有闲杂人等，不用理会他们，也不要回答他们的问题。没有人接机的，直接去买公共交通工具票或到出租车站排队候车。有安排接机的，要弄清楚对方身份，方可上车。留意自己坐的出租车车牌是否是当地的，如不是最好不要上。

（5）酒店。

①一般入住时间是下午之时，早到可能要等；如需等候可先寄存行李或吃饭。

②外国酒店行李服务员要给小费，可自己提行李。

③首次进入酒店房间应立即检查基本设备是否完善，如马桶、水龙头、空调、清洁程度等，如有问题可要求换房。

④仔细看安全通知如走火通道图，了解哪里是逃生路线，这一点很重要。

⑤房间内物品分免费使用和有偿使用的，一般在书桌的介绍小册子内有说明。例如免费瓶装水有放在洗手间的，收费瓶装水放在书桌上；也有酒店反过来摆放。冰箱内的饮料和零食都收费，而且一般比超市贵两倍多。有些备有咖啡包、茶包和小型电热水壶，可自己动手烧水冲咖啡或茶，不收费。

⑥可要求酒店提供叫醒服务，不致睡过头影响出差行程。

⑦每日白天有服务员进入房间做清洁、换床单等服务。

⑧看电视免费，也有提供收费电视频道和有偿租用 DVD 播放器等。

⑨可免费借用熨衣板、插座板、万能插头、上网线等，记得退房时归还。

⑩有酒店提供 24 小时特快洗烫服务。价格不便宜，紧急需要时才用。

⑪客房送餐服务，价钱比餐厅稍高，好处是可以在房间内完成手头工作，不必换衣服去餐厅。

⑫要注意的是在退房前看清楚不要遗留任何物品在酒店房间内。

（6）与外国人初次接触。

衬托场合的穿着，保持礼貌、客套；注意交换名片的礼仪；留心文化差异，保持先敬来宾的心态。因公的餐饮、娱乐活动从节约考虑。有机会争取与人沟通机会；可向对方介绍自己老家的特色。

（7）回程时。

一般按来时的路线回去。离境前注意自己携带的物品及货币数额是否违反当地或国内法规，否则要及早处理。

附录二　酒店订房规定示范

（1）本规定旨在尽量保障出差员工出差时的安全，明确订酒店规则和手续流程。

（2）本规定涵盖所有我们常出差的地方，包括海内外的热门城市。详细城市与酒店名称请参阅本规定第十条。当要到的地方不在本规定内时，请直接与公司××部门联络。

（3）酒店选择。

①所有出差员工应优先选择在本规定内的酒店。每个城市皆有大约4所酒店供出差员工自由选择；假如在申请时没有作出选择，××部门将按情况为出差员工安排。

②出差员工最终入住的酒店，无论是否在本清单内，所有本规定一概适用。

③为配合公司危机管理系统，假如有酒店是通过地区分公司、客户、自己预订的，请在出发前把酒店全名和联络电话号码提供给××部门。

（4）住房预算。

任何酒店收费不应超越以下规定：

出差员工职别	中国大陆地区	其他地区
总经理	1 000 元	2 000 元
总监及以上	800 元	1 500 元
经理及以下	600 元	1 000 元

①以上标准并不包括必须支付的额外费用，如服务费、政府税、城市发展费等。而该等费用可以报销。

②若有超出标准的，出差员工在报销差旅费时加以注明并由主管人员签署同意。

③若有需要较长住宿时间（超过7天的），公司有权选择价格较相宜的酒店。

④付出外币而需要返还港币的，汇兑率可参照员工出示自己的任何银行、外币找换所、酒店为该次出差而进行的实际交易证明，否则公司将按费用发生当日报章刊登的汇兑牌价计算。

（5）住房标准。

公司规定一人一房。所有住房应以酒店标准单人房间规格入住。如酒店方面安排不附加任何条件将房间升级的话，出差员工可以接受。

（6）包括膳食的房费。

本规定的住房费用标准是按不加膳食或其他服务的价格而定。除非酒店承诺预订不包括那些膳食或服务的标准房间的价格是一样或更贵，出差员工方可接受。假若那些膳食或服务是出差员工必须参与的（如集体早餐），出差员工可在申请表格内说明原委，由主管人员批核。否则，出差员工也可预订费用较高的包括早餐的房间，但必须同意只能报销房费。

（7）订房保证。

如因出差时间属旅游旺季而出差员工预计要超过酒店房间预留的限定时间（一般大约晚上8时），才能到达酒店，出差员工想要求酒店作出订房保证，可通过××部门去办。由于酒店开出订房保证就必须把房间保留给出差员工，最终出差员工没有入住酒店也会收取该晚的房租。如出现这种情况，出差员工本身是需要承诺支付费用而不能报销。若有因公司不可预见的情况造成耽误，出差员工须将事件通过书面方式进行交代，经主管人士签署确认，该房费方可由公司承担。

（8）预订手续。

①在收到出差员工的出差申请表，上面填写清楚酒店入住日期之后，相关部门即可开始订房。为顺利订得房间，出差员工应尽早作出订房决定。

②在收到酒店的预订确认后，该确认函将会尽快转给出差员工的公司电子邮箱。出差员工须细看该确认函，如发现问题，立即联系相关部门。

③在酒店登记入住及在退房付费时，要注意细看各条款是否吻合。如有不吻合的地方，须即时与酒店交涉，及在返回公司后将事件书面告

知相关部门。没有做以上要求的在报销酒店费用时可能遇到阻碍。

(9）公司负责部门。

①负责酒店预订及其他商务出差事项的相关部门（列出姓名、电话、电邮）。

②由于出差情况多变而复杂，任何本规定没有涵盖的或本规定有所不足的，交由相关部门主管×××作决定。如有异议，交给董事长作最终决定。

③本规定得不时修订更新，请以最新版本为准。

(10）酒店清单。

员工可在公司内部网站或内部文件中列出各城市可选择酒店名称，酒店地址、电话、网址等。

附录三 出差申请表

姓名：________ 部门/职位：________________

本次出差目标：________________________________

日期(年/月/日)	城市	目的	相关方	交通	住宿	应酬

(1) 请部门联系订机票、酒店事宜。如不需要，请列理由：________________

(2) 借款要求（请参阅出差规则—借款—计算原则）人民币（元）____________

(3) 其他协助请求：________________________________

申请人：____________主管：__________国际出差（含港澳台）____________

注：出差申请表必须于出差前填写，准备妥当后，即时发送给相关部门。

附录四　出差者必看网站

	网站主要内容	网址
时间差别	世界各地现在时刻一览表	www. timeanddate. com
兑换外币	世界货币兑换试算表	www. xe. net
天气预告	世界天气信息服务	www. worldweather. cn
领事馆	世界各地各国领事馆地址电话等信息	www. embassyworld. com
长途电话	世界各地长途电话字头	www. kropla. com
安全提示	中国领事服务海外安全信息	http：//cs. mfa. gov. cn/lsyj/
旅游健康	政府旅游健康服务	www. travelhealth. gov. hk
外游警示	香港保安局外游警示	www. sb. gov. hk/chi/ota
碳足迹	亚洲碳足迹机构交通碳排放计算器	http：//www. carboncareasia. com/chi/why_carbon/ footprinting/travel_calculator. php
飞机航班	世界航班动态时间表	www. oag. com
高铁	中国高铁官方网站	www. gaotie. com
旅游协会	世界旅行与观光议会	www. wttc. org
商旅协会	世界商务旅行协会官网	www. gbta. org
廉政规范	廉政公署官网	www. icac. org. hk
环保生活	健康及可持续的生活	www. lohas. com
国际道德	联合国教科文组织国际道德学数据库	http：//www. unesco. org/ shs/ ethics/ geo/ user/ index. php? action = select&lng = zh&db =
劳动组织	国际劳动者联合组织	www. ilo. org
演讲稿	国际演示稿分享组织	www. slideshare. net
环保酒店	绿色酒店/旅馆名单	http：//www. ecohotelsof the world. com /hotel-page. html

（续上表）

	网站主要内容	网址
咖啡馆	在世界各地的咖啡馆	http：//www. starbucks. com/store-locator
旅行家网	旅行者分享网站	www. dopplr. com
知识库	酒店及旅行相关信息	http：//www. travelindustrywire. com/
商旅协助	国际商业旅游解决方案	http：//citsamericanexpress. com/
优质旅行	优质旅行推介	http：//www. concierge. com/travel-guide
环球调派	环球雇员调派议会官网	http：//www. worldwideerc. org/Pages/index. aspx
人事学会	香港人力资源管理学会官网	www. hkihrm. org
飞行信息	世界航空公司机场信息	http：//www. tripmanager. com/flight-alert/flightalert. html

参考文献

一、著作

［1］［美］大卫·努尔著，王震译：《关系经济学》，北京：东方出版社2009年版。

［2］（明）吴承恩著：《西游记》，吉林：北方妇女儿童出版社2010年版。

［3］饶远编著：《郑和（海外中文图书）》，香港：新雅文化事业有限公司2003年版。

［4］罗志霖译注：《兵要（十则）》，《诸葛亮文集译注》，成都：四川出版集团巴蜀书社2011年版。

［5］［美］托马斯弗·里德曼著，何帆、肖莹莹、郝正非译：《世界是平的》，长沙：湖南科学技术出版社2006年版。

［6］［美］卡迈恩·加洛著，陈毅骊译：《非同凡"想"：乔布斯的创新启示》，北京：中信出版社2011年版。

［7］［美］埃里克·布斯著，张颖译：《艺术，是个动词》，南昌：二十一世纪出版社2009年版。

［8］［美］罗伯特·沙敖著，王欣、韩香译：《一个英国商人的冒险》，乌鲁木齐：新疆人民出版社2003年版。

［9］季羡林：《读书与做人》，北京：国际文化出版公司2009年版。

［10］星云大师、刘长乐：《包容的智慧》，武汉：湖北人民出版社2008年版。

［11］［美］杰夫·贾维斯著，陈庆新等译：《Google将带来什么?》，北京：中华工商联合出版社2009年版。

二、报刊及相关文件

[1]《国家地理》，2005 年第 7 期。

[2] Roger Pfund：Travel Management in Asia Pacific，环球商业旅行协会中国会议，2013 年 4 月。

[3]《典范》，亚太台商联合总会 2012 年春季版。

[4]《检测风》，2012 年第 1 期。

[5] 澳门特别行政区政府旅游局编：*Strategic MICE Market Stimulation Program*，澳门：澳门特别行政区政府旅游局 2010 年版。

[6] Following the footsteps of Marco Polo，*Textile Asia*，2011 年 6 月。

[7] *Computerworld Hong Kong*，2010 年 3 月，。

[8] *Travel Industry Wire*，2010 年 9 月。

[9]《广州日报》，2012 年 8 月 21 日。

[10]《730AM》，2011 年 10 月 14 日。

[11] *Human Resources*，2009 年 11 月。

[12] 香格里拉酒店集团代表在 2013 年香港企业社会责任会议上演讲资料。

[13] *Human Resource*，2011 年 11 月号。

[14] *Human Resource*，2011 年 12 月号。

[15] *Knowledge Today*，2011 年 8 月。

[16] *Mobility*，2011 年 9 月号。

[17] 东京海上日动公司的《31 日海外旅行保险》业务宣传。

[18] 林嘉莉：《我在台湾的日子》，《头条日报》，2011 年 4 月 11 日。

[19] *Harvard Business Review*，2002 年 3 月，第 80 页。

[20] 香港卫生署旅游健康服务宣传小册子。

[21] *Mobility*，2006 年 10 月号。

[22]《香港晴报》，2013 年 6 月 25 日。

[23] Fly-Rights：A Consumer Guide to Air Travel，美国政府 Transportation 部门印制。

[24]《到韩国商务不可忽视文化习惯》，《中国出口商》，2000 年 12 月号。

[25]《香港新闻报道》，2011 年 1 月 1 日。

[26]《头条日报》，2011 年 12 月 20 日。

[27] *Human Resource*，2010 年 11 月。

[28]《商旅杂志》，2003 年 11/12 月号。

[29]《南华早报》，2013 年 3 月 26 日。

[30]《新世纪财经新闻周刊》，2012 年第 7 期。

[31]《香港苹果日报》，2008 年 7 月 30 日 A23 页。

[32] *EYEFORTRAVE*，2011 年 5 月。

[33] Lana Lam，Website targets Chinese Tourists for Greek Holidays，South China Morning Post，2013 年 9 月 1 日。

[34]《东方日报》，2005 年 1 月 28 日。

[35]《深圳商报》，2011 年 1 月 26 日。

[36] Shanghai Daily Online，2009 年 12 月 8 日。

[37]《头条日报》，2013 年 6 月 19 日。

[38]《广州日报》，2013 年 7 月 17 日。

[39]《南华早报》，2013 年 6 月 8 日。

[40]《香港文汇报》，2013 年 3 月 29 日。

三、网站

[1] http：//corporatetraveleronline. com.

[2] http：//www. dopplr. com/traveller/me/carbon.

[3] www. transparencia. gov. br.

[4] www. gaotie. cn.

[5] https：//roti. personalised. gov. hk/roti/html/roti_faq_zh_TW. html.

[6] http：//www. who. int/ith/chapter01_ 02. html.

[7] www. hongkongairport. com.

[8] http：//www. dummies. com/how-to/content/ten-things-never-to-do-in-china. html.

[9] http：//www. simonandsimon. co. uk/blog/businessinchinamistakes.
[10] www. toolbox. com.
[11] www. xinhuanet. com.
[12] Knowledge wharton，upenn. edu.
[13] www. hotelmarketing. com.